“我爱会计”实务速成系列

手工全盘账及会计电算化实操

第三版

我爱会计 著

清华大学出版社
北京

内容简介

本书从企业人才需求出发，以实务为导向，模拟了某商业企业2个月的会计典型业务，提供仿真单据及全套账证表供学员实训使用。全书共12部分，分别是：企业相关信息及期初数据、建账、原始凭证、记账凭证、登账、对账与结账、编制报表、装订、综合练习、手工全盘账实操答案、会计电算化实操、会计电算化实操答案。

本书第一版于2013年3月出版，第二版于2014年11月出版，本次再版全面体现了"营改增""五证合一"等最新会计政策，采用升级后的增值税发票系统以及最新的财务报表。通过本书提供的账号，学员可登录"我爱会计"财会云学习平台进行在线学习与实操。

图书在版编目(CIP)数据

手工全盘账及会计电算化实操/我爱会计著. —3版. —北京：清华大学出版社，2017（2023.8重印）
（"我爱会计"实务速成系列）
ISBN 978-7-302-47761-7

Ⅰ. ①手… Ⅱ. ①我… Ⅲ. ①会计检查 ②会计电算化 Ⅳ. ①F23

中国版本图书馆CIP数据核字(2017)第166899号

责任编辑：陈凌云
封面设计：毛丽娟
责任校对：袁 芳
责任印制：沈 露

出版发行：清华大学出版社
网 址：http://www.tup.com.cn，http://www.wqbook.com
地 址：北京清华大学学研大厦A座 **邮 编**：100084
社 总 机：010-83470000 **邮 购**：010-62786544
投稿与读者服务：010-62776969，c-service@tup.tsinghua.edu.cn
质量反馈：010-62772015，zhiliang@tup.tsinghua.edu.cn
印 装 者：涿州汇美亿浓印刷有限公司
经 销：全国新华书店
开 本：185mm×260mm **总印张**：22.25 **总 字 数**：329千字
版 次：2013年3月第1版 2017年12月第3版 **印 次**：2023年8月第7次印刷
定 价：160.00元（全套）

产品编号：074571-01

丛书序

PREFACE

会计是商业的语言，在商业活动中发挥着不可替代的作用。通过它，可以学习甚至掌握任何一种商业的经营过程，可以使各种经济事务在企业内部，或者在企业之间、企业与政府等机构之间进行更好的交流。会计人才在维护市场经济秩序、推动科学发展、促进社会和谐等方面起着至关重要的作用。

"我爱会计"实务速成系列丛书，从实际业务出发，以会计学员真实需求为出发点，采用"情景—胜任"式的编写思路，以实务工作任务为驱动力，融入情景案例，带给学员身临其境的实务学习感受，逐步指引会计初学者掌握实务操作技能，迅速具备上岗能力，从而实现增强会计人员就业竞争力的目的。

本系列丛书配套的"我爱会计"财会云学习平台，是由行业精英团队耗时七年精心打造的。七年来，我们不断丰富课程内容，优化教材质量，集合全国会计培训机构、职业院校的实力与经验，精心打造出了涵盖出纳、手工账、商业会计、工业会计、纳税五大全新实务课程的教学体系。

"我爱会计"的教学体系和教学方式现已覆盖全国300多个会计培训教学点以及上百所职业院校，其影响力正在会计培训和职业教育领域逐渐形成。

一套有强大生命力的教材，应该以满足学员的实际需要为宗旨，并且要不断适应时代的变化。本系列丛书以就业为导向，以实训为目标，通过角色模拟的手段，强化学员的实际动手能力，切实提升学员上岗前的实际应用能力。为了突出实际工作特点，本系列丛书引入企业日常经营过程中经常发生的、真实的经济业务，扫描真实的凭证、单据，结合实例进行仿真操作，目的是让读者在学习时能够得心应手，从而快速提高实务技能。

衷心希望本系列丛书的出版能为我国会计教育事业的发展，特别是会计实务人才的培养作出贡献，这是我们孜孜以求的目标，我们将一如既往地为此努力。

我爱会计

2017年7月

第三版前言

FOREWORD

《手工全盘账及会计电算化实操》自2013年3月出版、2014年11月修订以来，深受院校和培训机构师生的欢迎。近年来，我国的会计法律、法规发生了很多的变化，特别是“营改增”的全面实施对会计工作产生了十分重要的影响。此外，增值税发票开票系统的升级、货物运输业增值税专用发票退出历史舞台等，也对会计实务工作提出了新的挑战。有鉴于此，我们组织专家，对原有内容进行了修订。此次再版在保留原书特色的基础上，在以下两个方面进行了更新与创新。

1. 更新会计单据

此次修订全面体现了“营改增”政策，修改了“营改增”影响的会计单据及税率。另外，随着“五证合一”的实施，新版教材中的营业执照统一换成了带18位社会信用代码的最新营业执照。其他常见的业务单据，我们也根据最新实务工作要求进行了更新。

2. 创新学习方式

本书第一版和第二版，我们在书后提供了体验账号，以便学员进行部分业务的在线学习与实操。第三版，我们充分利用互联网带来的便利，进一步加强了线上线下学习的结合。通过本书所提供的账号，学员可以登录“我爱会计”财会云学习平台，进行全部业务内容的在线学习与实操，而不再仅仅是体验部分内容。

希望本次修订能在业务内容更新、学习方式创新等方面给广大学员提供更好的帮助与便利。

我爱会计

2017年7月

第二版前言

FOREWORD

本书是《手工全盘账及会计电算化实操》的修订版，增加了“营改增”的有关内容，同时对业务解析部分进行了细化。本书第一版自出版以来，深受广大培训机构和院校会计专业师生的好评。为顺应会计行业变化，优化业务内容，增强实操体验，本书在充分吸收读者意见的基础上进行了修订。

本书是在学习《手工全盘账及会计电算化实务》的基础上，为进一步提高学习者手工实操能力而设置的，内容包括手工全盘账实操（第一部分～第十部分）和会计电算化实操（第十一部分和第十二部分）。

一、手工全盘账实操

手工全盘账实操业务取自郑京我爱会计服饰有限公司 2013 年 1 月和 2 月的完整经济业务。实操中所用的各种原始凭证、记账凭证、账簿及会计报表等，按现实会计核算中使用的真凭实据及账表账册仿真制作而成。

手工全盘账实操分为业务强化练习和综合练习，需结合相关单据、账簿和实务配套用品使用。其中，单据和账簿都随书附送，具体包括：①“手工全盘账单据簿”（以下简称“单据簿”）1 本，学员可将其中的原始凭证裁剪下来使用；②“多栏式明细账”“应交增值税明细账”“数量金额式明细账”“三栏式明细账”“现金日记账”“银行存款日记账”“总分类账”“T 形账、科目汇总表、试算平衡表、会计报表”各1 本；③入库单、出库单、销售单、增值税专用发票、报销单据粘贴单各 1 叠；④记账凭证 2 叠，记账凭证封面和封底各 5 张；⑤会计报表封皮 3 张。手工全盘账实操所需用到的实务配套用品包括直尺、标签纸、大夹子、小夹子、装订线、装订针、网纹袋、红色签字笔、黑色签字笔、剪刀、固体胶水、回形针、网格袋、凭证包角等，学员可在办公用品商店购买，并装袋使用。

1. 业务强化练习

通过处理郑京我爱会计服饰有限公司 1 月份的经济业务，学员可以强化各个业务的学习效果。学员应按业务强化要求进行练习。

序号	业务模块	业务简要说明	
1	企业相关信息	了解企业相关信息，为后期开展核算做准备	
	会计科目及期初余额表	了解企业会计科目设置及期初余额情况，了解账簿设置情况	
2	建账	结合会计科目及期初余额表，完成“档案盒”里所有账簿的建账操作	
3	原始凭证	根据实操要求，完成“档案盒”里空白原始凭证的填制	
4	记账凭证	根据“单据簿”及前一步填制并审核无误的原始凭证，填制记账凭证	
5	登账	① 明细账、日记账	根据前一步填制并审核无误的凭证，及时登记“档案盒”里相关的明细账、日记账
		② 登记 T 形账	根据前一步填制并审核无误的凭证，及时登记“档案盒”里的 T 形账
		③ 期末计提、摊销与结转损益	根据前面处理好的业务，完成期末计提与摊销、结转损益的处理
		④ 编制科目汇总表	根据 T 形账，登记科目汇总表
		⑤ 登记总分类账	根据科目汇总表，登记总分类账
		⑥ 编制试算平衡表	根据期初余额表及科目汇总表，编制试算平衡表
6	对账与结账	① 对账	账簿登记完成后，做好账证核对和账账核对
		② 结账	账簿核对无误后，当月应做好结账工作
7	编制报表	① 资产负债表	根据总分类账、明细账、试算平衡表编制
		② 利润表	根据科目汇总表（或总分类账、试算平衡表、上一期的利润表）进行编制
8	装订	对已完成的记账凭证、账簿、报表进行装订	

2. 综合练习

郑京我爱会计服饰有限公司 2 月份的经济业务供综合练习使用，学员应在整个手工全盘账课程学习完后进行综合实训。

若已全部完成“手工全盘账实务”课程的学习，为进一步巩固全盘账实操能力，也可运用 2 月份完整的全盘账业务进行综合训练，进一步巩固学习效果。

二、会计电算化实操

会计电算化实操取自北京我爱会计商贸有限公司 2013 年 2 月的经济业务。学员应在了解企业相关信息、熟悉会计电算化与手工账差异的基础上，根据业务顺序逐项进行实操。

会计电算化实操所使用的电算化系统由厦门网中网教育科技有限公司开发。

最后需要说明的是，学员可利用本书附赠的体验卡上的用户名和密码，登录“我爱会计”财会云学习平台，在线进行手工全盘账及会计电算化的实操。

2014 年 9 月

目录

CONTENTS

第一部分

企业相关信息及期初数据

一、工商及开户等相关信息

郑京我爱会计服饰有限公司的工商及开户等相关信息见图 1-1 和图 1-2。

营业执照

统一社会信用代码 8053625979609881 5B

名　　称 郑京我爱会计服饰有限公司

类　　型 有限责任公司

住　　所 郑京市城南区创新路23号

法定代表人 洪庆山

注 册 资 本 人民币捌拾万元

成 立 日 期 2016年05月15日

营 业 期 限 自2016年05月15日至2036年05月15日

经 营 范 围 批发、零售：服装服饰、鞋帽、箱包。（以上经营范围涉及许可经营项目的，应在取得有关部门的许可后方可经营。）

郑京市城南区市场监督管理局

登记机关

2016年　05月　15日

中华人民共和国国家工商行政管理总局监制

图 1-1　营业执照

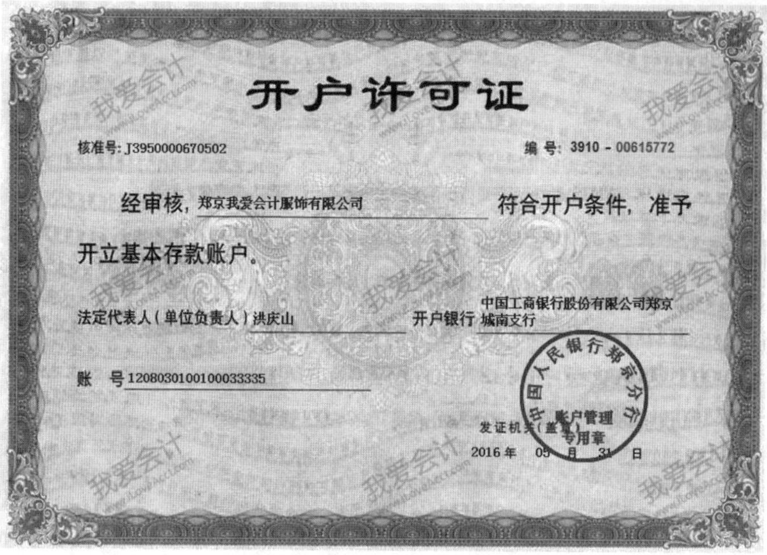

开户许可证

核准号：J3950000670502　　编号：3910－00615772

经审核，郑京我爱会计服饰有限公司 符合开户条件，准予开立基本存款账户。

法定代表人（单位负责人）洪庆山　　开户银行 中国工商银行股份有限公司郑京城南支行

账　号 1208030100100033335

中国人民银行郑京分行 账户管理专用章

发证机关（盖章）

2016 年 05 月 31 日

图 1-2　开户许可证

二、组织架构及人员分布

郑京我爱会计服饰有限公司的组织架构见图 1-3。

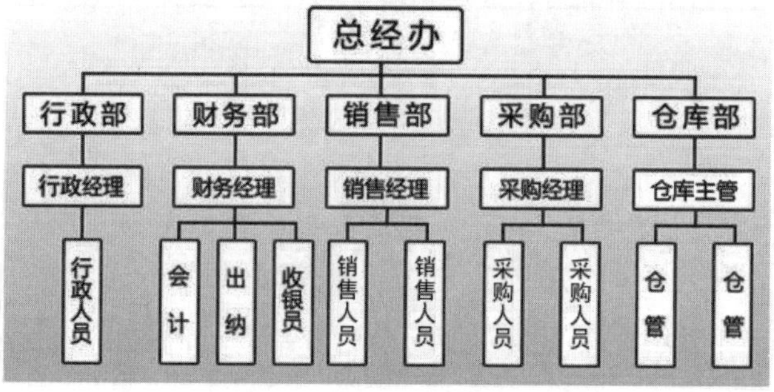

图 1-3　组织架构

郑京我爱会计服饰有限公司的主要人员信息见表 1-1。

表 1-1　主要人员信息

部　门	职　位	姓　名
总经办	总经理	洪庆山
	助理	陈慧姗

续表

部　门	职　位	姓　名
行政部	行政经理	李顺娇
	行政人员	罗雅君
财务部	财务经理	张亮亮
	会计	冯青青
	出纳	毛小薇
	收银员	刘玲玲
销售部	销售经理	林成彬
	销售人员	孙大奇
	销售人员	郭顺本
采购部	采购经理	范志艺
	采购人员	董继超
	采购人员	吴萍菊
仓库部	仓库主管	高建军
	仓管	陈玉玲
	仓管	陈小茹

三、企业会计政策及内部会计核算办法

（一）企业会计政策

1. 会计政策与人员设置

为加强本企业财务管理，规范企业财务行为，提高会计核算水平。根据《中华人民共和国会计法》《企业会计准则》和其他法律、法规的有关规定，结合本公司内部管理需要，制定本制度。

（1）公司根据会计业务的需要设立财务部，并聘请专职的会计人员。财务部负责人由总经理任命，负责管理公司财务部日常工作。

（2）财务部根据会计业务的需要设置财务经理、会计、出纳、收银员工作岗位。

（3）财务人员因工作调动或者离职，必须在办理完交接手续后方可调动或离职。

2. 内部牵制制度

（1）公司实行银行票据与银行预留印鉴分管制度。

（2）非出纳人员不能办理现金、银行收付款业务。

（3）库存现金和有价证券每月抽盘一次，由财务经理执行。

（4）公司出纳不得兼管稽核、档案保管、收入、费用、资产类、负债类账目的登记工作。

3. 会计核算和会计监督

（1）本公司会计年度自公历1月1日起至12月31日止。

（2）本公司采用权责发生制进行账务处理。

（3）本公司会计核算以人民币为记账本位币。

（4）本公司根据《企业会计准则》要求设置一级会计科目，在不影响对外报送报表和会计核算的前提下，根据实际情况自行设置和使用二、三级会计科目。

（5）本公司会计核算以实际发生的经济业务为依据进行会计处理，会计指标口径一致，相互可比，会计处理方法前后一致。

（6）财务部办理会计业务时必须按照《企业会计准则》的规定对原始凭证进行审核，对不真实、不合法的原始凭证不予接受；对记载不准确、不完整的原始凭证予以退回，并要求按照《企业会计准则》的规定更正、补充。

（7）本公司记账凭证采用通用记账凭证。记账凭证要有制单人、审核人、记账人。

（8）会计凭证打印后应装订成册，妥善保管。公司原始凭证不得外借，其他单位如特殊原因需借用原始凭证时，经公司负责人批准后才可以借阅或复制。各种重要的经济合同、收据、涉外文件等应单独保管。

（9）公司应委托会计师事务所对年度会计报表进行审计，并积极配合其工作，禁止授意或要求注册会计师出具不当或虚假的审计报告。

（二）内部会计核算办法

1. 货币资金管理

（1）库存现金管理

① 公司财务部库存现金控制在核定限额5万元以内，不得超限额存放现金。

② 严格执行现金盘点制度，做到日清月结，保证现金的安全。现金遇有长短款，应及时查明原因，报告单位领导，并追究相关人员的责任。

③ 不准白条抵库。

④ 不准私自挪用、占用和借用公司现金。

⑤ 到银行提取或送存现金（金额达3万元以上）的时候，需由两名人员同时前往。

⑥ 出纳要妥善保管保险箱内存放的现金和有价证券，私人财物不得存放于保险箱。

⑦ 出纳必须随时接受单位领导的检查、监督。

⑧ 出纳必须严格遵守、执行上述各条规定。

（2）银行存款管理

① 必须遵守中国人民银行的规定，办理银行基本账户和一般账户的开户和公司

各种银行结算业务。

② 必须认真贯彻执行《中华人民共和国支付管理结算办法》《中华人民共和国票据法》等相关的结算管理制度。

③ 公司应按每个银行开户账号建立一本银行存款日记账，出纳应及时将公司银行存款日记账与银行对账单逐笔进行核对。会计于次月初编制银行存款余额调节表。

④ 空白银行支票与预留印鉴必须实行分管。由出纳登记支票使用情况，逐笔记录签发支票的用途、使用单位、金额、支票号码等。

2. 费用审批制度

费用报销与员工借款严格执行公司审批制度，具体审批制度如下。

(1) 因公出差、经总经理批准借支公款，应在回单位后七天内结清，不得拖欠。

(2) 金额在1000元以下(含1000元)，由主管部门经理签字之后交给财务经理复核、审批。金额在1000元以上，由主管部门经理审核签字之后交给财务经理复核再由总经理审批。

(3) 借款人必须按规定填写“借款单”，注明借款事由、借款金额，出纳应对借款事项专门设置台账进行跟踪管理。

(4) 手续完整、填写无误的，出纳凭审批后的单据付款。

(5) 正常的办公费用开支，必须有正式发票且印章齐全，有经手人、部门负责人签名。

(6) 报销单填写必须完整，原始单据必须真实、合法，签章必须符合以上相关规定，出纳才给予报销。

3. 往来债权核算

(1) 应收账款的管理：企业为加强对应收账款的管理，在总分类账的基础上，按客户的名称设置明细分类账，详细、序时地记载与各客户的往来情况，同时定期与客户进行核对。

(2) 借款的管理：公司各部门形成的出差借款、采购借款、各部门备用金，应于业务发生后及时归还销账。对于未归还的个人借款，财务部要及时核对，年末仍未还款的个人借款应统一替换新的借款单。

4. 存货核算

(1) 会计设立库存商品数量金额明细账，记录库存商品的收发情况，并结出其结存数量。

(2) 购入库存商品时，按买价加运输费、运输途中的合理损耗、入库前的挑选整理费用和按规定应计入成本的税金以及其他费用，作为实际成本。

(3) 库存商品的发出按全月一次加权平均法，一律以出库单的形式出库，在出库单上一般须注明产品名称、数量、领用部门等。

(4) 每月月末及年终需对库存商品进行盘点,务必做到账、表、物三者相符。在盘点中发现的盘盈、盘亏、损毁、变质等情况,应及时查明原因。若因管理不善造成的或无法查明原因的盘盈盘亏,经相关领导审批后,计入当期损益。

5. 税费核算

(1) 应交税费核算。公司按照税法等规定计算应缴纳的各种税费,包括增值税、所得税、城市维护建设税、教育费附加、地方教育费附加、印花税,以及公司代扣代缴的个人所得税等。公司按应缴纳的税费进行明细核算,应交增值税明细账根据规定设置"进项税额"等专栏进行明细核算。

(2) 本企业为增值税一般纳税人。应交增值税分别按"进项税额""销项税额""转出未交增值税"等设置明细科目。月份终了,企业计算当月应交未交增值税,借记"应交税费——应交增值税(转出未交增值税)"科目,贷记"应交税费——未交增值税"科目。次月申报缴纳上月应交的增值税时,借记"应交税费——未交增值税"科目,贷记"银行存款"等科目。

(3) 本企业按月计提所得税费用,于月末按照本月的"本年利润"贷方余额的25%进行计提,按季预缴所得税。

6. 固定资产核算

(1) 固定资产在取得时,按取得时的成本入账。取得时的成本包括买价、相关税费、运输和保险等相关费用,以及为使固定资产达到预定可使用状态前所必要的支出。

(2) 公司的固定资产均为电子设备。

(3) 固定资产的预计使用期限:电子设备使用3年。

(4) 公司对固定资产采用年限平均法(即直接线)计提折旧,按月计提固定资产的折旧。本月增加的固定资产从下月起计提折旧,本月减少的固定资产从下月起停止计提折旧。

(5) 固定资产的管理由财务部和总经办共同负责,财务部设立固定资产明细账,行政部建立固定资产卡片,定期对账。

(6) 每年年终,由财务部牵头,组织使用部门对固定资产进行盘点,编制盘点表。

7. 往来债务核算

(1) 应付账款是指公司因购买库存商品而发生的负债,按照实际发生额入账,并按债权人设置明细账核算增减情况。应付职工薪酬核算根据有关规定应付给职工的各种薪酬,按工资、员工福利、社保费、住房公积金等进行明细核算。月末将本月工资进行分配,分别计入相关成本费用账户。

(2) 往来债务的管理。公司各部门因采购或接受劳务形成的应付账款,应及时进行账务处理,登记相应的账簿,定期与供应商对账,保证双方账账相符。

8. 所有者权益核算

(1) 实收资本核算投资者投入的资本。

(2) 本年利润核算公司当期实现的净利润(或发生的净亏损)。年度终了,应将本年收入和支出相抵后结出的本年实现的净利润,转入“利润分配”科目。

(3) 利润分配核算公司利润的分配(或亏损的弥补)和历年分配(或弥补)后的余额。公司在“利润分配”科目下设置“未分配利润”明细科目。

9. 损益核算

(1) 主营业务收入核算销售商品、提供劳务等主营业务的收入。公司在商品已经发出、劳务已经提供,在同时收讫价款或取得价款权利的凭证时,确认收入的实现并开具发票结算。

(2) 主营业务成本核算公司确认销售商品、提供劳务等主营业务收入时应结转的成本。

(3) 税金及附加核算企业经营主要业务应负担的城市维护建设税、教育费附加和地方教育费附加等。

(4) 销售费用核算公司销售商品过程中发生的各项费用,按运输费、折旧费、工资、社保费、住房公积金、差旅费、广告费等进行明细核算。

(5) 管理费用核算公司为组织和管理企业生产经营所发生的各项费用。按差旅费、办公费、租金、折旧费、工资、社保费、住房公积金、福利费、业务招待费、水电费、保险费、通信费等进行明细核算。

(6) 财务费用核算公司为筹集生产经营所需资金而发生的费用,按利息支出、利息收入、手续费等项目设置明细账,进行明细核算。

(7) 营业外收入和营业外支出核算与公司生产经营活动无直接关系的各种收入和支出。

(8) 所得税费用核算公司根据所得税准则确认的应从当期利润总额中扣除的所得税费用,需要在利润表中反映。

(9) 以前年度损益调整核算公司本年度发生的调整以前年度损益的事项。

10. 财务报告

公司财务报告分为月报、季报、半年报、年报,内容上包括资产负债表、利润表、现金流量表。

四、会计核算的流程

会计人员在了解企业相关信息及期初数据后,就可以根据经济业务进行账务处理。具体账务处理流程为:①根据原始单据填制相应的记账凭证;②审核记账凭证;③根据审核后的记账凭证填写明细账和登记T形账;④根据T形账编制科目汇总表;⑤根据科目汇总表登记总分类账;⑥编制相关的会计报表(见图1-4)。

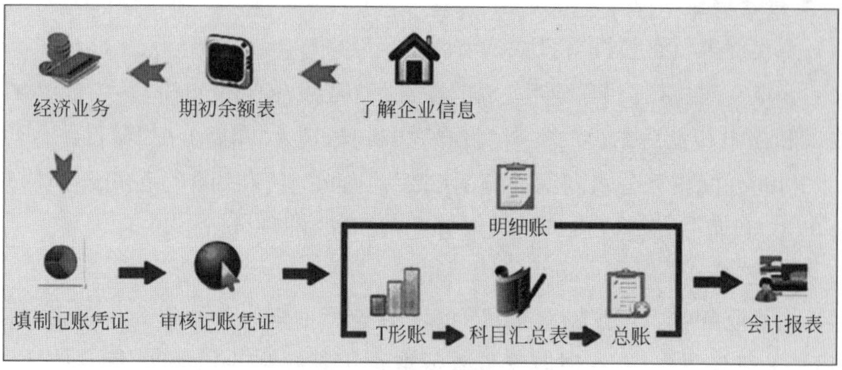

图 1-4　会计核算的流程

五、会计科目及期初余额

郑京我爱会计服饰有限公司 2017 年 1 月的会计科目及期初余额见表 1-2。

表 1-2　郑京我爱会计服饰有限公司 2017 年 1 月的会计科目及期初余额

科目代码	科目名称	数量	单价	年初余额		应设置账簿
				借方	贷方	
1001	库存现金			50000.00		总分类账/库存现金日记账
1002	银行存款			721279.40		总分类账
100201	工行郑京城南支行			721279.40		银行存款日记账
1122	应收账款			340000.00		总分类账
112201	洛山靓丽服装有限公司			90000.00		三栏式明细账
112202	郑京才子佳人服装有限公司			150000.00		三栏式明细账
112203	昆泽华衣服装有限公司			100000.00		三栏式明细账
1221	其他应收款			29486.00		总分类账
122101	洪庆山			20000.00		三栏式明细账
122102	林成彬			0.00		三栏式明细账
122103	代扣个人社保费			4386.00		三栏式明细账
122104	代扣个人住房公积金			5100.00		三栏式明细账
1405	库存商品			131500.00		总分类账
140501	男式衬衫(170/92)	1900	25	47500.00		数量金额式明细账
140502	男式衬衫(175/100)	1000	30	30000.00		数量金额式明细账
140503	女式衬衫(155/35)	1200	15	18000.00		数量金额式明细账
140504	女式衬衫(160/38)	1800	20	36000.00		数量金额式明细账
140505	男式衬衫(180/110)			0.00		数量金额式明细账

续表

科目代码	科 目 名 称	数量	单价	年初余额		应设置账簿
				借　方	贷　方	
1601	固定资产			57540.15		总分类账
160101	笔记本电脑			23729.00		三栏式明细账
160102	传真机			2811.15		三栏式明细账
160103	台式电脑			31000.00		三栏式明细账
1602	累计折旧				2804.34	总分类账、三栏式明细账
1901	待处理财产损溢			0.00		总分类账
190101	待处理流动资产损溢			0.00		三栏式明细账
2001	短期借款				0.00	总分类账
200101	工行郑京城南支行				0.00	三栏式明细账
2202	应付账款				417994.96	总分类账
220201	郑京暮然服饰有限公司				46800.00	三栏式明细账
220202	洛山华衣服饰有限公司				152100.00	三栏式明细账
220203	昌阳金诺帝服装有限公司				117000.00	三栏式明细账
220204	郑京圣伊服饰有限公司				102094.96	三栏式明细账
2203	应付职工薪酬				82100.00	总分类账
220301	工资				82100.00	三栏式明细账
220302	社保费				0.00	三栏式明细账
220303	住房公积金				0.00	三栏式明细账
220304	员工福利				0.00	三栏式明细账
2221	应交税费				27953.74	总分类账
222101	应交增值税				0.00	应交增值税明细账
22210101	进项税额			183816.64		应交增值税明细账
22210102	销项税额				246944.30	应交增值税明细账
22210103	转出未交增值税			63127.66		应交增值税明细账
222102	未交增值税				12100.00	三栏式明细账
222103	应交所得税				14401.74	三栏式明细账
222104	应交城市维护建设税				847.00	三栏式明细账
222105	应交个人所得税				0.00	三栏式明细账
222106	应交教育费附加				363.00	三栏式明细账
222107	应交地方教育费附加				242.00	三栏式明细账
4001	实收资本				800000.00	总分类账
400101	洪庆山				700000.00	三栏式明细账
400102	刘羽平				100000.00	三栏式明细账

续表

科目代码	科 目 名 称	数量	单价	年初余额		应设置账簿
				借 方	贷 方	
4103	本年利润				0.00	总分类账、三栏式明细账
4104	利润分配			1047.49		总分类账
410401	未分配利润			1047.49		三栏式明细账
6001	主营业务收入				0.00	总分类账
600101	男式衬衫(170/92)				0.00	三栏式明细账
600102	男式衬衫(175/100)				0.00	三栏式明细账
600103	女式衬衫(155/35)				0.00	三栏式明细账
600104	女式衬衫(160/38)				0.00	三栏式明细账
6301	营业外收入				0.00	总分类账、三栏式明细账
6401	主营业务成本				0.00	总分类账
640101	男式衬衫(170/92)				0.00	三栏式明细账
640102	男式衬衫(175/100)				0.00	三栏式明细账
640103	女式衬衫(155/35)				0.00	三栏式明细账
640104	女式衬衫(160/38)				0.00	三栏式明细账
6403	营业税金及附加			0.00		总分类账、三栏式明细账
6601	销售费用			0.00		总分类账
660101	运输费			0.00		多栏式明细账
660102	折旧费			0.00		多栏式明细账
660103	工资			0.00		多栏式明细账
660104	社保费			0.00		多栏式明细账
660105	住房公积金			0.00		多栏式明细账
660106	差旅费			0.00		多栏式明细账
660107	广告费			0.00		多栏式明细账
6602	管理费用			0.00		总分类账
660201	差旅费			0.00		多栏式明细账
660202	通信费			0.00		多栏式明细账
660203	办公费			0.00		多栏式明细账
660204	租金			0.00		多栏式明细账
660205	折旧费			0.00		多栏式明细账
660206	工资			0.00		多栏式明细账
660207	社保费			0.00		多栏式明细账
660208	住房公积金			0.00		多栏式明细账
660209	福利费			0.00		多栏式明细账
660210	业务招待费			0.00		多栏式明细账

续表

科目代码	科目名称	数量	单价	年初余额		应设置账簿
				借方	贷方	
660211	水电费			0.00		多栏式明细账
660212	保险费			0.00		多栏式明细账
6603	财务费用			0.00		总分类账
660301	手续费用			0.00		多栏式明细账
660302	利息支出			0.00		多栏式明细账
660303	利息收入			0.00		多栏式明细账
6711	营业外支出			0.00		总分类账、三栏式明细账
6801	所得税费用			0.00		总分类账、三栏式明细账
合计				1330853.04	1330853.04	

第二部分

建　　账

请根据本企业的会计科目及期初余额表(见表 1-2)上的会计科目信息、期初数据信息和账簿类型信息,进行 2017 年期初的建账工作,包括填写账簿启用表及交接表和登记期初数。

建账总体说明:

(1) 本实操账簿启用日期为:2017 年 1 月 1 日;账簿编号顺序为:总分类账 001,库存现金日记账 002,银行存款日记账 003,数量金额式明细账 004,多栏式明细账 005,应交增值税明细账 006,三栏式明细账 007);印花税票在"手工全盘账单据簿"(以下简称"单据簿")的第 77 页。

(2) 建账时,请用黑色签字笔填写。如出现错误,请在错误处用红色签字笔划斜线,并在其正上方用黑色签字笔重新填写正确信息并签章。

一、总分类账

第一步:填写账簿启用及交接表。

简化操作说明如下。

(1) "主办会计"和"记账"处填写本公司会计的名字,盖章略去。

(2) "负责人"处填写本公司财务经理的名字,盖章略去。

(3) 右上角处的公司盖章略去。

填写范例见图 2-1。

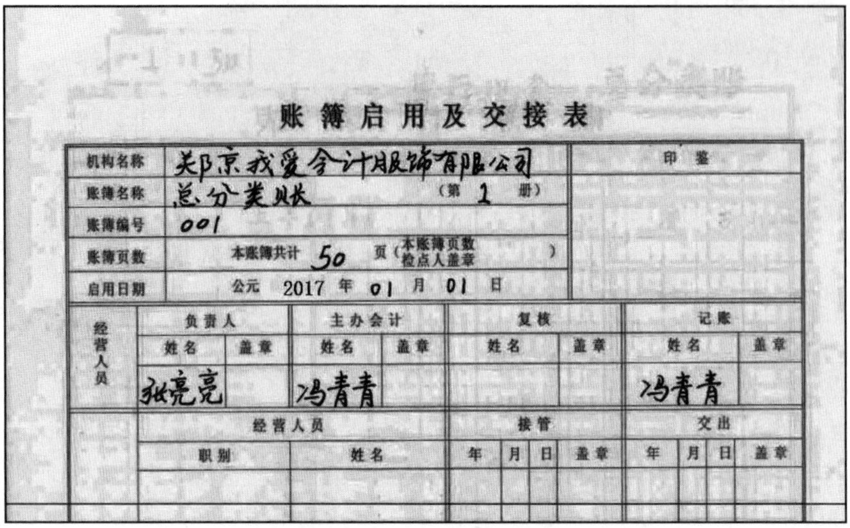

账簿启用及交接表

机构名称	郑京我爱会计服饰有限公司	印鉴
账簿名称	总分类账 （第 1 册）	
账簿编号	001	
账簿页数	本账簿共计 50 页（本账簿页数 检点人盖章 ）	
启用日期	公元 2017 年 01 月 01 日	

经营人员	负责人		主办会计		复核		记账	
	姓名	盖章	姓名	盖章	姓名	盖章	姓名	盖章
	张亮亮		冯青青				冯青青	

经营人员		接管				交出			
职别	姓名	年	月	日	盖章	年	月	日	盖章

图 2-1 账簿启用及交接表填写范例

第二步：按照会计科目及期初余额表（见表 1-2）的一级科目设置总分类账账页，每张账页（两面）设置一个总分类账科目，并按会计科目及期初余额表（见表 1-2）顺序依次填写。

第三步：按会计科目及期初余额表（见表 1-2）的期初余额设置总分类账的期初余额。

填写范例见图 2-2。

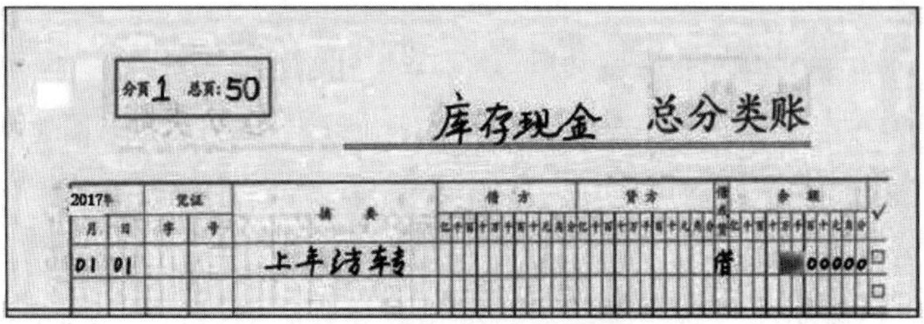

分页1 总页:50

库存现金 总分类账

2017年		凭证		摘要	借方	贷方	借或贷	余额
月	日	字	号					
01	01			上年结转			借	[redacted]00000

图 2-2 总分类账账页填写范例

说明：为养成良好的工作习惯，若资产类、负债类科目期初无余额，建议学员在登记账簿的年初余额时，也要在余额栏“元、角、分”位置登记“-0-”；损益类科目年初无余额，建账时可不填写年初数。本实操总分类账的分页、总页略。

二、明细分类账

明细分类账也称明细账。实务工作中，明细分类账是活页式，一般到年底时统一装订成册。本实操为方便学生使用，已将明细分类账装订成册。

本企业设置以下三类明细账，具体建账操作如下。

1. 数量金额式明细账

第一步：填写账簿启用及交接表。账簿名称为“数量金额式明细账”。

第二步：按会计科目及期初余额表（见表 1-2）中各库存商品明细科目设置账页，每张账页（两面）设置一个明细科目。

第三步：按会计科目及期初余额表（见表 1-2）中各库存商品明细科目的期初数设置数量金额式明细账的期初数量、单价与金额。若期初无余额，建议学员在登记账簿的年初余额时，余额栏“元、角、分”位置登记“-0-”。

填写范例见图 2-3。

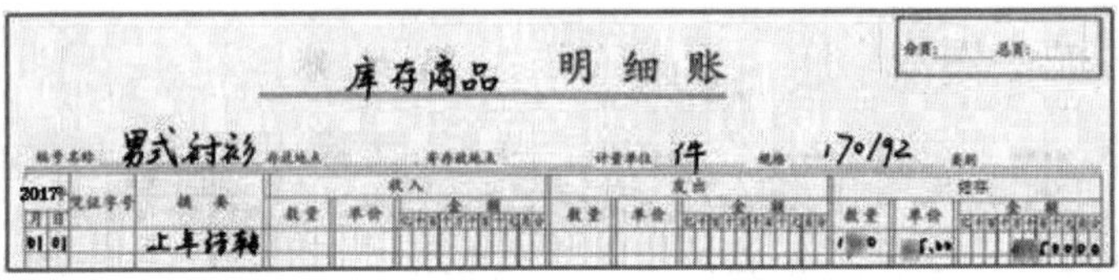

图 2-3　数量金额式明细账账页填写范例

2. 多栏式明细账

本企业设置两本多栏式明细账，分别核算期间费用和应交税费——应交增值税的明细账。

(1) 期间费用明细账用于核算管理费用、销售费用和财务费用的明细发生情况。其启用步骤如下。

第一步：填写账簿启用及交接表。账簿名称填写“多栏式明细账”。

第二步：填写账页信息。

① 填写账户名称及科目信息。首页不填写（多栏式明细账账簿由打开后同一界面的两页账页组成），在第二页填写对应账户名称“管理费用”，科目明细填写“一级科目管理费用”；隔 6 张账页填写对应账户名称“销售费用”，科目明细填写“一级科目销售费用”；再隔 6 张账页填写对应账户名称“财务费用”，科目明细填写“一级科目财务费用”。

说明：实务中，多栏式明细账一般为活页式，可根据需要随意添加账页。本实操中，将期间费用都设置为 6 张账页，备以填制 2017 年 2 月份的业务。

填写范例见图 2-4。

② 填写专栏信息。在有设置账户名称的账页里的 12 个专栏里填写对应费用的明细科目；期间费用的明细科目请根据会计科目及期初余额表（见表 1-2）设置。专栏上“(　)方项目”均填写“(借)方项目”。

第三步：填写登账年份。由于费用类科目无余额，因此无须设置期初余额。

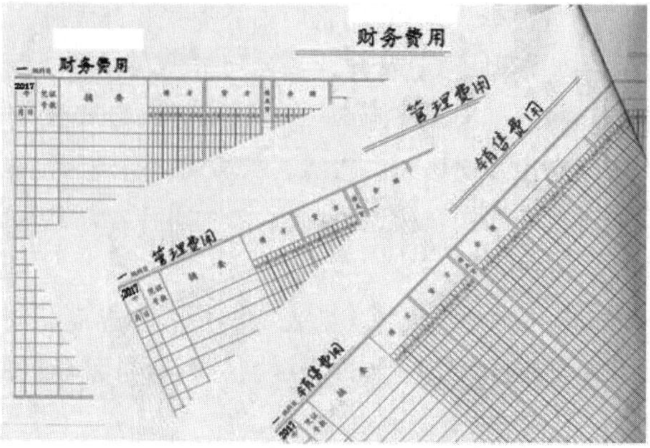

图 2-4　多栏式明细账账页信息填写范例

填写范例见图 2-5。

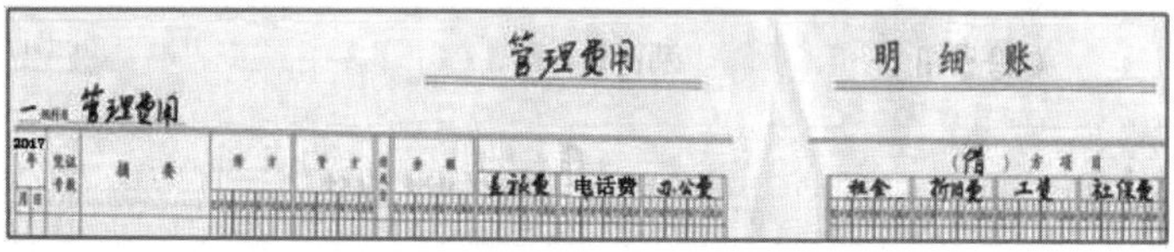

图 2-5　多栏式明细账账页填写范例

(2) 应交税费——应交增值税明细账主要用于核算“应交税费——应交增值税”科目下的所有明细发生情况。其启用步骤如下。

第一步：填写账簿启用及交接表。账簿名称填写“应交税费——应交增值税明细账”。

第二步：填写账户名称及专栏信息。应交税费——应交增值税明细账账簿由打开后同一界面的两页账页组成，首页不需要填写。

说明：由于本实操所采用的账簿已经将账户名称及专栏信息印刷好，故本步骤操作可略去。实务中，尽量采用已经印刷好的应交增值税明细账账簿。

第三步：填写期初余额。按会计科目及期初余额表(见表 1-2)的期初余额设置各明细账的期初余额。虽然本实操“应交税费——应交增值税”的余额为 0，但是其专栏(三级明细)下的余额不为 0，因此应将对应的专栏余额摘抄过来，最后在余额栏“元、角、分”位置登记“-0-”。

填写范例见图 2-6。

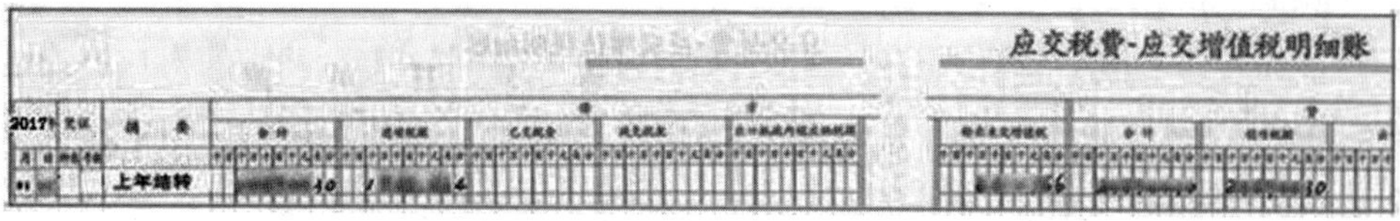

图 2-6　应交税费——应交增值税明细账账页填写范例

3. 三栏式明细账

第一步：填写账簿启用及交接表。账簿名称填写"三栏式明细账"。

第二步：按会计科目及期初余额表（见表 1-2）中的各个明细科目设置账页，每张账页设置一个明细科目。如应收账款明细账，其一级科目为应收账款，二级科目为洛山靓丽服装有限公司。

第三步：按照会计科目及期初余额表（见表 1-2）各明细科目的期初数设置明细账的期初余额。

填写范例见图 2-7。

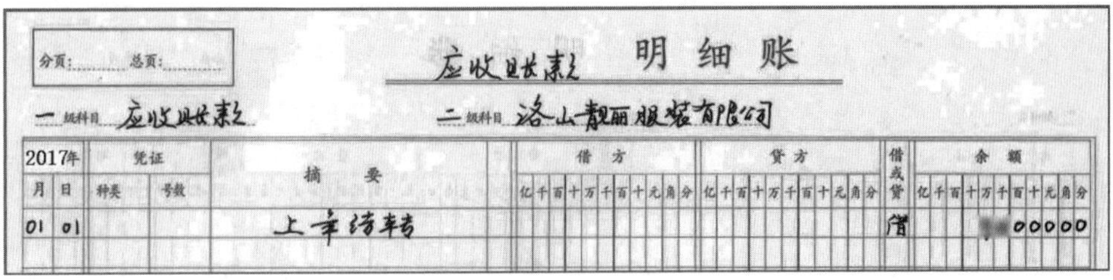

图 2-7　三栏式明细账账页填写范例

说明：

（1）为养成良好的工作习惯，若资产类、负债类科目期初无余额，建议学员在登记账簿的年初余额时，余额栏"元、角、分"的位置登记"-0-"；损益类科目年初无余额，建账时不需填写年初数。

（2）由于三栏式明细账户较多，为方便查找，请在设置完账户后，将"实务配套用品袋"里的标签纸揭下来，对折贴在账页边缘，露出标签纸，并在标签上填上账户名称。每个账户只需贴一张，例如"应收账款"所有明细账的账页，只需在第一张账页上贴标签纸。

三、日记账

通常情况下，日记账是由出纳人员进行登记的。本实操中为强化训练，由会计代为填写。日记账的建账步骤如下。

第一步：填写账簿启用及交接表。名称填写"库存现金日记账"或"银行存款日记账"。

第二步：按会计科目及期初余额表（见表 1-2）的库存现金科目期初余额设置库存现金日记账。

第三步：按会计科目及期初余额表（见表 1-2）的银行存款期初余额设置银行存款日记账。

第三部分

原始凭证

一、原始凭证填写说明

实务中，原始凭证一般由相关业务人员填制，但会计也需掌握原始凭证的填写规范。因此，本部分对原始凭证的填写进行强化训练。

要求：请填写本企业 2017 年 1 月份经济业务中的部分原始凭证。原始凭证填完后，请审核，如有误，请重新填写。

简化操作说明：增值税专用发票的发票联和抵扣联的盖章略去。

二、原始凭证填写操作

【业务 1】 2017 年 1 月 8 日，仓库收到货物一批，分别为：男式衬衫(170/92，编码 140001)1500 件、男式衬衫(175/100，编码 140002)750 件、女式衬衫(160/38，编码 140004)1000 件。

要求：

(1) 请根据“单据簿”(第 5 页)中的增值税专用发票(单据 1-5-1)和销售单(单据 1-5-2)填写“档案盒”中的空白入库单。

(2) 入库单填制完成后，请将入库单中会计用来做账的联次、增值税专用发票和销售单用回形针整理在一起，以备填制记账凭证使用。

提示:①请按不同规格商品分别填写入库单;②入库单中实际价格、财务经理、仓库主管三处请留空;③验收仓库为“仓库”;经办人为“吴萍菊”;制单人为“高建军”;入库单号为“020110”(实务中入库单号是印刷好的,不用手工填写);④为了防止入库单复印到下一份,请在两份入库单之间用纸板隔开。

【业务2】 2017年1月10日,采购员吴萍菊申请电汇支付供应商货款。

要求:

(1)请根据增值税专用发票(见图3-1),帮助采购员填写“单据簿”(第74~76页)中的付款申请书。

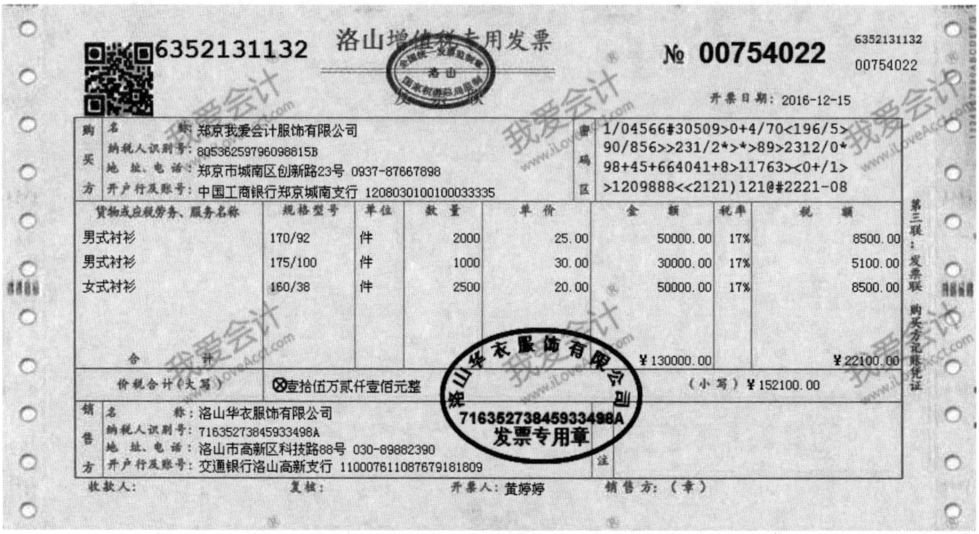

6352131132 洛山增值税专用发票 № 00754022 6352131132 00754022

开票日期:2016-12-15

购买方	名称:郑京我爱会计服饰有限公司 纳税人识别号:805362597960988815B 地址、电话:郑京市城南区创新路23号 0937-87667898 开户行及账号:中国工商银行郑京城南支行 1208030100100033335			密码区	1/04566#30509>0+4/70<196/5> 90/856>>231/2*>*>89>2312/0* 98+45+664041+8>11763><0+/1> >1209888<<2121)121@#2221-08		
货物或应税劳务、服务名称	规格型号	单位	数量	单价	金额	税率	税额
男式衬衫	170/92	件	2000	25.00	50000.00	17%	8500.00
男式衬衫	175/100	件	1000	30.00	30000.00	17%	5100.00
女式衬衫	160/38	件	2500	20.00	50000.00	17%	8500.00
合计					¥130000.00		¥22100.00
价税合计(大写)	⊗壹拾伍万贰仟壹佰元整				(小写)¥152100.00		
销售方	名称:洛山华衣服饰有限公司 纳税人识别号:716352738459334 98A 地址、电话:洛山市高新区科技路88号 030-89882390 开户行及账号:交通银行洛山高新支行 110007611087679181809			备注			

收款人: 复核: 开票人:黄婷婷 销售方:(章)

第三联:发票联 购买方记账凭证

图3-1 增值税专用发票

(2)填写完付款申请书,将付款申请书和“单据簿”(第6页)中的业务委托书回执(单据1-6-1)用回形针整理在一起,以备填制记账凭证使用。

提示:①付款申请书签字栏所需签字,请根据本书第一部分的主要人员信息表(见表1-1),直接将对应人员的名字填上;②付款申请书如填写错误,直接撕掉重填即可,若不够用可自行复印。

【业务3】 2017年1月11日,企业销售一批货物,实发男式衬衫(170/92,编码140001)1030件、男式衬衫(175/100,编码140002)750件、女式衬衫(155/35,编码140003)500件、女式衬衫(160/38,编码140004)300件。

要求:

(1)请根据购销合同(见图3-2)和开票资料(见图3-3)填写“档案盒”中的销售单、增值税专用发票和出库单。实务中,增值税专用发票由防伪税控系统开出。为强化训练,本业务的增值税专用发票请手工填写。

(2)请在增值税专用发票的发票联和抵扣联上加盖发票专用章。

(3) 将开具好的销售单和增值税专用发票的会计做账对应联次用回形针整理在一起，以备填制记账凭证使用。本实操中的所有出库单先归集到一起，待到月末结转成本时，会计再使用相应的联次做账。

提示：①销售单经办人：孙大奇，仓库人员：陈玉玲，签收人：张顺安，销售单号：1100003(实务中销售单号是印刷好的，不用手工填写)；②增值税专用发票开票人：冯青青；③出库单号：003453(实务中出库单号是印刷好的，不用手工填写)，经办人：孙大奇，仓库人员：陈玉玲；④请在填写相关原始凭证时，用纸板在两份凭证间隔开，以防复写到下一份。

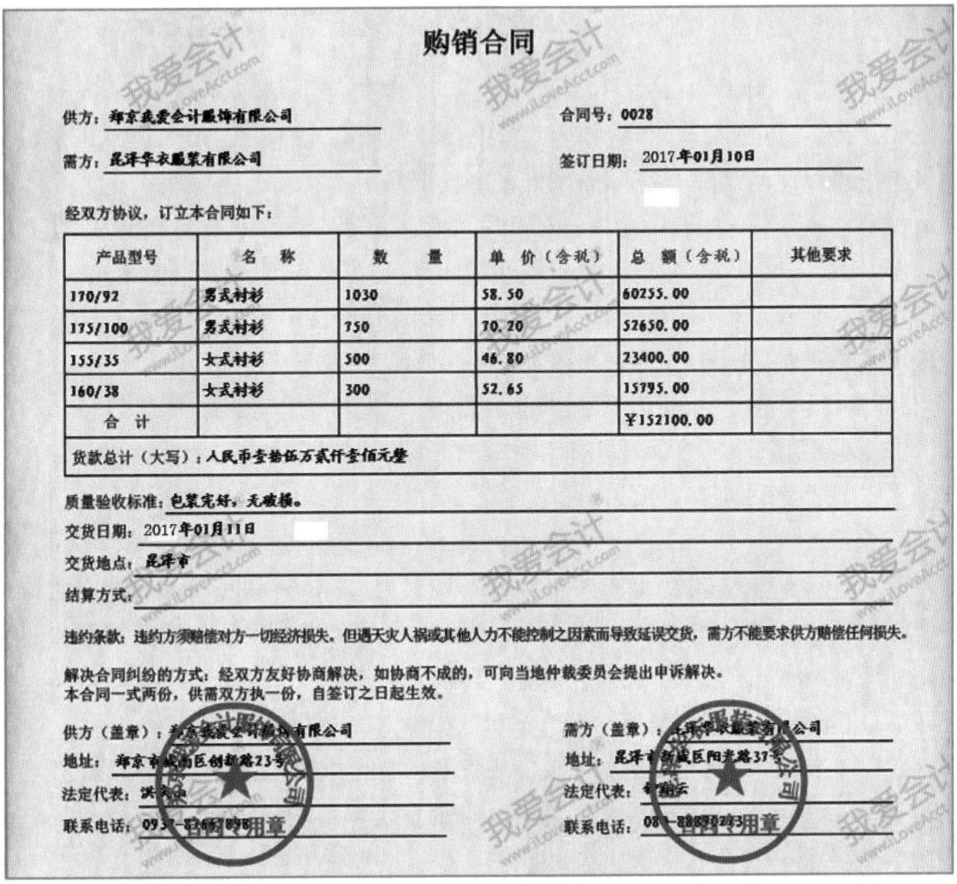

购销合同

供方：郑京我爱会计服饰有限公司　　合同号：0028

需方：昆泽华衣服装有限公司　　签订日期：2017年01月10日

经双方协议，订立本合同如下：

产品型号	名　称	数　量	单　价（含税）	总　额（含税）	其他要求
170/92	男式衬衫	1030	58.50	60255.00	
175/100	男式衬衫	750	70.20	52650.00	
155/35	女式衬衫	500	46.80	23400.00	
160/38	女式衬衫	300	52.65	15795.00	
合　计				￥152100.00	
货款总计（大写）：人民币壹拾伍万贰仟壹佰元整					

质量验收标准：包装完好，无破损。

交货日期：2017年01月11日

交货地点：昆泽市

结算方式：

违约条款：违约方须赔偿对方一切经济损失。但遇天灾人祸或其他人力不能控制之因素而导致延误交货，需方不能要求供方赔偿任何损失。

解决合同纠纷的方式：经双方友好协商解决，如协商不成的，可向当地仲裁委员会提出申诉解决。
本合同一式两份，供需双方执一份，自签订之日起生效。

供方（盖章）：郑京我爱会计服饰有限公司
地址：郑京市城南区创新路23号
法定代表：洪[illegible]
联系电话：093[illegible]

需方（盖章）：昆泽华衣服装有限公司
地址：昆泽市新城区阳光路37号
法定代表：[illegible]
联系电话：08[illegible]-88890233

图 3-2　购销合同

【业务 4】　2017 年 1 月 20 日，仓库收到货物一批，分别为：男式衬衫(170/92，编码 140001)1000 件、女式衬衫(155/35，编码 140003)1000 件、女式衬衫(160/38，编码 140004)500 件。

要求：

(1) 请根据“单据簿”(第 17 页)中的增值税专用发票(单据 1-18-1)和销售单(单

开票资料

购货单位名称：昆泽华衣服装有限公司

购货单位纳税识别号：3036283678343362lD

购货单位地址：昆泽市新城区阳光路37号

购货单位电话： 080-88890273

购货单位开户行：中国工商银行昆泽新城支行

购货单位开户行账号：1208030498740042120

图 3-3 开票资料

据 1-18-2)填写入库单。

(2) 入库单填制完成后，请将入库单中会计用来做账的联次、增值税专用发票和销售单用回形针整理在一起，以备填制记账凭证使用。

提示：①请按不同规格商品分别填写入库单；②入库单中的实际价格、财务经理、仓库主管三处请留空；③验收仓库为“仓库”，经办人为“董继超”，制单人为“高建军”，入库单号为“020111”(实务中入库单号是印刷好的，不用手工填写)；④为了防止入库单复写到下一份，请在两份入库单之间用纸板隔开。

【业务 5】 2017 年 1 月 22 日，企业销售一批货物，实发男式衬衫(170/92) 1300 件、男式衬衫(175/100) 500 件、女式衬衫(155/35) 550 件、女式衬衫(160/38) 1000 件。商品编码同业务 3。

要求：

(1) 请根据购销合同(见图 3-4)和开票资料(见图 3-5)填写“档案盒”中的销售单、增值税专用发票和出库单。实务中，增值税专用发票由防伪税控系统开出。为强化训练，本业务的增值税专用发票请手工填写。

(2) 请在增值税专用发票的发票联和抵扣联上加盖发票专用章。

(3) 将开具好的销售单和增值税专用发票的会计做账对应联次用回形针整理在一起，以备填制记账凭证使用。本实操中的所有出库单先归集到一起，待到月末结转成本时，会计再使用相应的联次做账。

提示：①销售单经办人：郭顺本，仓库人员：陈小茹，签收人：孙俊哲，销售单号：1100004(实务中销售单号是印刷好的，不用手工填写)；②增值税专用发票开票人：冯青青；③出库单号：003454(实务中出库单号是印刷好的，不用手工填写)，经办人：郭顺本，仓库人员：陈玉玲；④请在填写相关原始凭证时，用纸板在两份凭证间隔开，以防复写到下一份。

【业务 6】 2017 年 1 月 23 日，采购员董继超申请转账支付供应商货款。

购销合同

供方：郑京我爱会计服饰有限公司　　　　合同号：0029

需方：郑京才子佳人服装有限公司　　　　签订日期：2017年01月21日

经双方协议，订立本合同如下：

产品型号	名　称	数　量	单　价（含税）	总　额（含税）	其他要求
170/92	男式衬衫	1300	58.50	76050.00	
175/100	男式衬衫	500	70.20	35100.00	
155/35	女式衬衫	550	46.80	25740.00	
160/38	女式衬衫	1000	52.65	52650.00	
合　计				¥189540.00	
货款总计（大写）：人民币壹拾捌万玖仟伍佰肆拾元整					

质量验收标准：包装完好，无破损。

交货日期：2017年01月22日

交货地点：

结算方式：

违约条款：违约方须赔偿对方一切经济损失。但遇天灾人祸或其他人力不能控制之因素而导致延误交货，需方不能要求供方赔偿任何损失。

解决合同纠纷的方式：经双方友好协商解决，如协商不成的，可向当地仲裁委员会提出申诉解决。
本合同一式两份，供需双方执一份，自签订之日起生效。

供方（盖章）：郑京我爱会计服饰有限公司
地址：郑京市城南区创新路22号
法定代表：洪庆山
联系电话：0937-87667898

需方（盖章）：郑京才子佳人服装有限公司
地址：郑京市城南区中山路22号
法定代表：张朝阳
联系电话：0937-87346722

图 3-4　购销合同

开票资料

购货单位名称：郑京才子佳人服装有限公司

购货单位纳税识别号：80536259983278782M

购货单位地址：郑京市城南区中山路22号

购货单位电话：0937-87346722

购货单位开户行：中国工商银行郑京城南支行

购货单位开户行账号：1208736884200000238

图 3-5　开票资料

要求:

(1) 请根据增值税专用发票(见图 3-6),帮助采购员填写“单据簿”(第 74～76 页)中的付款申请书。

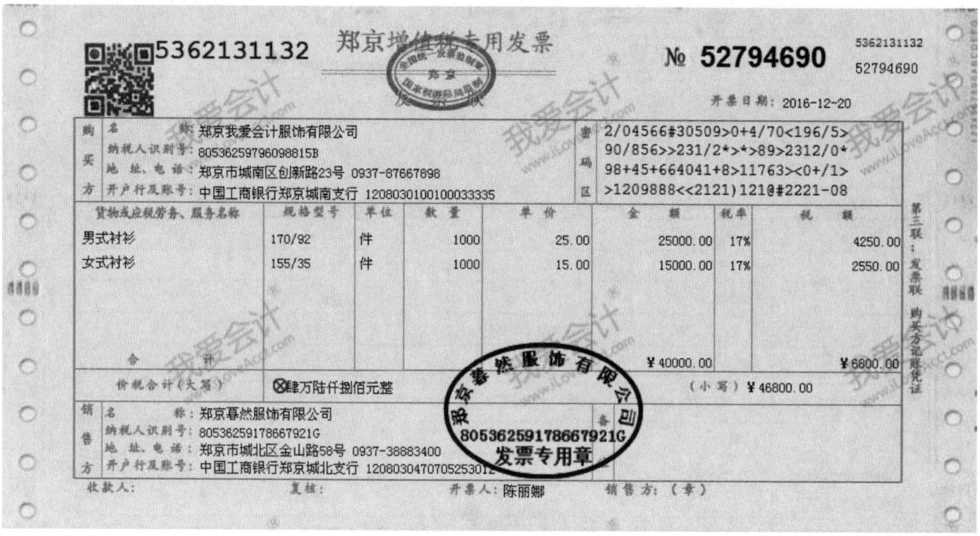
5362131132 郑京增值税专用发票 № 52794690 5362131132 52794690

开票日期: 2016-12-20

购买方	名称: 郑京我爱会计服饰有限公司 纳税人识别号: 80536259796098815B 地址、电话: 郑京市城南区创新路23号 0937-87667898 开户行及账号: 中国工商银行郑京城南支行 1208030100100033335			密码区	2/04566#30509>0+4/70<196/5> 90/856>>231/2*>*>89>2312/0* 98+45+664041+8>11763><0+/1> >1209888<<2121)121@#2221-08		
货物或应税劳务、服务名称	规格型号	单位	数量	单价	金额	税率	税额
男式衬衫	170/92	件	1000	25.00	25000.00	17%	4250.00
女式衬衫	155/35	件	1000	15.00	15000.00	17%	2550.00
合计					¥40000.00		¥6800.00
价税合计(大写)	⊗肆万陆仟捌佰元整				(小写) ¥46800.00		
销售方	名称: 郑京暮然服饰有限公司 纳税人识别号: 80536259178667921G 地址、电话: 郑京市城北区金山路58号 0937-38883400 开户行及账号: 中国工商银行郑京城北支行 120803047070525301			备注			

收款人: 复核: 开票人: 陈丽娜 销售方: (章)

第三联: 发票联 购买方记账凭证

图 3-6 增值税专用发票

(2) 填写完付款申请书后,将付款申请书和“单据簿”(第 19、20 页)中的进账单回单(单据 1-22-1)和转账支票存根(单据 1-22-2)用回形针整理在一起,以备填制记账凭证使用。

提示:①付款申请书签字栏所需签字,请根据本书第一部分的主要人员信息表(见表 1-1),直接将对应人员的名字填上;②付款申请书如填写错误,直接撕掉重填即可,若不够用可自行复印。

【业务 7】 2017 年 1 月 27 日,采购员董继超申请电汇支付供应商货款。

要求:

(1) 请根据增值税专用发票(见图 3-7),帮助采购员填写“单据簿”(第 74～76 页)中的付款申请书。

(2) 填写完付款申请书后,将付款申请书和“单据簿”(第 22 页)中的业务委托书回执(单据 1-25-1)用回形针整理在一起,以备填制记账凭证使用。

提示:①付款申请书签字栏所需签字,请根据本书第一部分的主要人员信息表(见表 1-1),直接将对应人员的名字填上;②付款申请书如填写错误,直接撕掉重填即可,若不够用可自行复印。

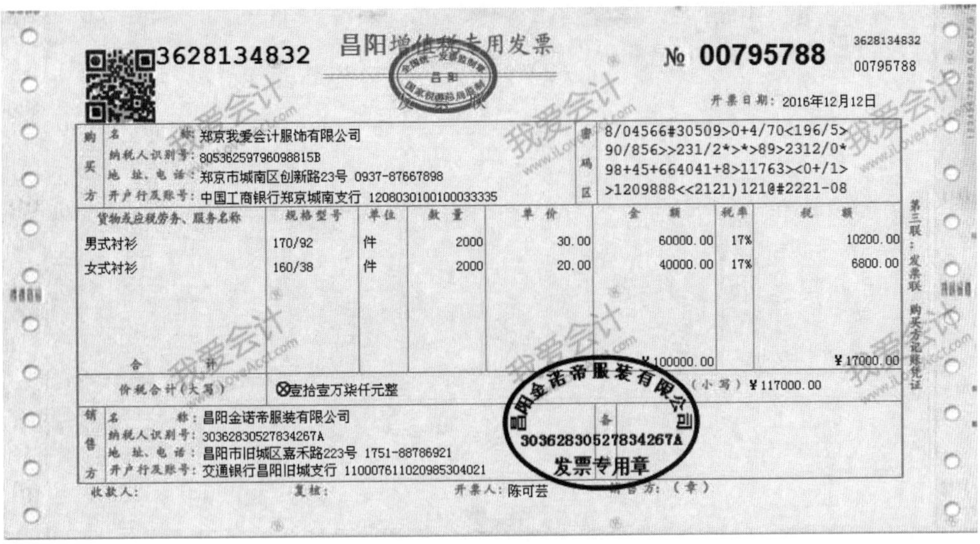

3628134832　昌阳增值税专用发票　№ 00795788　3628134832　00795788

发票联

开票日期：2016年12月12日

购买方		密码区
名　　称：郑京我爱会计服饰有限公司 纳税人识别号：80536259796098815B 地 址、电 话：郑京市城南区创新路23号 0937-87667898 开户行及账号：中国工商银行郑京城南支行 1208030100100033335		8/04566#30509>0+4/70<196/5> 90/856>>231/2*>*>89>2312/0* 98+45+664041+8>11763><0+/1> >1209888<<2121)121@#2221-08

货物或应税劳务、服务名称	规格型号	单位	数量	单价	金额	税率	税额
男式衬衫	170/92	件	2000	30.00	60000.00	17%	10200.00
女式衬衫	160/38	件	2000	20.00	40000.00	17%	6800.00
合　　计					¥100000.00		¥17000.00
价税合计（大写）	⊗壹拾壹万柒仟元整				（小写）¥117000.00		

销售方	备注
名　　称：昌阳金诺帝服装有限公司 纳税人识别号：30362830527834267A 地 址、电 话：昌阳市旧城区嘉禾路223号 1751-88786921 开户行及账号：交通银行昌阳旧城支行 110007611020985304021	昌阳金诺帝服装有限公司 30362830527834267A 发票专用章

收款人：　　复核：　　开票人：陈可芸　　销售方：（章）

第三联：发票联　购买方记账凭证

图 3-7　增值税专用发票

第四部分

记账凭证

请根据本企业 2017 年 1 月份发生的经济业务，结合“单据簿”中的原始凭证，做出相关的账务处理。

一、1 月份经济业务列表

2017 年 1 月份，郑京我爱会计服饰有限公司发生的经济业务事项共 34 项，本部分涉及 27 项（见表 4-1），其余 7 项在第五部分的“四、期末计提与结转业务处理”中（见表 5-1）。

表 4-1　郑京我爱会计服饰有限公司 2017 年 1 月份经济业务列表（部分）

业务序号/凭证号	日　期	摘　　要	原 始 凭 证
001	2017.1.1	报销差旅费	报销单及后附发票、收款收据
002	2017.1.3	收到货款	收账通知
003	2017.1.5	提取备用金	现金支票存根
004	2017.1.5	支付办公租金	报销单及后附发票
005	2017.1.8	采购货物一批	增值税专用发票、销售单、入库单
006	2017.1.10	支付货款	付款申请书、业务委托书回执

续表

业务序号/凭证号	日　期	摘　　要	原 始 凭 证
007	2017.1.10	支付电汇手续费	业务收费凭证
008	2017.1.11	销售货物一批	增值税专用发票、销售单
009	2017.1.12	缴纳增值税	电子缴税付款凭证
010	2017.1.12	缴纳个人所得税	电子缴税付款凭证
011	2017.1.12	缴纳附加税	电子缴税付款凭证
012	2017.1.12	支付通信费	付款申请书、转账支票存根、进账单回单、增值税普通发票
013	2017.1.12	缴纳企业所得税	电子缴税付款凭证
014	2017.1.15	发放2016年12月份工资	工资汇总表、工资表、转账支票存根、进账单回单
015	2017.1.16	收到货款	收账通知
016	2017.1.16	缴纳社保费	电子缴税付款凭证、社保费明细表
017	2017.1.18	报销水电费	报销单及后附发票
018	2017.1.20	采购货物一批	增值税专用发票、销售单、入库单
019	2017.1.20	支付员工借款	借款单
020	2017.1.21	采购办公用品	报销单及后附发票
021	2017.1.22	销售货物一批	增值税专用发票、销售单
022	2017.1.23	支付货款	付款申请书、转账支票存根、进账单回单
023	2017.1.24	缴纳住房公积金	付款申请书、转账支票存根、住房公积金汇(补)缴书
024	2017.1.27	支付运输费	报销单及后附发票
025	2017.1.27	支付货款	付款申请书、业务委托书回执
026	2017.1.27	支付电汇手续费	业务收费凭证
027	2017.1.31	结转发出成本	销售产品成本计算表

二、1月份经济业务具体事项

填制记账凭证总体说明:

(1) 将"单据簿"中每笔业务的原始凭证裁剪下来,按规范进行整理并审核,再根据审核无误的原始凭证填制记账凭证。

(2) 记账凭证填制完成后,请将同一笔业务的原始凭证及记账凭证用回形针整理在一起,再按凭证号的先后顺序将凭证排序。

(3) 找身边的同学帮忙审核并签字。

【业务1】 2017年1月1日,总经理报销差旅费,请根据报销单及后附票据填制记账凭证。

要求: 请裁剪下"单据簿"(第1、2页)的报销单(单据1-1-1)、报销单后附发票

（单据 1-1-1-1～单据 1-1-1-3）和收款收据（单据 1-1-1-4），据以填制记账凭证。

提示：报销业务一般应由报销人员在报销时将原始凭证整理好，本实操中由会计人员代为整理。请从“档案盒”中取出报销单据粘贴单，将需粘贴到报销单据粘贴单的发票粘贴好，最后将其余发票及报销单据粘贴单一起粘贴在报销单后，据以做出账务处理。

【业务 2】 2017 年 1 月 3 日，收到货款，请根据收账通知填制记账凭证。

要求：请裁剪下“单据簿”（第 3 页）中的收账通知（单据 1-2-1），据以填制记账凭证。

【业务 3】 2017 年 1 月 5 日，提取备用金，请根据现金支票存根填制记账凭证。

要求：请裁剪下“单据簿”（第 3 页）中的现金支票存根（单据 1-3-1），据以填制记账凭证。

【业务 4】 2017 年 1 月 5 日，支付办公租金，请根据报销单及后附发票填制记账凭证。

要求：请裁剪下“单据簿”（第 4 页）中的报销单（单据 1-4-1）及后附发票（单据 1-4-1-1），据以填制记账凭证。

提示：本业务应先整理好报销单及后附发票，具体操作参照本部分的业务 1。

【业务 5】 2017 年 1 月 8 日，采购一批货物，款项未付，请根据增值税专用发票、销售单、入库单填制记账凭证。

要求：请抽出“原始凭证业务 1”中已填制并用回形针夹好的原始单据（包括增值税专用发票、销售单、入库单），据以填制记账凭证。

【业务 6】 2017 年 1 月 10 日，支付供应商货款，请根据付款申请书、业务委托书回执填制记账凭证。

要求：请抽出“原始凭证业务 2”中已填制并用回形针夹好的原始单据（包括付款申请书、业务委托书回执），据以填制记账凭证。

【业务 7】 2017 年 1 月 10 日，支付电汇手续费，请根据业务收费凭证填制记账凭证。

要求：请裁剪下“单据簿”（第 6 页）中的业务收费凭证（单据 1-7-1），据以填制记账凭证。

【业务 8】 2017 年 1 月 11 日，销售一批货物，款项未收，请根据增值税专用发票、销售单填制记账凭证。

要求：请抽出“原始凭证业务 3”中已填制并用回形针夹好的原始单据（包括增值税专用发票、销售单），据以填制记账凭证。

【业务 9】 2017 年 1 月 12 日，缴纳增值税，请根据电子缴税付款凭证填制记账凭证。

要求：请裁剪下“单据簿”（第 7 页）中的电子缴税付款凭证（单据 1-9-1），据以填制记账凭证。

【业务10】 2017年1月12日,缴纳个人所得税,请根据电子缴税付款凭证填制记账凭证。

要求:请裁剪下“单据簿”(第7页)中的电子缴税付款凭证(单据1-10-1),据以填制记账凭证。

【业务11】 2017年1月12日,缴纳附加税,请根据电子缴税付款凭证填制记账凭证。

要求:请裁剪下“单据簿”(第8页)中的电子缴税付款凭证(单据1-11-1),据以填制记账凭证。

【业务12】 2017年1月12日,支付通信费,请根据付款申请书、转账支票存根、进账单回单、增值税普通发票填制记账凭证。

要求:请裁剪下“单据簿”(第8、9页)中的付款申请书(单据1-12-1)、转账支票存根(单据1-12-2)、进账单回单(单据1-12-3)、增值税普通发票(单据1-12-4),据以填制记账凭证。

【业务13】 2017年1月12日,缴纳企业所得税,请根据电子缴税付款凭证填制记账凭证。

要求:请裁剪下“单据簿”(第10页)中的电子缴税付款凭证(单据1-13-1),据以填制记账凭证。

【业务14】 2017年1月15日,发放2016年12月份工资,请根据工资汇总表、工资表、转账支票存根、进账单回单填制记账凭证。

要求:请裁剪下“单据簿”(第11~13页)中的工资汇总表(单据1-14-1)、工资表(单据1-14-2)、转账支票存根(单据1-14-3)、进账单回单(单据1-14-4),据以填制记账凭证。

说明:本企业发放的员工工资中包含的个人社保费、个人住房公积金记入其他应收款明细科目。

【业务15】 2017年1月16日,收到货款,请根据收账通知填制记账凭证。

要求:请裁剪下“单据簿”(第14页)中的收账通知(单据1-15-1),据以填制记账凭证。

【业务16】 2017年1月16日,缴纳社保费,请根据电子缴税付款凭证、社保明细表,填制记账凭证。

要求:请裁剪下“单据簿”(第14、15页)中的电子缴税付款凭证(单据1-16-1)、社保费明细表(单据1-16-2),据以填制记账凭证。

【业务17】 2017年1月18日,报销水电费,请根据报销单及后附发票填制记账凭证。

要求:请裁剪下“单据簿”(第16页)中的报销单(单据1-17-1)及后附发票(单据

1-17-1-1)，据以填制记账凭证。

提示：本业务应先整理好报销单及后附发票，具体操作参见本部分的业务1。

【业务18】 2017年1月20日，采购货物一批，款项未付，请根据增值税专用发票、销售单、入库单填制记账凭证。

要求：请抽出"原始凭证业务4"中已填制并用回形针夹好的原始单据(包括增值税专用发票、销售单、入库单)，据以填制记账凭证。

【业务19】 2017年1月20日，支付员工借款，请根据借款单填制记账凭证。

要求：请裁剪下"单据簿"(第18页)的借款单(单据1-19-1)，据以填制记账凭证。

【业务20】 2017年1月21日，采购办公用品一批，请根据报销单及后附发票填制记账凭证。

要求：请裁剪下"单据簿"(第18、19页)中的报销单(单据1-20-1)及后附发票(单据1-20-1-1)，据以填制记账凭证。

提示：本业务应先整理好报销单及后附发票，具体操作参见本部分的业务1。

【业务21】 2017年1月22日，销售一批货物，款项未收，请根据增值税专用发票、销售单填制记账凭证。

要求：请抽出"原始凭证业务5"中已填制并用回形针夹好的原始单据(增值税专用发票、销售单)，据以填制记账凭证。

【业务22】 2017年1月23日，支付供应商货款，请根据付款申请书、转账支票存根、进账单回单填制记账凭证。

要求：请抽出"原始凭证业务6"中已填制并用回形针夹好的原始凭证(包括付款申请书、转账支票存根、进账单回单)，据以填制记账凭证。

【业务23】 2017年1月24日，缴纳住房公积金(单位、个人各承担50%)，请根据付款申请书、转账支票存根、住房公积金汇(补)缴书填制记账凭证。

要求：请裁剪下"单据簿"(第20、21页)中的付款申请书(单据1-23-1)、转账支票存根(单据1-23-2)、住房公积金汇(补)缴书(单据1-23-3)，据以填制记账凭证。

【业务24】 2017年1月27日，支付本月运输费，请根据报销单及后附发票填制记账凭证。

要求：请裁剪下"单据簿"(第21、22页)的报销单(单据1-24-1)及后附发票(单据1-24-1-1)，据以填制记账凭证。

提示：本公司规定，运输费用金额10000元以下的，直接计入销售费用。本业务应先整理好报销单及后附发票，具体操作参见本部分的业务1。

【业务25】 2017年1月27日，支付供应商货款，请根据付款申请书、业务委托书回执填制记账凭证。

要求：请抽出"原始凭证业务7"中已填制并用回形针夹好的原始单据(包括付款

申请书、业务委托书回执),据以填制记账凭证。

【业务 26】 2017 年 1 月 27 日,支付电汇手续费,请根据业务收费凭证填制记账凭证。

要求:请裁剪下“单据簿”(第 23 页)中的业务收费凭证(单据 1-26-1),据以填制记账凭证。

【业务 27】 2017 年 1 月 31 日,结转本月销售成本,填制记账凭证。

要求:请裁剪下“单据簿”(第 24 页)中的产品成本计算表(单据 1-27-1),参照上月的产品成本计算表(见图 4-1),结合出库单,编制本月的产品成本计算表。其中,本月的期初数据等于上月的期末数据;本月采购数据根据库存商品明细账进行填写;本月销售成本根据出库单数量及其单价计算得出(本企业同一类型的商品,采购单价一致)。然后,再根据编制完的产品成本计算表填制记账凭证。

备注:成本结转采用月末一次加权平均法。

产品成本计算表

编制单位:郑京我爱会计服饰有限公司　　编制时间:2016-12-31　　单位:元

商品名称	规格	期初数量	单价	期初结存金额	本期购入数量	本期购入金额	本期发出数量	本期发出金额	期末结存数量	单价	期末结存金额
男式衬衫	170/92	942.00	25.00	23550.00	2000.00	50000.00	1042.00	26050.00	1900.00	25.00	47500.00
男式衬衫	175/100	1009.00	30.00	30270.00	3200.00	96000.00	3209.00	96270.00	1000.00	30.00	30000.00
女式衬衫	155/35	430.00	15.00	6450.00	3000.00	45000.00	2230.00	33450.00	1200.00	15.00	18000.00
女式衬衫	160/38	430.00	20.00	8600.00	2800.00	56000.00	1430.00	28600.00	1800.00	20.00	36000.00
合计		2811.00		¥68870.00	11000.00	¥247000.00	7911.00	¥184370.00	5900.00		¥131500.00

审核:张亮亮　　会计:冯青青　　制表:冯青青

图 4-1　销售产品成本计算表(2016 年 12 月份)

第五部分

登　　账

本企业的登账工作包括登记明细账、登记日记账、登记 T 形账、期末计提与结转、编制科目汇总表、登记总分类账，以及编制试算平衡表。

登账总体说明：请使用黑色签字笔进行登记，除冲销、更正、结转时可用红色签字笔登记金额外，其余一律不得用红色签字笔登记。登记账簿不得出现跳行、跳页。如果不慎登记错误，请按正确方法更正。

一、登记明细账

实务中，会计应根据已审核好的记账凭证，按凭证号的顺序登记明细账，且每登记好一笔明细账后，应同时在记账凭证对应科目的“过账”栏内打“√”，以避免重记或漏记；一张凭证的所有科目全部登记到明细账后，应在记账凭证签字栏“记账”处签名或盖章(见图 5-1)。

1. 数量金额式明细账

(1) 将记账凭证中的日期、凭证字号及摘要登记到账簿的“月、日、凭证字号和摘要”栏。

(2) 将记账凭证的金额填写到账簿对应方向的金额栏，并根据销售单、入库单或出库单等后附的原始凭证填写数量、单价。

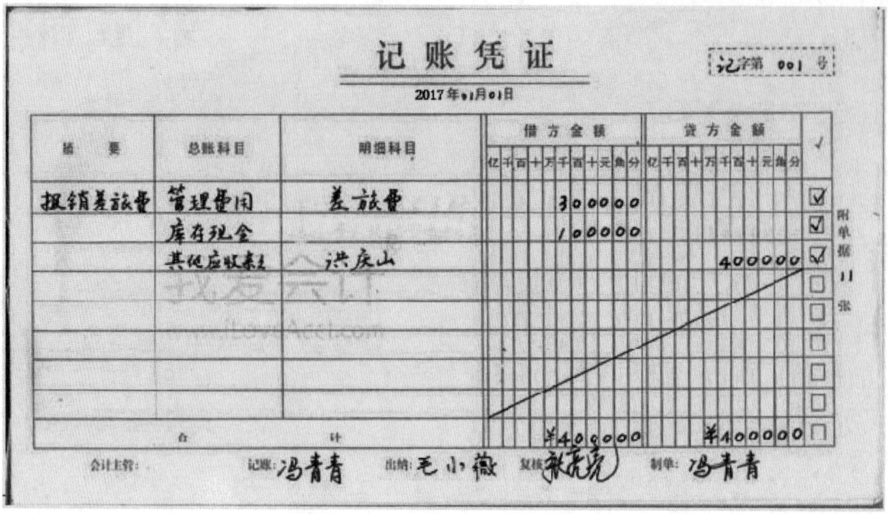

记账凭证

记字第 001 号

2017年01月01日

摘要	总账科目	明细科目	借方金额	贷方金额	✓
报销差旅费	管理费用	差旅费	300000		☑
	库存现金		100000		☑
	其他应收款	洪庆山		400000	☑
合计			¥400000	¥400000	

附单据 11 张

会计主管：　记账：冯青青　出纳：毛小薇　复核：　制单：冯青青

图 5-1　明细账登记范例

（3）结出余额，根据公式“结存＝上行结存＋本行收入－本行发出”结出结存的数量和金额，单价用金额除以数量倒挤。

2. 多栏式明细账

（1）期间费用明细账

按照记账凭证的填制时间、凭证种类、凭证号和摘要分别登记明细账对应的栏次，按照记账凭证的金额分别登记合计处与专栏对应行次的金额栏，并结出合计处的余额。

以本书第四部分的业务 1 为例，2017 年 1 月 1 日，支付差旅费，其明细账登记见图 5-2。

结转时，在每个明细科目下用红字登记结转凭证的贷方金额，合计栏贷方登记所有发生额合计数。

例如，2017 年 1 月 31 日，结转损益的明细账登记见图 5-3。

（2）应交税费——应交增值税明细账

按照记账凭证的记账时间、凭证种类、凭证号、摘要分别登记明细账的对应栏次。金额的登记方法与前述期间费用明细账相似。

3. 三栏式明细账

（1）将记账凭证承载的记账时间、凭证种类、凭证号、摘要、金额分别填列明细账的对应位置。

（2）填列完整后，再计算出本行次余额，计算公式为

资产类：

本行余额＝上行余额＋本行借方发生额－本行贷方发生额

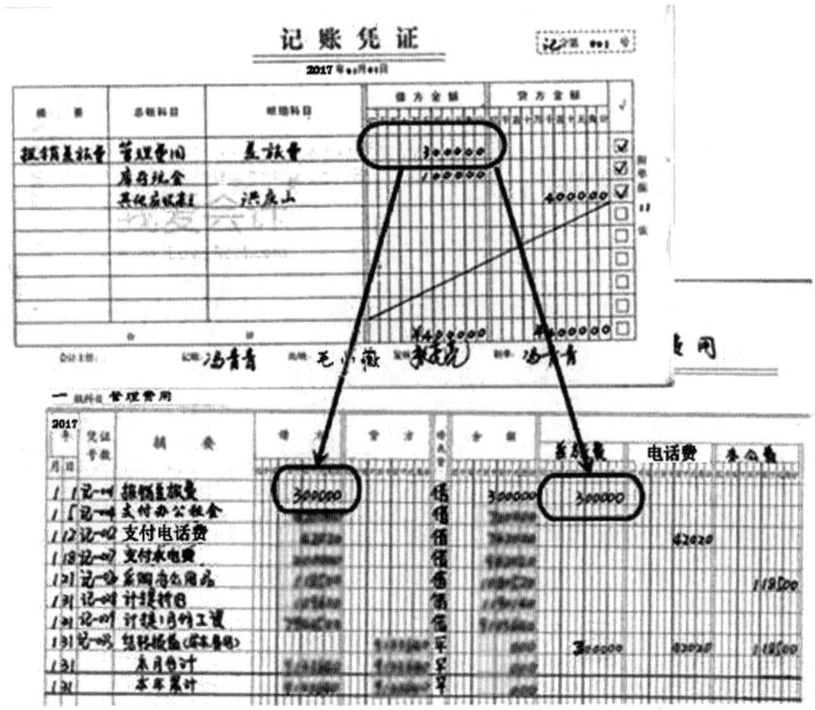

图 5-2 期间费用明细账登记示例

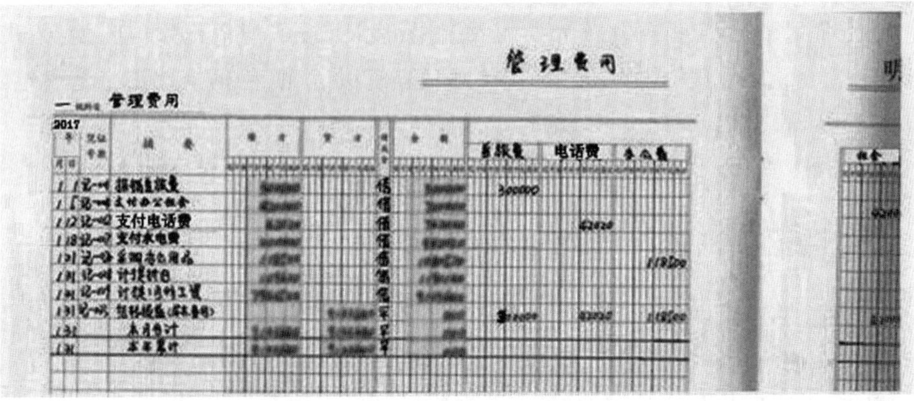

图 5-3 结转损益的明细账登记示例

负债、所有者权益类：

本行余额＝上行余额－本行借方发生额＋本行贷方发生额

例如，2017 年 1 月 1 日，收回洪庆山借款，其明细账登记见图 5-4。

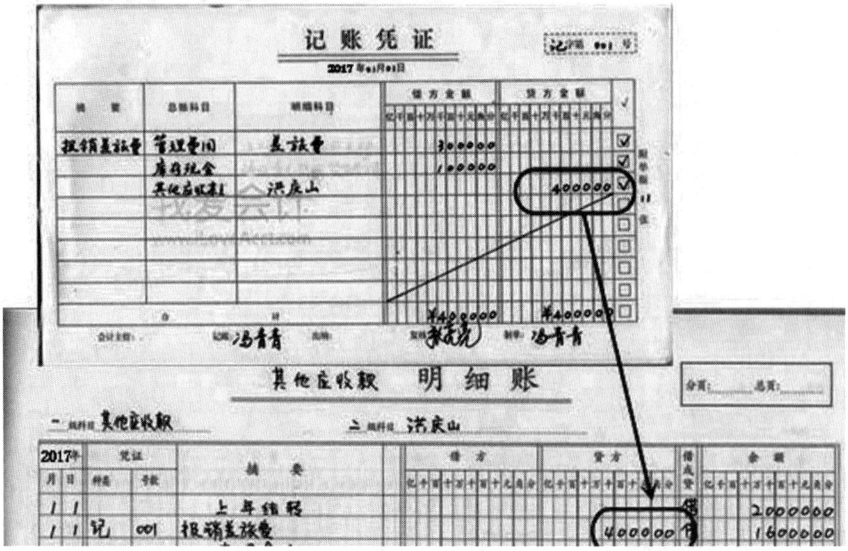

图 5-4　三栏式明细账登记示例

二、登记日记账

日记账包括库存现金日记账和银行存款日记账。通常情况下，日记账是由出纳进行登记的。为强化训练，本实操中由会计代为填写。

登记日记账时，应根据复核无误的收、付款凭证，按账簿登记“日期、摘要、借方金额（贷方金额）、余额”等相关内容。登记时应使用蓝、黑色钢笔或签字笔逐笔、序时、连续地进行登记，不得跳行、跳页。

本实操中每登记一笔日记账都应结出对应的余额。

三、登记 T 形账

1. 设置 T 形账户

请在前述业务处理完成后，从“档案盒”里的“T 形账、科目汇总表、试算平衡表、会计报表”中找到对应的 T 形账，按总分类账科目设置 T 形账，根据会计科目及期初余额表（见表 1-2）设置 T 形账，并登记 T 形账的期初余额。

2. 登记 T 形账

根据审核无误的记账凭证登记 T 形账。登记时，应按凭证号顺序登记，前一张凭证的所有科目未登记完毕，不得进行后一张凭证的登记工作。

3. 结出余额

计算本期发生额并结出余额。

四、期末计提与结转业务处理

期末计提与结转业务的处理,大部分都应借助于前面登记的明细账、日记账和 T 形账才能完成。因此,本实操将期末计提与结转业务集中到日常业务登记完账簿后进行处理。期末计提与结转业务处理包括填制凭证和登记账簿两大步骤。

1. 填制凭证

本实操中,郑京我爱会计服饰有限公司 2017 年 1 月份发生的期末计提与结转业务共 7 项(见表 5-1,凭证号延续本书第四部分业务)。

表 5-1 期末计提与结转业务

业务序号/凭证号	日 期	摘 要	原始凭证
028	2017.1.31	计提折旧	固定资产折旧明细表
029	2017.1.31	计提 1 月份工资	工资汇总表、工资表
030	2017.1.31	结转本月未交增值税	未交增值税计算表
031	2017.1.31	计提本月附加税	附加税计表
032	2017.1.31	计提并结转所得税费用	企业所得税计算表
033	2017.1.31	结转损益(成本、费用)	无
034	2017.1.31	结转损益(收入)	无

【业务 28】 2017 年 1 月 31 日,计提本月固定资产折旧,请根据固定资产折旧明细表填制记账凭证。

要求:请裁剪下"单据簿"(第 25 页)中的固定资产折旧明细表(单据 1-28-1)。根据表中的入账时间、可使用年限、原值、残值率、净残值和折旧方法等信息,计算月折旧额、累计折旧和净值,将固定资产折旧明细表填写完整。然后,根据填写完整的固定资产折旧明细表填制记账凭证。

备注:计算结果四舍五入,保留两位小数。

【业务 29】 2017 年 1 月 31 日,计提本月职工薪酬,请根据工资汇总表、工资表填制记账凭证。

要求:请裁剪下"单据簿"(第 26、27 页)的工资汇总表(单据 1-29-1)、工资表(单据 1-29-2),据以填制记账凭证。

【业务 30】 2017 年 1 月 31 日,结转本月未交增值税,请根据未交增值税计算表填制记账凭证。

要求:请裁剪下"单据簿"(第 28 页)中的未交增值税计算表(单据 1-30-1)。根据应交增值税明细账"销项税额"与"进项税额"本期发生额之差,编制未交增值税计算表。然后,根据编制完的未交增值税计算表填制记账凭证。

【业务 31】 2017 年 1 月 31 日,计提本月应交附加税,请根据附加税计算表填制记账凭证。

要求：请裁剪下“单据簿”（第 28 页）中的附加税计算表（单据 1-31-1）。根据业务 30 中转出未交增值税的金额与本企业适用附加税的税目税率（城市维护建设税 7%、教育费附加 3%、地方教育费附加 2%）编制附加税计算表。然后，根据编制完的附加税计算表填制记账凭证。

【业务 32】 2017 年 1 月 31 日，计提并结转所得税费用，请根据企业所得税计算表填制记账凭证。

要求：请裁剪下“单据簿”（第 29 页）中的企业所得税计算表（单据 1-32-1）。根据收入类 T 形账的贷方发生额或合计数、成本费用类 T 形账的借方发生额或合计数，编制企业所得税计算表（本企业适用的所得税税率为 25%）。然后，根据编制完的企业所得税计算表填制记账凭证。

【业务 33】 2017 年 1 月 31 日，结转损益（成本、费用），请根据成本、费用类明细账余额填制记账凭证。

要求：请查看成本、费用类明细账余额，据以填制记账凭证。

【业务 34】 2017 年 1 月 31 日，结转损益（收入），请根据收入类明细账余额填制记账凭证。

要求：请查看收入类明细账余额，据以填制记账凭证。

提示：所有的记账凭证填制、整理完后，按照凭证号的先后顺序进行排序，并用大夹子夹住，逐笔进行核对。核对无误后，找周围的同学帮忙审核，并在记账凭证的审核处签字。

2. 登记账簿

请根据经审核无误的第 028～034 号记账凭证，补充登记相应的明细账和 T 形账。

五、编制科目汇总表

（1）先核对本月所有业务，确保都已经登记到 T 形账中。

（2）审核 T 形账的期初余额与表 1-2 中的期初余额是否一致，本期合计计算是否正确。

（3）根据审核无误的 T 形账编制科目汇总表，本实操中 1 个月只编制 1 份科目汇总表。

（4）编制完成后，先自行检查科目汇总表的本期借、贷方发生额是否一致。如不一致，肯定编制有误，应查找错误原因并重新编制；如果一致，可找周围的同学帮忙审核，并在科目汇总表的签字栏签字。

六、登记总分类账

根据审核无误后的科目汇总表按规范登记总分类账，“摘要”统一写为“本期发生额”。

七、编制试算平衡表

根据会计科目及期初余额表(见表1-2)与科目汇总表编制试算平衡表,并校验总分类账。校验不平的,应找出错误原因并修改;校验通过的,可找周围同学帮忙审核,并在试算平衡表的签字栏签字。

第六部分

对账与结账

一、对账

实务中，会计在登记完账簿后，为了保证账簿信息的真实性、完整性，应进行对账、财产清查及结账工作。同时，如果对账过程中发现错账，要及时更正错误。

本实操中，在登记完账簿后，应做好账证核对（明细账与记账凭证及原始凭证核对、T 形账与记账凭证核对）和账账核对（明细账与总分类账核对、日记账与总分类账核对）。如果发现错误，要及时更正错误。

说明：本实操由于条件所限，不进行账实核对。

二、结账

核对完相关的账簿后，应对所有账簿进行结账。本实操中，因为只完成 2017 年 1 月份的业务，因此只进行月结操作。

（1）对所有明细账和日记账，都要求结出“本月合计”和“本年累计”数；对总分类账，按月的本期发生额登记了一次，所以不用结出“本月合计”和“本年累计”数。

（2）所有账簿都应做结账的划线处理，但总分类账月结不存在划线问题。

结账范例见图 6-1。

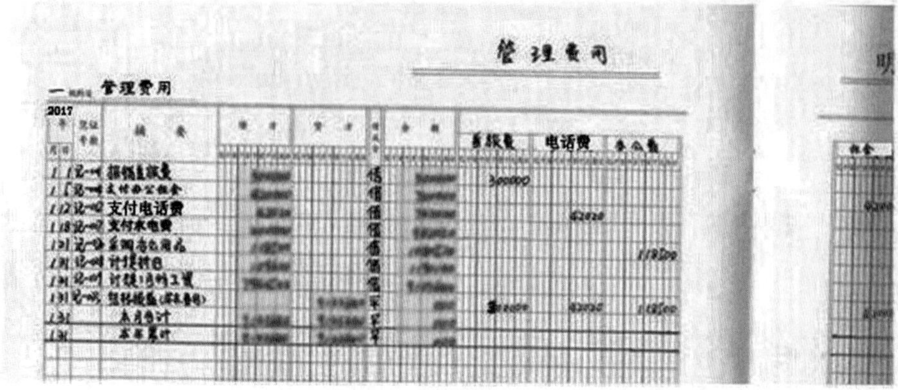

图 6-1　结账范例

第七部分

编 制 报 表

本企业编制的报表包括资产负债表和利润表。

一、资产负债表

本实操中,资产负债表按月编制,会计人员根据上期资产负债表(见图 7-1)、本期总分类账、明细账和试算平衡表编制资产负债表。

编制完资产负债表后,请找身边的同学帮忙审核并签字。

二、利润表

本实操中,利润表是按月编制的,会计人员应根据科目汇总表(或总分类账、试算平衡表)编制利润表。编制完利润表后,请找身边的同学帮忙审核并签字。

资产负债表

会企01表

编制单位：郑京我爱会计服饰有限公司　　2016 年 12月 31 日　　单位：元

资　产	行次	期末余额	年初余额	负债和所有者权益(或股东权益)	行次	期末余额	年初余额
流动资产:				流动负债:			
货币资金	1	771279.40		短期借款	32		
以公允价值计量且其变动计入当期损益的金融资产	2			以公允价值计量且其变动计入当期损益的金融负债	33		
应收票据	3			应付票据	34		
应收账款	4	340000.00		应付账款	35	417994.96	
预付款项	5			预收款项	36		
应收利息	6			应付职工薪酬	37	82100.00	
应收股利	7			应交税费	38	27953.74	
其他应收款	8	29486.00		应付利息	39		
存货	9	131500.00		应付股利	40		
一年内到期的非流动资产	10			其他应付款	41		
其他流动资产	11			一年内到期的非流动负债	42		
流动资产合计	12	1272265.40		其他流动负债	43		
非流动资产:				流动负债合计	44	528048.70	
可供出售金融资产	13			非流动负债:			
持有至到期投资	14			长期借款	45		
长期应收款	15			应付债券	46		
长期股权投资	16			长期应付款	47		
投资性房地产	17			专项应付款	48		
固定资产	18	54735.81		预计负债	49		
在建工程	19			递延收益	50		
工程物资	20			递延所得税负债	51		
固定资产清理	21			其他非流动负债	52		
生产性生物资产	22			非流动负债合计	53		
油气资产	23			负债合计	54	528048.70	
无形资产	24			所有者权益(或股东权益):			
开发支出	25			实收资本(或股本)	55	800000.00	
商誉	26			资本公积	56		
长期待摊费用	27			减：库存股	57		
递延所得税资产	28			其他综合收益	58		
其他非流动资产	29			盈余公积	59		
非流动资产合计	30	54735.81		未分配利润	60	−1047.49	
				所有者权益(或股东权益)合计	61	798952.51	
资产合计	31	1327001.21		负债和所有者权益(或股东权益)合计	62	1327001.21	

单位负责人 洪庆山　　会计主管 张亮亮　　复核　　制表 冯青青

图 7-1　资产负债表

第八部分

装　　订

月末，在完成所有的账务处理、账簿登记及报表编制后，会计应将各种凭证、账簿、报表整理好，装订成册。

一、记账凭证的装订

本实操中，装订记账凭证时应将科目汇总表装订在记账凭证之前。

会计在完成前述业务后，应将1月份所有记账凭证整理好，用大夹子夹住，然后将科目汇总表附在会计凭证上方，再将记账凭证封面、封底和包角附上，按凭证装订要求装订成册。凭证打孔要用装订机。装订完成后，要按规定填写凭证封面，标明账册信息。

二、会计账簿的装订

实务中，明细账一般为活页式，在年末应进行账簿装订。本实操中为方便学习，已经将会计账簿装订成册，因此无须装订。实际工作中，请按照企业要求进行装订。

三、会计报表的装订

本实操中，请按资产负债表、利润表、试算平衡表、T形账的顺序进行会计报表的装订。

实际工作中,通常将资产负债表、利润表装订在一起,其余账表装订在一起,具体请按企业要求进行。

装订完成后,要按规范填写会计报表封面信息,并将所有资料整理好,放回“档案盒”中。

第九部分

综 合 练 习

一、填制记账凭证

2017 年 2 月份，郑京我爱会计服饰有限公司发生的经济业务事项共计 42 项，本部分涉及 33 项（见表 9-1），其余 9 项在本部分的“二、登账”中（见表 9-2）。

表 9-1　郑京我爱会计服饰有限公司 2017 年 2 月份经济业务列表（部分）

业务序号/凭证号	日　期	摘　　要	原 始 凭 证
001	2017.2.1	提取备用金	现金支票存根
002	2017.2.1	报销聚餐费	报销单及后附发票
003	2017.2.3	收到货款	收账通知
004	2017.2.3	销售货物一批	增值税专用发票、销售单
005	2017.2.5	收到短期贷款	借款凭证
006	2017.2.7	采购货物一批	增值税专用发票、销售单、入库单
007	2017.2.8	报销业务招待费	报销单及后附发票、收款收据
008	2017.2.10	支付保险费	付款申请书、增值税专用发票、转账支票存根、进账单回单
009	2017.2.11	报销业务招待费	报销单及后附发票
010	2017.2.12	缴纳增值税	电子缴税付款凭证
011	2017.2.12	缴纳附加税	电子缴税付款凭证

续表

业务序号/凭证号	日 期	摘 要	原 始 凭 证
012	2017.2.12	支付通信费	付款申请书、进账单回单、转账支票存根、增值税普通发票
013	2017.2.12	缴纳个人所得税	电子缴税付款凭证
014	2017.2.15	发放1月份工资	工资汇总表、工资表、转账支票存根、进账单回单
015	2017.2.15	销售货物一批	增值税专用发票、销售单
016	2017.2.16	缴纳社保费	电子缴税付款凭证、社保费明细表
017	2017.2.16	支付货款	付款申请书、业务委托书回执
018	2017.2.16	支付电汇手续费	业务收费凭证
019	2017.2.17	报销差旅费	报销单及后附发票
020	2017.2.18	采购办公用品	报销单及后附发票
021	2017.2.18	支付办公场地租金	报销单及后附发票
022	2017.2.18	支付货款	付款申请书、业务委托书回执
023	2017.2.18	支付电汇手续费	业务收费凭证
024	2017.2.19	支付银行手续费	业务收费凭证
025	2017.2.20	缴纳住房公积金	付款申请书、转账支票存根、住房公积金汇(补)缴书
026	2017.2.20	销售货物一批	增值税专用发票、销售单
027	2017.2.21	报销水电费	报销单及后附发票
028	2017.2.22	收到货款	收账通知
029	2017.2.22	采购货物一批	增值税专用发票、销售单、入库单
030	2017.2.24	支付运输费	付款申请书、货物运输业增值税专用发票、转账支票存根、进账单回单
031	2017.2.26	支付通信费	报销单、增值税普通发票
032	2017.2.27	采购货物一批	增值税普通发票、销售单、入库单
033	2017.2.28	结转发出成本	销售产品成本计算表、出库单

填制记账凭证总体说明:

(1) 将"单据簿"中每笔业务的原始凭证裁剪下来,按规范进行整理并审核,再根据审核无误的原始凭证填制记账凭证。

(2) 记账凭证填制完成后,请将同一笔业务的原始凭证和记账凭证用回形针整理在一起,再按经济业务发生的先后顺序将凭证排序。

(3) 找身边的同学帮忙审核,并签字。

【业务1】 2017年2月1日,提取备用金,请根据现金支票存根填制记账凭证。

要求:请裁剪下"单据簿"(第30页)的现金支票存根(单据2-1-1),据以填制记账凭证。

【业务2】 2017年2月1日，报销职工聚餐费，请根据报销单及后附发票填制记账凭证。

要求： 请裁剪下“单据簿”(第30、31页)中的报销单(单据2-2-1)及后附发票(单据2-2-1-1)，据以填制记账凭证。

备注： 修订后的《企业财务通则》规定，企业不再按照工资总额14%计提职工福利费，待实际发生时列支，发生时的账务处理是：借记“管理费用”等科目，贷记“应付职工薪酬——福利费”；再借记“应付职工薪酬——福利费”，贷记“库存现金”等科目。

【业务3】 2017年2月3日，收到货款，请根据收账通知填制记账凭证。

要求： 请裁剪下“单据簿”(第31页)中的收账通知(单据2-3-1)，据以填制记账凭证。

【业务4】 2017年2月3日，销售货物一批，款项未收，请根据增值税专用发票、销售单填制记账凭证。

要求： 请裁剪下“单据簿”(第32页)的增值税专用发票(单据2-4-1)、销售单(单据2-4-2)，据以填制记账凭证。

【业务5】 2017年2月5日，收到银行的一笔短期贷款资金，请根据银行借款凭证填制记账凭证。

要求： 请裁剪下“单据簿”(第33页)的银行借款凭证(单据2-5-1)，据以填制记账凭证。

【业务6】 2017年2月7日，采购货物一批，请根据增值税专用发票、销售单、入库单填制记账凭证。

要求： 请裁剪下“单据簿”(第33、34页)中的增值税专用发票(单据2-6-1)、销售单(单据2-6-2)、入库单(单据2-6-3)，据以填制记账凭证。

【业务7】 2017年2月8日，报销业务招待费，请根据报销单及后附发票填制记账凭证。

要求： 请裁剪下“单据簿”(第35、36页)中的报销单(单据2-7-1)及后附发票(单据2-7-1-1)、收款收据(单据2-7-1-2)，据以填制记账凭证。

【业务8】 2017年2月10日，支付保险费，请根据付款申请书、增值税专用发票、转账支票存根、进账单回单填制记账凭证。

要求： 请裁剪下“单据簿”(第36、37页)的付款申请书(单据2-8-1)、增值税专用发票(单据2-8-1-1)、转账支票存根(单据2-8-2)、进账单回单(单据2-8-3)，据以填制记账凭证。

【业务9】 2017年2月11日，报销业务招待费，请根据报销单及后附发票填制记账凭证。

要求： 请裁剪下“单据簿”(第38页)中的报销单(单据2-9-1)及后附发票(单据2-9-1-1)，据以填制记账凭证。

【业务10】 2017年2月12日,缴纳1月份增值税,请根据电子缴税付款凭证填制记账凭证。

要求:请裁剪下“单据簿”(第39页)中的电子缴税付款凭证(单据2-10-1),据以填制记账凭证。

【业务11】 2017年2月12日,缴纳1月份附加税,请根据电子缴税付款凭证填制记账凭证。

要求:请裁剪下“单据簿”(第39页)中的电子缴税付款凭证(单据2-11-1),据以填制记账凭证。

【业务12】 2017年2月12日,支付通信费,请根据付款申请书、进账单回单、转账支票存根、增值税普通发票填制记账凭证。

要求:请裁剪下“单据簿”(第40、41页)中的付款申请书(单据2-12-1)、进账单回单(单据2-12-2)、转账支票存根(单据2-12-3)、增值税普通发票(单据2-12-4),据以填制记账凭证。

【业务13】 2017年2月12日,缴纳1月份个人所得税,请根据电子缴税付款凭证填制记账凭证。

要求:请裁剪下“单据簿”(第42页)中的电子缴税付款凭证(单据2-13-1),据以填制记账凭证。

【业务14】 2017年2月15日,发放1月份工资,请根据工资汇总表、工资表、转账支票存根、进账单回单填制记账凭证。

要求:请裁剪下“单据簿”(第43～45页)中的工资汇总表(单据2-14-1)、工资表(单据2-14-2)、转账支票存根(单据2-14-3)、进账单回单(单据2-14-4),据以填制记账凭证。

【业务15】 2017年2月15日,销售货物一批,款项未收,请根据增值税专用发票、销售单填制记账凭证。

要求:请裁剪下“单据簿”(第45、46页)中的增值税专用发票(单据2-15-1)、销售单(单据2-15-2),据以填制记账凭证。

【业务16】 2017年2月16日,缴纳社保费,请根据电子缴税付款凭证、社保费明细表填制记账凭证。

要求:请裁剪下“单据簿”(第46、47页)中的电子缴税付款凭证(单据2-16-1)、社保费明细表(单据2-16-2),据以填制记账凭证。

【业务17】 2017年2月16日,支付货款,请根据付款申请书、业务委托书回执填制记账凭证。

要求:请裁剪下“单据簿”(第48页)中的付款申请书(单据2-17-1)、业务委托书回执(单据2-17-2),据以填制记账凭证。

【业务18】 2017年2月16日,支付电汇手续费,请根据业务收费凭证填制记账凭证。

要求：请裁剪下“单据簿”(第 49 页)中的业务收费凭证(单据 2-18-1)，据以填制记账凭证。

【业务 19】 2017 年 2 月 17 日，报销差旅费，请根据报销单及后附发票填制记账凭证。

要求：请裁剪下“单据簿”(第 49、50 页)中的报销单(单据 2-19-1)及后附发票(单据 2-19-1-1～单据 2-19-1-3)，据以填制记账凭证。

【业务 20】 2017 年 2 月 18 日，采购办公用品，请根据报销单及后附发票填制记账凭证。

要求：请裁剪下“单据簿”(第 51 页)中的报销单(单据 2-20-1)及后附发票(单据 2-20-1-1)，据以填制记账凭证。

【业务 21】 2017 年 2 月 18 日，支付办公租金，请根据报销单及后附发票填制记账凭证。

要求：请裁剪下“单据簿”(第 52 页)中的报销单(单据 2-21-1)及后附发票(单据 2-21-1-1)，据以填制记账凭证。

【业务 22】 2017 年 2 月 18 日，支付货款，请根据付款申请书、业务委托书回执填制记账凭证。

要求：请裁剪下“单据簿”(第 53 页)中的付款申请书(单据 2-22-1)、业务委托书回执(单据 2-22-2)，据以填制记账凭证。

【业务 23】 2017 年 2 月 18 日，支付电汇手续费，请根据业务收费凭证填制记账凭证。

要求：请裁剪下“单据簿”(第 54 页)中的业务收费凭证(单据 2-23-1)，据以填制记账凭证。

【业务 24】 2017 年 2 月 19 日，支付银行手续费，请根据业务收费凭证填制记账凭证。

要求：请裁剪下“单据簿”(第 54 页)中的业务收费凭证(单据 2-24-1)，据以填制记账凭证。

【业务 25】 2017 年 2 月 20 日，缴纳住房公积金，请根据付款申请书、转账支票存根、住房公积金汇(补)缴书填制记账凭证。

要求：请裁剪下“单据簿”(第 55、56 页)中的付款申请书(单据 2-25-1)、转账支票存根(单据 2-25-2)、住房公积金汇(补)缴书(单据 2-25-3)，据以填制记账凭证。

【业务 26】 2017 年 2 月 20 日，销售货物一批，款项未收，请根据增值税专用发票、销售单填制记账凭证。

要求：请裁剪下“单据簿”(第 56、57 页)中的增值税专用发票(单据 2-26-1)、销售单(单据 2-26-2)，据以填制记账凭证。

【业务 27】 2017 年 2 月 21 日，报销水电费，请根据报销单及后附发票填制记账凭证。

要求：请裁剪下“单据簿”（第 57、58 页）中的报销单（单据 2-27-1）及后附发票（单据 2-27-1-1），据以填制记账凭证。

【业务 28】 2017 年 2 月 22 日，收到货款，请根据收账通知填制记账凭证。

要求：请裁剪下“单据簿”（第 58 页）中的收账通知（单据 2-28-1），据以填制记账凭证。

【业务 29】 2017 年 2 月 22 日，采购货物一批，款项未付，请根据增值税专用发票、销售单、入库单填制记账凭证。

要求：请裁剪下“单据簿”（第 59、60 页）中的增值税专用发票（单据 2-29-1）、销售单（单据 2-29-2）、入库单（单据 2-29-3），据以填制记账凭证。

【业务 30】 2017 年 2 月 24 日，支付本月运输费，请根据付款申请书、货物运输业增值税专用发票、转账支票存根、进账单回单填制记账凭证。

要求：请裁剪下“单据簿”（第 60、61 页）中的付款申请书（单据 2-30-1）、货物运输业增值税专用发票（单据 2-30-1-1）、转账支票存根（单据 2-30-2）、进账单回单（单据 2-30-3），据以填制记账凭证。

【业务 31】 2017 年 2 月 26 日，支付通信费，请根据报销单及后附发票填制记账凭证。

要求：请裁剪下“单据簿”（第 62 页）中的报销单（单据 2-31-1）及后附发票（单据 2-31-1-1），据以填制记账凭证。

【业务 32】 2017 年 2 月 27 日，采购货物一批，请根据增值税普通发票、销售单、入库单填制记账凭证。

要求：请裁剪下“单据簿”（第 63、64 页）中的增值税普通发票（单据 2-32-1）、销售单（单据 2-32-2）、入库单（单据 2-32-3），据以填制记账凭证。

【业务 33】 2017 年 2 月 28 日，结转本月销售成本，请根据销售成本计算表、3 张出库单填制记账凭证。

要求：请裁剪下“单据簿”（第 65～67 页）中的产品成本计算表（单据 2-33-1）和出库单（单据 2-33-2～单据 2-33-4），参照上月的产品成本计算表（见图 9-1），结合出库单，编制本月的产品成本计算表。其中，本月的期初数据等于上月的期末数据；本月采购数据根据库存商品明细账进行填写；本月销售成本根据出库单数量及其单价计算得出（本企业同一类型的商品，采购单价一致）。然后，再根据编制完的产品成本计算表，据以填制记账凭证。

备注：成本结转采用月末一次加权平均法。

1-27-1

产品成本计算表

编制单位：郑京我爱会计服饰有限公司　　编制时间：2017-01-31　　单位：元

商品名称	规格	期初数量	单价	期初结存金额	本期购入数量	本期购入金额	本期发出数量	本期发出金额	期末结存数量	单价	期末结存金额
男式衬衫	170/92	1900.00	25.00	47500.00	2500.00	62500.00	2330.00	58250.00	2070.00	25.00	51750.00
男式衬衫	175/100	1000.00	30.00	30000.00	750.00	22500.00	1250.00	37500.00	500.00	30.00	15000.00
女式衬衫	155/35	1200.00	15.00	18000.00	1000.00	15000.00	1050.00	15750.00	1150.00	15.00	17250.00
女式衬衫	160/38	1800.00	20.00	36000.00	1500.00	30000.00	1300.00	26000.00	2000.00	20.00	40000.00
合　计		5900.00		￥131500.00	5750.00	￥130000.00	5930.00	￥137500.00	5720.00		￥124000.00

审核：张亮亮　　制表：冯青青

图 9-1　销售产品成本计算表(2017 年 1 月份)

二、登账

本企业的登账工作包括登记明细账、登记日记账、登记 T 形账、期末计提与结转业务处理、编制科目汇总表、登记总分类账，以及编制试算平衡表。

1. 登记明细账

实务中，会计应根据已审核好的记账凭证，按凭证号的顺序登明细账，且每登记好一笔明细账后，要同时在对应科目的“过账”栏内打“√”，以避免重记或漏记；一张凭证的所有科目全部登记到明细账后，应在记账凭证签字栏“记账”处签名或盖章。

(1) 数量金额式明细账

① 将记账凭证中的日期、凭证字号及摘要登记到账簿的“月”“日”“凭证字号”和“摘要”栏。

② 将记账凭证的金额填写到账簿对应方向的金额栏，并根据销售单、入库单或出库单等后附的原始单据填写数量、单价。

③ 结出余额，根据公式“结存＝上行结存＋本行收入－本行发出”结出结存的数量和金额，单价用金额除以数量倒挤。

数量金额式明细账的编号、名称、计量单位、规格要填写，其余的存放地点、寄存放地点、类别，本实操不填写。

(2) 多栏式明细账

① 期间费用明细账。按照记账凭证的记账时间、凭证种类、凭证号和摘要分别填列对应的时间、凭证种类、凭证号、摘要。其中金额不仅应在借方/贷方金额栏填列，还应在对应的专栏处填列。

本期余额＝上期余额＋本期借方发生额－本期贷方发生额

② 应交税费——应交增值税明细账。按照记账凭证的记账时间、凭证种类、凭证号、摘要分别填列对应的时间、凭证种类、凭证号、摘要。其中金额不仅应在借方/贷方金额栏填列，还应在对应的专栏处填列。

(3) 三栏式明细账

① 将记账凭证的记账时间、凭证种类、凭证号、摘要、金额分别填列明细账的对应位置。

② 填列完整后,再计算出本行次余额,计算公式为

资产类:

本行余额=上行余额+本行借方发生额-本行贷方发生额

负债、所有者权益类:

本行余额=上行余额-本行借方发生额+本行贷方发生额

2. 登记日记账

日记账包括库存现金日记账和银行存款日记账。通常情况下,日记账是由出纳进行登记的。为强化训练,本实操中由会计代为填写。

登记日记账时,应根据复核无误的收、付款凭证,按账簿登记“日期、摘要、借方金额(贷方金额)、余额”等相关内容,登记应使用蓝、黑色钢笔或签字笔逐笔、序时、连续地进行登记,不得跳行、跳页。

本实操中每登记一笔日记账都应结出对应的余额。

3. 登记T形账

(1) 设置T形账户。请在前述业务处理完成后,从“档案盒”里的“T形账、科目汇总表、试算平衡表、会计报表”中找到对应的T形账,按总分类账科目设置T形账,根据1月份的会计科目及期末余额登记T形账的期初余额。

(2) 登记T形账。根据审核无误的记账凭证进行登记。登记时,应按凭证号顺序登记,前一张凭证的所有科目未登记完毕时,不得进行后一张凭证的登记工作。

(3) 计算本期发生额及余额。

4. 期末计提与结转业务处理

期末计提与结转业务的处理,大部分都应借助于前面登记的明细账、日记账和T形账才能完成。因此,本实操将期末计提与结转业务集中到日常业务登记完账簿后进行处理。期末计提与结转业务包括填制凭证和登记账簿两大步骤。

(1) 填制凭证

本实操中,郑京我爱会计服饰有限公司2017年2月份发生的期末计提与结转业务共9项(见表9-2,凭证号延续本部分前述业务)。

表9-2 期末计提与结转业务

业务序号/凭证号	日 期	摘 要	原始凭证
034	2017.2.28	盘盈	盘点表
035	2017.2.28	处理盘盈存货	商品盘盈处理报告
036	2017.2.28	计提折旧	固定资产折旧明细表
037	2017.2.28	计提2月份工资	工资汇总表、工资表

续表

业务序号/凭证号	日 期	摘 要	原始凭证
038	2017.2.28	结转本月未交增值税	未交增值税计算表
039	2017.2.28	计提本月附加税	附加税计算表
040	2017.2.28	计提并结转所得税费用	企业所得税计算表
041	2017.2.28	结转损益(成本、费用)	无
042	2017.2.28	结转损益(收入)	无

【业务 34】 2017 年 2 月 28 日,商品盘盈,请根据 2 月份盘点表填制记账凭证。

要求:请裁剪下“单据簿”(第 67 页)中的盘点表(单据 2-34-1),据以填制记账凭证。

【业务 35】 2017 年 2 月 28 日,处理盘盈存货,请根据商品盘盈处理报告填制记账凭证。

要求:请裁剪下“单据簿”(第 68 页)中的商品盘盈处理报告(单据 2-35-1),据以填制记账凭证。

【业务 36】 2017 年 2 月 28 日,计提本月固定资产折旧费,请根据固定资产折旧明细表填制记账凭证。

要求:请裁剪下“单据簿”(第 69 页)中的固定资产折旧明细表(单据 2-36-1)。根据固定资产折旧明细表上的入账时间、可使用年限、原值、残值率、净残值和折旧方法等信息,计算月折旧额、累计折旧和净值,将固定资产折旧明细表填写完整。然后,根据填写完整的固定资产折旧明细表填制记账凭证。

备注:计算结果四舍五入,保留两位小数。

【业务 37】 2017 年 2 月 28 日,计提本月职工薪酬,请根据工资汇总表、工资表填制记账凭证。

要求:请裁剪下“单据簿”(第 70、71 页)中的工资汇总表(单据 2-37-1)、工资表(单据 2-37-2),据以填制记账凭证。

【业务 38】 2017 年 2 月 28 日,结转本月未交增值税,请根据未交增值税计算表填制记账凭证。

要求:请裁剪下“单据簿”(第 72 页)中的未交增值税计算表(单据 2-38-1)。根据应交增值税明细账“销项税额”与“进项税额”本期发生额之差,填写完整未交增值税计算表。然后,根据填写完整的未交增值税计算表填制记账凭证。

【业务 39】 2017 年 2 月 28 日,计提本月附加税费,请根据附加税计算表填制记账凭证。

要求:请裁剪下“单据簿”(第 72 页)中的附加税计算表(单据 2-39-1)。根据转出未交增值税的金额与本企业适用附加税的税目税率(城建税 7%、教育费附加 3%、地方教育费附加 2%),填写完整附加税计算表。然后,根据填写完整的附加税计算表填制记账凭证。

【业务 40】 2017 年 2 月 28 日，计提所得税费用，请根据企业所得税计算表填制记账凭证。

要求：请裁剪下“单据簿”（第 73 页）中的企业所得税计算表（单据 2-40-1）。根据收入类 T 形账的贷方发生额或合计数、成本费用类 T 形账的借方发生额或合计数，填写完整企业所得税计算表（本企业适用的所得税税率为 25%）。然后，根据填写完整的企业所得税计算表填制记账凭证。

【业务 41】 2017 年 2 月 28 日，结转损益（成本、费用），请根据成本、费用类明细账余额填制记账凭证。

要求：请查看成本、费用类明细账余额，据以填制记账凭证。

【业务 42】 2017 年 2 月 28 日，结转损益（收入），请根据收入类明细账余额填制记账凭证。

要求：请查看收入类明细账余额，据以填制记账凭证。

提示：所有记账凭证填制、整理完后，按照时间先后顺序进行排序，然后使用大夹子夹住，逐笔进行核对。核对无误后，找周围同学帮忙审核，并在记账凭证的审核处签字。

（2）登记账簿

请根据经审核无误的第 034～042 笔业务所对应记账凭证，补充登记相应的明细账、日记账和 T 形账。

5. 编制科目汇总表

（1）先核对本月所有业务，确保都已登记到 T 形账中。

（2）审核 T 形账的期初余额与 1 月份的期末余额是否一致，本期合计计算是否正确。

（3）根据审核无误的 T 形账编制科目汇总表，本实操 1 个月只编制 1 份科目汇总表。

（4）编制完成后，先自行检查科目汇总表的本期借、贷方发生额是否一致。如不一致，肯定编制有误，应查找错误原因并重新编制；如果一致，可找周围同学帮忙审核，并在科目汇总表的签字栏签字。

6. 登记总分类账

按照科目汇总表的信息登记总分类账的时间、摘要、金额等。一般日期填写当期最后一天，摘要为“本期发生额”，金额按科目汇总表里对应的金额进行填写，再计算出余额，计算公式为

资产类：

本行余额＝上行余额＋本行借方发生额－本行贷方发生额

负债、所有者权益类：

本行余额=上行余额－本行借方发生额＋本行贷方发生额

7. 编制试算平衡表

根据1月份的会计科目及期末余额与科目汇总表编制试算平衡表，并校验总分类账。校验不平的，应找出错误原因并修改之；校验通过的，可找周围同学帮忙审核，并在科目汇总表的签字栏签字。

三、对账与结账

1. 对账

实务中，会计在登记完账簿后，为了保证账簿信息的真实性、完整性，应进行对账、财产清查及结账工作。同时，如果对账过程中发现错账，要及时更正错误。

本实操中，在登记完账簿后，应做好账证核对（明细账跟记账凭证及原始凭证核对、T形账跟记账凭证核对），账账核对（明细账跟总分类账核对、日记账与总分类账核对）。如果发现错误，要及时更正。

说明：本实操由于条件所限，不进行账实核对。

2. 结账

核对完相关的账簿后，应对所有账簿进行结账。

（1）对所有明细账和日记账，都要求结出“本月合计”和“本年累计”数；对总分类账，因为只登记一次，不用结出“本月合计”和“本年累计”数。

（2）所有账簿都应做结账的划线处理，但总分类账月结不存在划线问题。

四、编制报表

本企业编制的报表包括资产负债表和利润表。

1. 资产负债表

资产负债表是反映企业每一期期末所拥有的资产和取得这些资产来源等财务状况的报表。

实务工作中，会计通常按月、季度、年度编制资产负债表。

本实操中，资产负债表是按月编制的，会计人员应根据总分类账、试算平衡表、科目汇总表编制资产负债表。

2. 利润表

利润表又称损益表，是反映企业在一定会计期间经营成果的报表。

实务工作中，会计通常按月、季度、年度编制利润表。

本实操中，利润表是按月编制的，会计人员应根据科目汇总表（或总分类账、试算平衡表）编制利润表。利润表中的“上期金额”请忽略。

五、装订

月末，在完成所有的账务处理、账簿登记及报表编制后，会计应将各种凭证、账簿、报表整理好，装订成册。

1. 记账凭证的装订

本实操中，装订记账凭证时，应将科目汇总表装订在记账凭证之前。

会计在完成前述业务后，应将2月份的所有记账凭证整理好，用大夹子夹住，然后将科目汇总表附在会计凭证上方，再将记账凭证封面、封底和包角附上，按凭证装订要求装订成册。凭证打孔要使用装订机。装订完成后，要按规定填写凭证封面，标明账册信息。

2. 会计账簿的装订

实务中，明细账一般为活页式，在年末应进行账簿装订。

本实操为方便学习，已经将会计账簿装订成册了，无须进行装订。实际工作中，请按照企业实际要求进行操作。

3. 会计报表的装订

本实操的报表装订，请按资产负债表、利润表、试算平衡表、T形账的顺序进行装订。

实际工作中，通常将资产负债表、利润表装订在一起，其余账表装订在一起，具体请按企业要求进行。

装订完成后，请按规范填写报表封面信息，并将所有资料整理好，放回“档案盒”中。

第十部分

手工全盘账实操答案

一、原始凭证和月末自制单据

（一）原始凭证答案

说明：对应本书第三部分的业务。

业务 1 中编制的入库单见图 10-1。

入 库 单

2017 年 01 月 08 日　　　　单号 020110

交来单位及部门	洛山华衣服饰有限公司	验收仓库	仓库	入库日期	2017年01月08日		
编号	名称及规格	单位	数量		实际价格		财务联
			交库	实收	单价	金额	
140001	男式衬衫(170/92)	件	1500.00	1500.00			
140002	男式衬衫(175/100)	件	750.00	750.00			
140004	女式衬衫(160/38)	件	1000.00	1000.00			
合　计							

财务经理：　　仓库主管：　　经办人：吴萍菊　　制单人：高建军

图 10-1　入库单

业务 2 中编制的付款申请书见图 10-2。

付款申请书

日期：2017年01月10日

用途及情况	金额											收款单位（人）：洛山华衣服饰有限公司
支付货款	亿	千	百	十	万	千	百	十	元	角	分	账号：11000761108767918109
			￥	1	5	2	1	0	0	0	0	开户行：交通银行洛山高新支行
金额大写（合计）	人民币壹拾伍万贰仟壹佰元整											电汇：☑ 转账：☐ 汇票：☐ 其他：☐

总经理	洪庆山	财务部门	经理	张亮亮	申请部门	经理	范志艺
			会计	冯青青		经办人	吴萍菊

图 10-2　付款申请书

业务 3 中编制的增值税专用发票见图 10-3～图 10-5。

5362151810　**郑京增值税专用发票**　№ 00794190　5362151810　00794190

此联不作报销、扣税凭证使用　　开票日期：2017年01月11日

购买方　名称：昆泽华衣服装有限公司
纳税人识别号：30362836783433621D
地址、电话：昆泽市新城区阳光路37号 080-88890273
开户行及账号：中国工商银行昆泽新城支行 1208030498740042120

密码区　6/04566030509>0+4/70<196/5>
90/856>>231/2*>*>89>2312/02
98+45+664041+8>11763><0+/1>
>1209888<<2121)121-12221-08

货物或应税劳务、服务名称	规格型号	单位	数量	单价	金额	税率	税额
男式衬衫	170/92	件	1030	50.00	51500.00	17%	8755.00
男式衬衫	175/100	件	750	60.00	45000.00	17%	7650.00
女式衬衫	155/35	件	500	40.00	20000.00	17%	3400.00
女式衬衫	160/38	件	300	45.00	13500.00	17%	2295.00
合计					￥130000.00		￥22100.00
价税合计（大写）	⊗壹拾伍万贰仟壹佰元整				（小写）￥152100.00		

销售方　名称：郑京我爱会计服饰有限公司
纳税人识别号：80536259796098815B
地址、电话：郑京市城南区创新路23号 0937-87667898
开户行及账号：中国工商银行郑京城南支行 1208030100100033335

备注

收款人：　复核：　开票人：冯青青　销售方：（章）

第一联：记账联　销售方记账凭证

税总函【XXXX】XXX号 XXXXXXXX公司

图 10-3　增值税专用发票(第一联)

业务 3 中编制的销售单见图 10-6。

业务 3 中编制的出库单见图 10-7。

业务 4 中编制的入库单见图 10-8。

业务 5 中编制的增值税专用发票见图 10-9～图 10-11。

业务 5 中编制的销售单见图 10-12。

5362151810　郑京增值税专用发票　№ 00794190　5362151810 00794190

抵扣联　开票日期：2017年01月11日

购买方	名　　称：昆泽华衣服装有限公司 纳税人识别号：30362836783433621D 地 址、电 话：昆泽市新城区阳光路37号 080-88890273 开户行及账号：中国工商银行昆泽新城支行 1208030498740042120	密码区	6/04566030509>0+4/70<196/5> 90/856>>231/2*>*>89>2312/02 98+45+664041+8>11763><0+/1> >1209888<<2121)121-12221-08

货物或应税劳务、服务名称	规格型号	单位	数量	单价	金额	税率	税额
男式衬衫	170/92	件	1030	50.00	51500.00	17%	8755.00
男式衬衫	175/100	件	750	60.00	45000.00	17%	7650.00
女式衬衫	155/35	件	500	40.00	20000.00	17%	3400.00
女式衬衫	160/38	件	300	45.00	13500.00	17%	2295.00
合　　计					¥130000.00		¥22100.00
价税合计（大写）	⊗壹拾伍万贰仟壹佰元整				（小写）¥152100.00		

销售方	名　　称：郑京我爱会计服饰有限公司 纳税人识别号：80536259796098815B 地 址、电 话：郑京市城南区创新路23号 0937-87667898 开户行及账号：中国工商银行郑京城南支行 1208030100100033335	备注	郑京我爱会计服饰有限公司 80536259796098815B 发票专用章

收款人：　　复核：　　开票人：冯吉吉　　销售方：（章）

第二联：抵扣联　购买方扣税凭证

图 10-4　增值税专用发票(第二联)

5362151810　郑京增值税专用发票　№ 00794190　5362151810 00794190

发票联　开票日期：2017年01月11日

购买方	名　　称：昆泽华衣服装有限公司 纳税人识别号：30362836783433621D 地 址、电 话：昆泽市新城区阳光路37号 080-88890273 开户行及账号：中国工商银行昆泽新城支行 1208030498740042120	密码区	6/04566030509>0+4/70<196/5> 90/856>>231/2*>*>89>2312/02 98+45+664041+8>11763><0+/1> >1209888<<2121)121-12221-08

货物或应税劳务、服务名称	规格型号	单位	数量	单价	金额	税率	税额
男式衬衫	170/92	件	1030	50.00	51500.00	17%	8755.00
男式衬衫	175/100	件	750	60.00	45000.00	17%	7650.00
女式衬衫	155/35	件	500	40.00	20000.00	17%	3400.00
女式衬衫	160/38	件	300	45.00	13500.00	17%	2295.00
合　　计					¥130000.00		¥22100.00
价税合计（大写）	⊗壹拾伍万贰仟壹佰元整				（小写）¥152100.00		

销售方	名　　称：郑京我爱会计服饰有限公司 纳税人识别号：80536259796098815B 地 址、电 话：郑京市城南区创新路23号 0937-87667898 开户行及账号：中国工商银行郑京城南支行 1208030100100033335	备注	郑京我爱会计服饰有限公司 80536259796098815B 发票专用章

收款人：　　复核：　　开票人：冯吉吉　　销售方：（章）

第三联：发票联　购买方记账凭证

图 10-5　增值税专用发票(第三联)

郑京我爱会计服饰有限公司

销　售　单

地址：郑京市城南区创新路23号

电话：0937-87667898

NO. 1100003

客户名称：昆泽华衣服装有限公司

地址电话：昆泽市新城区阳光路37号　080-88890273

日期：2017年01月11日

编码	产品名称	规格	单位	单价	数量	金额	备注
140001	男式衬衫	170/92	件	58.50	1030.00	60255.00	
140002	男式衬衫	175/100	件	70.20	750.00	52650.00	
140003	女式衬衫	155/35	件	46.80	500.00	23400.00	
140004	女式衬衫	160/38	件	52.65	300.00	15795.00	
合计	人民币(大写)：壹拾伍万贰仟壹佰元整					¥152100.00	

会计联

销售经理：林成彬　　会计：冯吉吉　　经办人：孙大奇　　仓库人员：陈玉玲　　签收人：张顺安

图 10-6　销售单

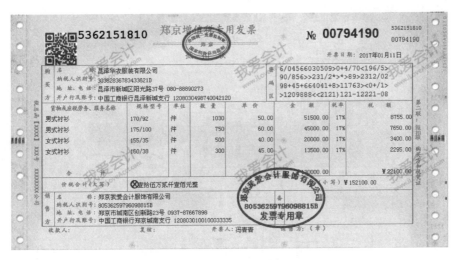

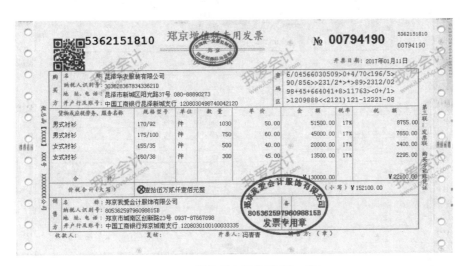

出 库 单

出货单位：郑京我爱会计服饰有限公司　　2017 年 01 月 11 日　　单号：003453

提货单位或领货部门	销售部	销售单号	1100003		发出仓库	仓库部	出库日期	2017-01-11
编号	名称及规格	单位	数量		单价	金额	备注	
			应发	实发				
140001	男式衬衫（170/92）	件	1030.00	1030.00				
140002	男式衬衫（175/100）	件	750.00	750.00				
140003	女式衬衫（155/35）	件	500.00	500.00				
140004	女式衬衫（160/38）	件	300.00	300.00				
	合计							

会计联

部门经理：高建军　　会计：冯青青　　仓库：陈玉玲　　经办人：孙大奇

图 10-7　出库单

入 库 单

2017 年 01 月 20 日　　单号 020111

交来单位及部门	昌阳金诺帝服装有限公司	验收仓库	仓库	入库日期	2017年01月20日	
编号	名 称 及 规 格	单 位	数 量		实 际 价 格	
			交 库	实 收	单 价	金 额
140001	男式衬衫(170/92)	件	1000.00	1000.00		
140003	女式衬衫(155/35)	件	1000.00	1000.00		
140004	女式衬衫(160/38)	件	500.00	500.00		
	合 计					

财务联

财务经理：　　仓库主管：　　经办人：董键超　　制单人：高建军

图 10-8　入库单

5362151810　**郑京增值税专用发票**　№ 00794191　5362151810　00794191

此联不作报销、扣税凭证使用

开票日期：2017年01月22日

购买方	名　　称：郑京才子佳人服装有限公司 纳税人识别号：80536259983278782M 地 址、电 话：郑京市城南区中山路22号 0937-87346722 开户行及账号：中国工商银行郑京城南支行 1208736884200000238	密码区	6/04566030109>0+4/70<196/5> 90/856>>231/2*>*>89>2312/02 98+45+664041+8>11763><0+/1> >1209888<<2121)121-12221-08

货物或应税劳务、服务名称	规格型号	单位	数量	单价	金额	税率	税额
男式衬衫	170/92	件	1300	50.00	65000.00	17%	11050.00
男式衬衫	175/100	件	500	60.00	30000.00	17%	5100.00
女式衬衫	155/35	件	550	40.00	22000.00	17%	3740.00
女式衬衫	160/38	件	1000	45.00	45000.00	17%	7650.00
合　计					¥162000.00		¥27540.00
价税合计（大写）	⊗壹拾捌万玖仟伍佰肆拾元整				（小写）¥189540.00		

销售方	名　　称：郑京我爱会计服饰有限公司 纳税人识别号：80536259796098815B 地 址、电 话：郑京市城南区创新路23号 0937-87667898 开户行及账号：中国工商银行郑京城南支行 1208030100100033335	备注	

收款人：　　复核：　　开票人：冯吉吉　　销售方：（章）

税总函【XXXX】XXX号 XXXXXXX公司

第一联：记账联　销售方记账凭证

图 10-9　增值税专用发票(第一联)

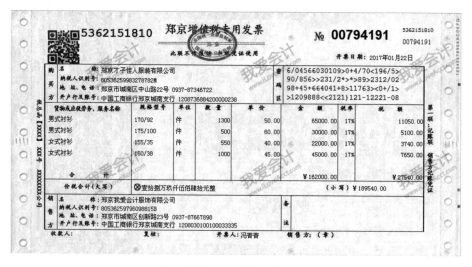

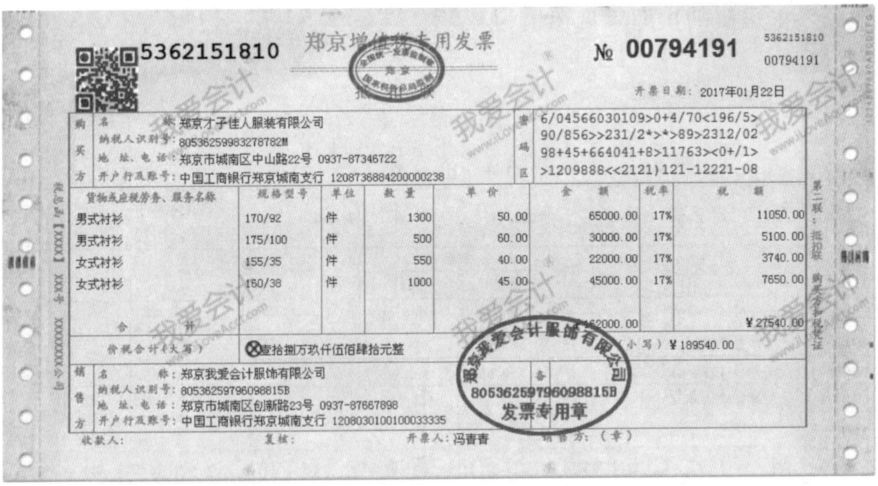

郑京增值税专用发票

5362151810　№ 00794191　5362151810　00794191

抵扣联

开票日期：2017年01月22日

购买方　名称：郑京才子佳人服装有限公司
纳税人识别号：80536259983278782M
地址、电话：郑京市城南区中山路22号 0937-87346722
开户行及账号：中国工商银行郑京城南支行 1208736884200000238

密码区：6/04566030109>0+4/70<196/5>
90/856>>231/2*>*>89>2312/02
98+45+664041+8>11763><0+/1>
>1209888<<2121)121-12221-08

货物或应税劳务、服务名称	规格型号	单位	数量	单价	金额	税率	税额
男式衬衫	170/92	件	1300	50.00	65000.00	17%	11050.00
男式衬衫	175/100	件	500	60.00	30000.00	17%	5100.00
女式衬衫	155/35	件	550	40.00	22000.00	17%	3740.00
女式衬衫	160/38	件	1000	45.00	45000.00	17%	7650.00
合计					¥162000.00		¥27540.00
价税合计（大写）	⊗壹拾捌万玖仟伍佰肆拾元整				（小写）¥189540.00		

销售方　名称：郑京我爱会计服饰有限公司
纳税人识别号：80536259796098815B
地址、电话：郑京市城南区创新路23号 0937-87667898
开户行及账号：中国工商银行郑京城南支行 1208030100100033335

备注

收款人：　复核：　开票人：冯吉吉　销售方：（章）

第二联：抵扣联　购买方扣税凭证

图 10-10　增值税专用发票（第二联）

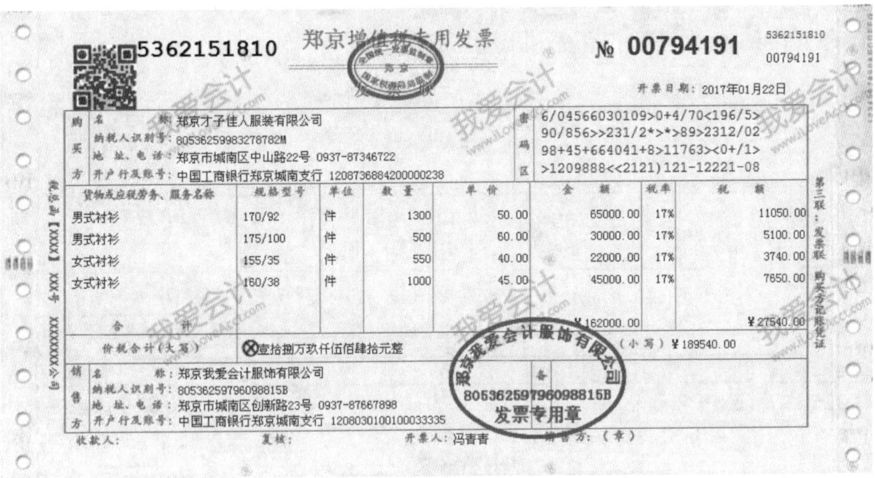

郑京增值税专用发票

5362151810　№ 00794191　5362151810　00794191

发票联

开票日期：2017年01月22日

购买方　名称：郑京才子佳人服装有限公司
纳税人识别号：80536259983278782M
地址、电话：郑京市城南区中山路22号 0937-87346722
开户行及账号：中国工商银行郑京城南支行 1208736884200000238

密码区：6/04566030109>0+4/70<196/5>
90/856>>231/2*>*>89>2312/02
98+45+664041+8>11763><0+/1>
>1209888<<2121)121-12221-08

货物或应税劳务、服务名称	规格型号	单位	数量	单价	金额	税率	税额
男式衬衫	170/92	件	1300	50.00	65000.00	17%	11050.00
男式衬衫	175/100	件	500	60.00	30000.00	17%	5100.00
女式衬衫	155/35	件	550	40.00	22000.00	17%	3740.00
女式衬衫	160/38	件	1000	45.00	45000.00	17%	7650.00
合计					¥162000.00		¥27540.00
价税合计（大写）	⊗壹拾捌万玖仟伍佰肆拾元整				（小写）¥189540.00		

销售方　名称：郑京我爱会计服饰有限公司
纳税人识别号：80536259796098815B
地址、电话：郑京市城南区创新路23号 0937-87667898
开户行及账号：中国工商银行郑京城南支行 1208030100100033335

备注

收款人：　复核：　开票人：冯吉吉　销售方：（章）

第三联：发票联　购买方记账凭证

图 10-11　增值税专用发票（第三联）

郑京我爱会计服饰有限公司

销　售　单

NO. 1100004

地址：郑京市城南区创新路23号

电话：0937-87667898

客户名称：郑京才子佳人服装有限公司

地址电话：郑京市城南区中山路22号 0937-87346722　日期2017年01月22日

编码	产品名称	规格	单位	单价	数量	金额	备注
140001	男式衬衫	170/92	件	58.50	1300.00	76050.00	
140002	男式衬衫	175/100	件	70.20	500.00	35100.00	
140003	女式衬衫	155/35	件	46.80	550.00	25740.00	
140004	女式衬衫	160/38	件	52.65	1000.00	52650.00	
合计	人民币（大写）：壹拾捌万玖仟伍佰肆拾元整					¥189540.00	

会计联

销售经理：林成彬　会计：冯青青　经办人：郭顺本　仓库人员：陈小茹　签收人：孙俊哲

图 10-12　销售单

业务 5 中编制的出库单见图 10-13。

出　库　单

出货单位：郑京我爱会计服饰有限公司　　2017 年 01 月 22 日　　单号：003454

提货单位或领货部门	销售部	销售单号	1100004		发出仓库	仓库部	出库日期	2017-01-22
编号	名称及规格	单位	数量		单价	金额	备注	
			应发	实发				
140001	男式衬衫（170/92）	件	1300.00	1300.00				会计联
140002	男式衬衫（175/100）	件	500.00	500.00				
140003	女式衬衫（155/35）	件	550.00	550.00				
140004	女式衬衫（160/38）	件	1000.00	1000.00				
	合计							

部门经理：高建军　　会计：冯青青　　仓库：陈玉玲　　经办人：郭顺本

图 10-13　出库单

业务 6 中编制的付款申请书见图 10-14。

付款申请书

日期：2017年01月23日

用途及情况	金额										收款单位（人）：郑京慕然服饰有限公司
支付供应商货款	亿	千	百	十	万	千	百	十	元	角	分
				¥	4	6	8	0	0	0	0

账号：1208030470705253012

开户行：中国工商银行郑京城北支行

金额大写（合计）	人民币肆万陆仟捌佰元整	电汇：☐ 转账：☑ 汇票：☐ 其他：☐

总经理	洪庆山	财务部门	经　理	张亮亮	申请部门	经　理	范志艺
			会　计	冯青青		经办人	董继超

图 10-14　付款申请书

业务 7 中编制的付款申请书见图 10-15。

（二）1 月份月末自制单据

说明：对应本书第四部分和第五部分的业务。

业务 27 中编制的产品成本计算表见图 10-16。

业务 28 中编制的固定资产折旧明细表见图 10-17。

业务 30 中编制的未交增值税计算表见图 10-18。

业务 31 中编制的附加税计算表见图 10-19。

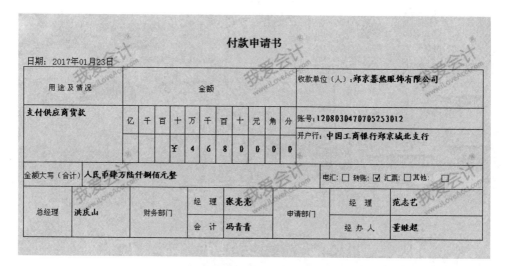

付款申请书

日期：2017年01月27日

用途及情况	金额	收款单位（人）：昌阳金诺帝服装有限公司
支付供应商货款	亿 千 百 十 万 千 百 十 元 角 分 ¥ 1 1 7 0 0 0 0 0	账号：110007611020985304021 开户行：交通银行昌阳旧城支行
金额大写（合计）	人民币壹拾壹万柒仟元整	电汇：☑ 转账：☐ 汇票：☐ 其他：☐

总经理	洪庆山	财务部门	经　理	张亮亮	申请部门	经　理	范志艺
			会　计	冯青青		经办人	董继超

图 10-15　付款申请书

1-27-1

产品成本计算表

编制单位：郑京我爱会计服饰有限公司　　编制时间：2017-01-31　　单位：元

商品名称	规格	期初数量	单价	期初结存金额	本期购入数量	本期购入金额	本期发出数量	本期发出金额	期末结存数量	单价	期末结存金额
男式衬衫	170/92	1900.00	25.00	47500.00	2500.00	62500.00	2330.00	58250.00	2070.00	25.00	51750.00
男式衬衫	175/100	1000.00	30.00	30000.00	750.00	22500.00	1250.00	37500.00	500.00	30.00	15000.00
女式衬衫	155/35	1200.00	15.00	18000.00	1000.00	15000.00	1050.00	15750.00	1150.00	15.00	17250.00
女式衬衫	160/38	1800.00	20.00	36000.00	1500.00	30000.00	1300.00	26000.00	2000.00	20.00	40000.00
合　计		5900.00		¥131500.00	5750.00	¥130000.00	5930.00	¥137500.00	5720.00		¥124000.00

审核：张亮亮　　制表：冯青青

图 10-16　产品成本计算表

1-28-1

固定资产折旧明细表

编制单位：郑京我爱会计服饰有限公司　　编制日期：2017 年 01月 31 日　　单位：元

固定资产名称	固定资产类别	使用部门	入账时间	可使用年限	原值	残值率%	净残值	折旧方法	月折旧额	累计折旧	净值
笔记本电脑	电子设备	行政部	2016-08-11	3年	12000.00	5%	600.00	年限平均法	316.67	1583.35	10416.65
笔记本电脑	电子设备	财务部	2016-10-25	3年	11729.00	5%	586.45	年限平均法	309.52	928.56	10800.44
传真机	电子设备	财务部	2016-11-17	3年	2811.15	5%	140.56	年限平均法	74.18	148.36	2662.79
台式电脑	电子设备	销售部	2016-10-13	3年	16000.00	5%	800.00	年限平均法	422.22	1266.66	14733.34
台式电脑	电子设备	采购部	2016-12-17	3年	15000.00	5%	750.00	年限平均法	395.83	395.83	14604.17
					¥57540.15		¥2877.01		¥1518.42	¥4322.76	¥53217.39

制表：冯青青

图 10-17　固定资产折旧明细表

1-30-1

未交增值税计算表

郑京我爱会计服饰有限公司　　2017年01月31日

项目	金额（元）
1. 应交增值税明细账期初余额	0.00
2. 应交增值税明细账进项税额专栏本月发生额	23599.61
3. 应交增值税明细账进项税额转出专栏本月发生额	0.00
4. 应交增值税明细账销项税额专栏本月发生额	49640.00
5. 本月应交增值税额（5=4+3-2-1）	26040.39

制表人：冯青青

图 10-18　未交增值税计算表

1-31-1

附加税计算表

郑京我爱会计服饰有限公司　　2017年01月31日　　单位：元

应交税费明细项目	计算依据	金额	税率	应纳税额	备注
城市维护建设税	增值税额	26040.39	0.07	1822.83	
教育费附加	增值税额	26040.39	0.03	781.21	
地方教育费附加	增值税额	26040.39	0.02	520.81	
合计				￥3124.85	

制表人：冯青青

图 10-19　附加税计算表

业务 32 中编制的企业所得税计算表见图 10-20。

1-32-1

企业所得税计算表

所属日期：自 2017 年 01 月 01 日至 2017 年 01 月 31 日

项目	行次	金额（元）
收入总额	1	292000.00
成本费用总额	2	260316.86
利润总额	3	31683.14
适用税率	4	25%
应纳所得税额（5=3×4）	5	7920.79

制表人：冯青青

图 10-20　企业所得税计算表

（三）2 月份月末自制单据

说明：对应本书第九部分的业务。

业务 33 中编制的产品成本计算表见图 10-21。

2-33-1

产品成本计算表

编制单位：郑京我爱会计服饰有限公司　　编制时间：2017-02-28　　单位：元

商品名称	规格	期初数量	单价	期初结存金额	本期购入数量	本期购入金额	本期发出数量	本期发出金额	期末结存数量	单价	期末结存金额
男式衬衫	170/92	2070.00	25.00	51750.00	13040.00	326000.00	5830.00	145750.00	9280.00	25.00	232000.00
男式衬衫	175/100	500.00	30.00	15000.00	1500.00	45000.00	1500.00	45000.00	500.00	30.00	15000.00
男式衬衫	180/110	0.00	0.00	0.00	500.00	17550.00	0.00	0.00	500.00	35.10	17550.00
女式衬衫	155/35	1150.00	15.00	17250.00	0.00	0.00	500.00	7500.00	650.00	15.00	9750.00
女式衬衫	160/38	2000.00	20.00	40000.00	2000.00	40000.00	3300.00	66000.00	700.00	20.00	14000.00
合　计		5720.00		¥124000.00	17040.00	¥428550.00	11130.00	¥264250.00	11630		¥288300.00

审核：张亮亮　　制表：冯青青

图 10-21　产品成本计算表

业务 36 中编制的固定资产折旧明细表见图 10-22。

2-36-1

固定资产折旧明细表

编制单位：郑京我爱会计服饰有限公司　　编制日期：2017 年 02月 28 日　　单位：元

固定资产名称	固定资产类别	使用部门	入账时间	可使用年限	原值	残值率%	净残值	折旧方法	月折旧额	累计折旧	净值
笔记本电脑	电子设备	行政部	2016-08-11	3年	12000.00	5%	600.00	年限平均法	316.67	1900.02	10099.98
笔记本电脑	电子设备	财务部	2016-10-25	3年	11729.00	5%	586.45	年限平均法	309.52	1238.08	10490.92
传真机	电子设备	财务部	2016-11-17	3年	2811.15	5%	140.56	年限平均法	74.18	222.54	2588.61
台式电脑	电子设备	销售部	2016-10-13	3年	16000.00	5%	800.00	年限平均法	422.22	1688.88	14311.12
台式电脑	电子设备	采购部	2016-12-17	3年	15000.00	5%	750.00	年限平均法	395.83	791.66	14208.34
					¥57540.15		¥2877.01		¥1518.42	¥5841.18	¥51698.97

制表：冯青青

图 10-22　固定资产折旧明细表

业务 38 中编制的未交增值税计算表见图 10-23。

业务 39 中编制的附加税计算表见图 10-24。

业务 40 中编制的企业所得税计算表见图 10-25。

2-38-1

未交增值税计算表

郑京我爱会计服饰有限公司　　2017年02月28日

项　目	金　额（元）
1. 应交增值税明细账期初余额	0.00
2. 应交增值税明细账进项税额专栏本月发生额	73050.60
3. 应交增值税明细账进项税额转出专栏本月发生额	0.00
4. 应交增值税明细账销项税额专栏本月发生额	93500.00
5. 本月应交增值税额（5=4+3-2-1）	20449.40

制表人：冯青青

图 10-23　未交增值税计算表

2-39-1

附加税计算表

郑京我爱会计服饰有限公司　　2017年02月28日　　单位：元

应交税费明细项目	计算依据	金额	税率	应纳税额	备注
城市维护建设税	增值税额	20449.40	0.07	1431.46	
教育费附加	增值税额	20449.40	0.03	613.48	
地方教育费附加	增值税额	20449.40	0.02	408.99	
合计				￥2453.93	

制表人：冯青青

图 10-24　附加税计算表

2-40-1

企业所得税计算表

所属日期：自 2017 年 02 月 01 日至 2017 年 02 月 28 日

项　目	行　次	金　额（元）
收入总额	1	550550.00
成本费用总额	2	422916.35
利润总额	3	127633.65
适用税率	4	25%
应纳所得税额（5=3×4）	5	31908.41

制表人：冯青青

图 10-25　企业所得税计算表

二、记账凭证

（一）1 月份记账凭证

1 月份记账凭证登记要点见表 10-1。

表 10-1 1 月份记账凭证登记要点

日 期	凭证号	摘 要	会计科目	借 方	贷 方
2017-01-01	001	报销差旅费	管理费用——差旅费	3000.00	
			库存现金	1000.00	
			其他应收款——洪庆山		4000.00
2017-01-03	002	收到货款	银行存款——工行郑京城南支行	50000.00	
			应收账款——洛山靓丽服装有限公司		50000.00
2017-01-05	003	提取备用金	库存现金	10000.00	
			银行存款——工行郑京城南支行		10000.00
2017-01-05	004	支付办公租金	管理费用——租金	3783.78	
			应交税费——应交增值税——进项税额	416.22	
			库存现金		4200
2017-01-08	005	采购货物一批	库存商品——男式衬衫(170/92)	37500.00	
			库存商品——男式衬衫(175/100)	22500.00	
			库存商品——女式衬衫(160/38)	20000.00	
			应交税费——应交增值税——进项税额	13600.00	
			应付账款——洛山华衣服饰有限公司		93600.00
2017-01-10	006	支付货款	应付账款——洛山华衣服饰有限公司	152100.00	
			银行存款——工行郑京城南支行		152100.00
2017-01-10	007	支付电汇手续费	财务费用——手续费	15.50	
			银行存款——工行郑京城南支行		15.50
2017-01-11	008	销售货物一批	应收账款——昆泽华衣服装有限公司	152100.00	
			主营业务收入——男式衬衫(170/92)		51500.00
			主营业务收入——男式衬衫(175/100)		45000.00
			主营业务收入——女式衬衫(155/35)		20000.00

续表

日期	凭证号	摘要	会计科目	借方	贷方
2017-01-11	008	销售货物一批	主营业务收入——女式衬衫(160/38)		13500.00
			应交税费——应交增值税——销项税额		22100.00
2017-01-12	009	缴纳增值税	应交税费——未交增值税	12100.00	
			银行存款——工行郑京城南支行		12100.00
2017-01-12	010	缴纳个人所得税	应交税费——应交个人所得税	1453.30	
			银行存款——工行郑京城南支行		1453.30
2017-01-12	011	缴纳附加税	应交税费——应交城市维护建设税	847.00	
			应交税费——应交教育费附加	363.00	
			应交税费——应交地方教育费附加	242.00	
			银行存款——工行郑京城南支行		1452.00
2017-01-12	012	支付通信费	管理费用——通信费	420.20	
			银行存款——工行郑京城南支行		420.20
2017-01-12	013	缴纳企业所得税	应交税费——应交所得税	14401.74	
			银行存款——工行郑京城南支行		14401.74
2017-01-15	014	发放 2012 年 12 月份工资	应付职工薪酬——工资	82100.00	
			银行存款——工行郑京城南支行		71160.70
			其他应收款——代扣个人社保费		4386.00
			其他应收款——代扣个人住房公积金		5100.00
			应交税费——应交个人所得税		1453.30
2017-01-16	015	收到货款	银行存款——工行郑京城南支行	120000.00	
			应收账款——郑京才子佳人服装有限公司		120000.00
2017-01-16	016	缴纳社保费	应付职工薪酬——社保费	13642.50	
			其他应收款——代扣个人社保费	4386.00	
			银行存款——工行郑京城南支行		18028.50

续表

日　期	凭证号	摘　　要	会计科目	借　方	贷　方
2017-01-18	017	报销水电费	管理费用——水电费	1709.40	
			应交税费——应交增值税——进项税额	290.60	
			库存现金		2000.00
2017-01-20	018	采购货物一批	库存商品——男式衬衫(170/92)	25000.00	
			库存商品——女式衬衫(155/35)	15000.00	
			库存商品——女式衬衫(160/38)	10000.00	
			应交税费——应交增值税——进项税额	8500.00	
			应付账款——昌阳金诺帝服装有限公司		58500.00
2017-01-20	019	支付员工借款	其他应收款——林成彬	3000.00	
			库存现金		3000.00
2017-01-21	020	采购办公用品	管理费用——办公费	1185.00	
			库存现金		1185.00
2017-01-22	021	销售货物一批	应收账款——郑京才子佳人服装有限公司	189540.00	
			主营业务收入——男式衬衫(170/92)		65000.00
			主营业务收入——男式衬衫(175/100)		30000.00
			主营业务收入——女式衬衫(155/35)		22000.00
			主营业务收入——女式衬衫(160/38)		45000.00
			应交税费——应交增值税——销项税额		27540.00
2017-01-23	022	支付货款	应付账款——郑京暮然服饰有限公司	46800.00	
			银行存款——工行郑京城南支行		46800.00
2017-01-24	023	缴纳住房公积金	应付职工薪酬——住房公积金	5100.00	
			其他应收款——代扣个人住房公积金	5100.00	
			银行存款——工行郑京城南支行		10200.00
2017-01-27	024	支付运输费	销售费用——运输费	7207.21	
			应交税费——应交增值税——进项税额	792.79	
			库存现金		8000.00

续表

日　期	凭证号	摘　　要	会 计 科 目	借　方	贷　方
2017-01-27	025	支付货款	应付账款——昌阳金诺帝服装有限公司	117000.00	
			银行存款——工行郑京城南支行		117000.00
2017-01-27	026	支付电汇手续费	财务费用——手续费	10.00	
			银行存款——工行郑京城南支行		10.00
2017-01-31	027	结转发出成本	主营业务成本——男式衬衫(170/92)	58250.00	
			主营业务成本——男式衬衫(175/100)	37500.00	
			主营业务成本——女式衬衫(155/35)	15750.00	
			主营业务成本——女式衬衫(160/38)	26000.00	
			库存商品——男式衬衫(170/92)		58250.00
			库存商品——男式衬衫(175/100)		37500.00
			库存商品——女式衬衫(155/35)		15750.00
			库存商品——女式衬衫(160/38)		26000.00
2017-01-31	028	计提折旧	管理费用——折旧费	1096.20	
			销售费用——折旧费	422.22	
			累计折旧		1518.42
2017-01-31	029	计提1月份工资	管理费用——工资	64000.00	
			管理费用——社保费	11235.00	
			管理费用——住房公积金	4200.00	
			销售费用——工资	18100.00	
			销售费用——社保费	2407.50	
			销售费用——住房公积金	900.00	
			应付职工薪酬——工资		82100.00
			应付职工薪酬——社保费		13642.50
			应付职工薪酬——住房公积金		5100.00
2017-01-31	030	结转本月未交增值税	应交税费——应交增值税——转出未交增值税	26040.39	
			应交税费——未交增值税		26040.39

续表

日　期	凭证号	摘　　要	会计科目	借　方	贷　方
2017-01-31	031	计提本月附加税	税金及附加	3124.85	
			应交税费——应交城市维护建设税		1822.83
			应交税费——应交教育费附加		781.21
			应交税费——应交地方教育费附加		520.81
2017-01-31	032	计提并结转所得税费用	所得税费用	7920.79	
			应交税费——应交所得税		7920.79
2017-01-31	033	结转损益（成本、费用）	主营业务成本——男式衬衫(170/92)		58250.00
			主营业务成本——男式衬衫(175/100)		37500.00
			主营业务成本——女式衬衫(155/35)		15750.00
			主营业务成本——女式衬衫(160/38)		26000.00
			税金及附加		3124.85
			管理费用——差旅费		3000.00
			管理费用——通信税		420.20
			管理费用——办公费		1185.00
			管理费用——租金		3783.78
			管理费用——折旧费		1096.20
			管理费用——工资		64000.00
			管理费用——社保费		11235.00
			管理费用——住房公积金		4200.00
			管理费用——水电费		1709.40
			销售费用——运输费		7207.21
			销售费用——折旧费		422.22
			销售费用——工资		18100.00
			销售费用——社保费		2407.50
			销售费用——住房公积金		900.00
			财务费用——手续费		25.50
			所得税费用		7920.79
			本年利润	268237.65	

续表

日　期	凭证号	摘　　要	会计科目	借　方	贷　方
2017-01-31	034	结转损益(收入)	主营业务收入——男式衬衫(170/92)	116500.00	
			主营业务收入——男式衬衫(175/100)	75000.00	
			主营业务收入——女式衬衫(155/35)	42000.00	
			主营业务收入——女式衬衫(160/38)	58500.00	
			本年利润		292000.00

（二）2 月份记账凭证答案

2 月份记账凭证登记要点见表 10-2。

表 10-2　2 月份记账凭证登记要点

日　期	凭证号	摘　　要	会计科目	借　方	贷　方
2017-02-01	001	提取备用金	库存现金	5000.00	
			银行存款——工行郑京城南支行		5000.00
2017-02-01	002	报销聚餐费	应付职工薪酬——员工福利	6500.00	
			库存现金		6500.00
			管理费用——福利费	6500.00	
			应付职工薪酬——员工福利		6500.00
2017-02-03	003	收到货款	银行存款——工行郑京城南支行	76050.00	
			应收账款——昆泽华衣服装有限公司		76050.00
2017-02-03	004	销售货物一批	应收账款——洛山靓丽服装有限公司	117000.00	
			主营业务收入——男式衬衫(170/92)		80000.00
			主营业务收入——女式衬衫(155/35)		20000.00
			应交税费——应交增值税——销项税额		17000.00
2017-02-05	005	收到短期贷款	银行存款——工行郑京城南支行	500000.00	
			短期借款——工行郑京城南支行		500000.00

续表

日　期	凭证号	摘　　要	会计科目	借　方	贷　方
2017-02-07	006	采购货物一批	库存商品——男式衬衫(170/92)	146000.00	
			库存商品——男式衬衫(175/100)	45000.00	
			库存商品——女式衬衫(160/38)	40000.00	
			应交税费——应交增值税——进项税额	39270.00	
			应付账款——洛山华衣服饰有限公司		270270.00
2017-02-08	007	报销业务招待费	销售费用——业务招待费	2500.00	
			库存现金	500.00	
			其他应收款——林成彬		3000.00
2017-02-10	008	支付保险费	管理费用——保险费	22169.81	
			应交税费——应交增值税——进项税额	1330.19	
			银行存款——工行郑京城南支行		23500.00
2017-02-11	009	报销业务招待费	销售费用——业务招待费	2000.00	
			库存现金		2000.00
2017-02-12	010	缴纳增值税	应交税费——未交增值税	26040.39	
			银行存款——工行郑京城南支行		26040.39
2017-02-12	011	缴纳附加税	应交税费——应交城市维护建设税	1822.83	
			应交税费——应交教育费附加	781.21	
			应交税费——应交地方教育费附加	520.81	
			银行存款——工行郑京城南支行		3124.85
2017-02-12	012	支付通信费	管理费用——通信税	269.60	
			银行存款——工行郑京城南支行		269.60
2017-02-12	013	缴纳个人所得税	应交税费——应交个人所得税	1453.30	
			银行存款——工行郑京城南支行		1453.30

续表

日期	凭证号	摘要	会计科目	借方	贷方
2017-02-15	014	发放1月份工资	应付职工薪酬——工资	82100.00	
			银行存款——工行郑京城南支行		71160.70
			其他应收款——代扣个人社保费		4386.00
			其他应收款——代扣个人住房公积金		5100.00
			应交税费——应交个人所得税		1453.30
2017-02-15	015	销售货物一批	应收账款——郑京才子佳人服装有限公司	386100.00	
			主营业务收入——男式衬衫(170/92)		159000.00
			主营业务收入——男式衬衫(175/100)		90000.00
			主营业务收入——女式衬衫(160/38)		81000.00
			应交税费——应交增值税——销项税额		56100.00
2017-02-16	016	缴纳社保费	应付职工薪酬——社保费	13642.50	
			其他应收款——代扣个人社保费	4386.00	
			银行存款——工行郑京城南支行		18028.50
2017-02-16	017	支付货款	应付账款——洛山华衣服饰有限公司	93600.00	
			银行存款——工行郑京城南支行		93600.00
2017-02-16	018	支付电汇手续费	财务费用——手续费	10.00	
			银行存款——工行郑京城南支行		10.00
2017-02-17	019	报销差旅费	销售费用——差旅费	2500.00	
			库存现金		2500.00
2017-02-18	020	采购办公用品	管理费用——办公费	1146.00	
			库存现金		1146.00
2017-02-18	021	支付办公场地租金	管理费用——租金	3783.78	
			应交税费——应交增值税——进项税额	416.22	
			库存现金		4200.00
2017-02-18	022	支付货款	应付账款——昌阳金诺帝服装有限公司	58500.00	
			银行存款——工行郑京城南支行		58500.00

续表

日　期	凭证号	摘　　要	会 计 科 目	借　方	贷　方
2017-02-18	023	支付电汇手续费	财务费用——手续费	6.50	
			银行存款——工行郑京城南支行		6.50
2017-02-19	024	支付银行手续费	财务费用——手续费	600.00	
			银行存款——工行郑京城南支行		600.00
2017-02-20	025	缴纳住房公积金	应付职工薪酬——住房公积金	5100.00	
			其他应收款——代扣个人住房公积金	5100.00	
			银行存款——工行郑京城南支行		10200.00
2017-02-20	026	销售货物一批	应收账款——昆泽华衣服装有限公司	140400.00	
			主营业务收入——男式衬衫(170/92)		52500.00
			主营业务收入——女式衬衫(160/38)		67500.00
			应交税费——应交增值税——销项税额		20400.00
2017-02-21	027	报销水电费	管理费用——水电费	1965.81	
			应交税费——应交增值税——进项税额	334.19	
			库存现金		2300.00
2017-02-22	028	收到货款	银行存款——工行郑京城南支行	107640.00	
			应收账款——郑京才子佳人服装有限公司		107640.00
2017-02-22	029	采购货物一批	库存商品——男式衬衫(170/92)	180000.00	
			应交税费——应交增值税——进项税额	30600.00	
			应付账款——郑京暮然服饰有限公司		210600.00
2017-02-24	030	支付运输费	销售费用——运输费	10000.00	
			应交税费——应交增值税——进项税额	1100.00	
			银行存款——工行郑京城南支行		11100.00
2017-02-26	031	支付通信费	管理费用——通信费	1200.00	
			库存现金		1200.00

续表

日　期	凭证号	摘　　要	会计科目	借　方	贷　方
2017-02-27	032	采购货物一批	库存商品——男式衬衫(180/110)	17550.00	
			应付账款——郑京圣伊服饰有限公司		17550.00
2017-02-28	033	结转发出成本	主营业务成本——男式衬衫(170/92)	145750.00	
			主营业务成本——男式衬衫(175/100)	45000.00	
			主营业务成本——女式衬衫(155/35)	7500.00	
			主营业务成本——女式衬衫(160/38)	66000.00	
			库存商品——男式衬衫(170/92)		145750.00
			库存商品——男式衬衫(175/100)		45000.00
			库存商品——女式衬衫(155/35)		7500.00
			库存商品——女式衬衫(160/38)		66000.00
2017-02-28	034	盘盈	库存商品——女式衬衫(155/35)	90.00	
			库存商品——女式衬衫(160/38)	460.00	
			待处理财产损溢——待处理流动资产损溢		550.00
2017-02-28	035	处理盘盈存货	待处理财产损溢——待处理流动资产损溢	550.00	
			营业外收入——库存商品盘盈		550.00
2017-02-28	036	计提折旧	管理费用——折旧费	1096.20	
			销售费用——折旧费	422.22	
			累计折旧		1518.42
2017-02-28	037	计提2月份工资	管理费用——工资	63400.00	
			管理费用——社保费	11235.00	
			管理费用——住房公积金	4200.00	
			销售费用——工资	17900.00	
			销售费用——社保费	2407.50	
			销售费用——住房公积金	900.00	

续表

日　期	凭证号	摘　　要	会 计 科 目	借　方	贷　方
2017-02-28	037	计提2月份工资	应付职工薪酬——工资		81300.00
			应付职工薪酬——社保费		13642.50
			应付职工薪酬——住房公积金		5100.00
2017-02-28	038	结转本月未交增值税	应交税费——应交增值税——转出未交增值税	20449.40	
			应交税费——未交增值税		20449.40
2017-02-28	039	计提本月附加税	税金及附加	2453.93	
			应交税费——应交城市维护建设税		1431.46
			应交税费——应交教育费附加		613.48
			应交税费——应交地方教育费附加		408.99
2017-02-28	040	计提并结转所得税费用	所得税费用	31908.41	
			应交税费——应交所得税		31908.41
2017-02-28	041	结转损益(成本、费用)	主营业务成本——男式衬衫(170/92)		145750.00
			主营业务成本——男式衬衫(175/100)		45000.00
			主营业务成本——女式衬衫(155/35)		7500.00
			主营业务成本——女式衬衫(160/38)		66000.00
			税金及附加		2453.93
			管理费用——水电费		1965.81
			管理费用——福利费		6500.00
			管理费用——业务招待费		4500.00
			管理费用——办公费		1146.00
			管理费用——租金		3783.78
			管理费用——折旧费		1096.20
			管理费用——通信费		1469.60
			管理费用——保险费		22169.81
			管理费用——工资		63400.00
			管理费用——社保费		11235.00
			管理费用——住房公积金		4200.00
			销售费用——运输费		10000.00
			销售费用——差旅费		2500.00
			销售费用——折旧费		422.22
			销售费用——工资		17900.00
			销售费用——社保费		2407.50

续表

日　期	凭证号	摘　　要	会 计 科 目	借　方	贷　方
2017-02-28	041	结转损益(成本、费用)	销售费用——住房公积金		900.00
			财务费用——手续费		616.50
			所得税费用		31908.41
			本年利润	454824.76	
2017-02-28	042	结转损益(收入)	主营业务收入——男式衬衫(170/92)	291500.00	
			主营业务收入——男式衬衫(175/100)	90000.00	
			主营业务收入——女式衬衫(155/35)	20000.00	
			主营业务收入——女式衬衫(160/38)	148500.00	
			营业外收入——库存商品盘盈	550.00	
			本年利润		550550.00

三、日记账

（一）库存现金日记账

登记后的库存现金日记账见图 10-26 和图 10-27。

库存现金日记账　第 1 页

2017年 月	日	凭证 种类	号数	票据号码	摘要	借方	贷方	余额	核对
1	1				上年结转			5000000	□
1	1	记	001		报销差旅费	100000		5100000	□
1	5	记	003		提取备用金	1000000		6100000	□
1	5	记	004		支付办公租金		420000	5680000	□
1	18	记	017		支付水电费		200000	5480000	□
1	20	记	019		支付员工借款		300000	5180000	□
1	21	记	020		采购办公用品		118500	5061500	□
1	27	记	024		支付运输费		800000	4261500	□
1	31				本月合计	1100000	1838500	4261500	□
1	31				本年累计	1100000	1838500	4261500	□
2	1	记	001		提取备用金	500000		4761500	□
2	1	记	002		报销聚餐费		650000	4111500	□
2	8	记	007		报销业务招待费	50000		4161500	□
2	11	记	009		报销业务招待费		200000	3961500	□
2	17	记	019		报销差旅费		250000	3711500	□
2	18	记	020		采购办公用品		114600	3596900	□
2	18	记	021		支付办公租金		420000	3176900	□
2	21	记	027		报销水电费		230000	2946900	□
					过次页	1650000	3703100	2946900	□

图 10-26　库存现金日记账(第 1 页)

库存现金日记账　　第 2 页

2017年 月	日	凭证 种类	号数	票据号码	摘要	借方	贷方	余额	核对
					承前页	1650000	3703100	2946900	□
2	26	记	031		支付通信费		120000	2826900	□
2	28				本月合计	550000	1984600	2826900	□
2	28				本年累计	1650000	3823100	2826900	□
									□

图 10-27　库存现金日记账(第 2 页)

（二）银行存款日记账

登记后的银行存款日记账见图 10-28～图 10-30。

银行存款日记账　　第 1 页

开户行:中国工商银行郑京城南支行

账 号: 120803010010003335

2017年 月	日	凭证 种类	号数	摘要	借方	贷方	余额	核对
1	1			上年结转			72127940	□
1	3	记	002	收到货款	5000000		77127940	□
1	5	记	003	提取备用金		1000000	76127940	□
1	10	记	006	支付货款		15210000	60917940	□
1	10	记	007	支付电汇手续费		1550	60916390	□
1	12	记	009	缴纳增值税		1210000	59706390	□
1	12	记	010	缴纳个人所得税		145330	59561060	□
1	12	记	011	缴纳附加税		145200	59415860	□
1	12	记	012	支付通信费		42020	59373840	□
1	12	记	013	缴纳企业所得税		1440174	57933666	□
1	15	记	014	发放12月份工资		7116070	50817596	□
1	16	记	015	收到货款	12000000		62817596	□
1	16	记	016	缴纳社保费		1802850	61014746	□
1	23	记	022	支付货款		4680000	56334746	□
1	24	记	023	缴纳住房公积金		1020000	55314746	□
1	27	记	025	支付货款		11700000	43614746	□
1	27	记	026	支付电汇手续费		1000	43613746	□
1	31			本月合计	17000000	45514194	43613746	□
				过次页	17000000	45514194	43613746	□

图 10-28　银行存款日记账(第 1 页)

银行存款日记账

第 2 页

开户行：中国工商银行郑京城南支行

账 号：120803010010003335

2017年 月	日	凭证 种类	号数	摘要	借方	贷方	余额	核对
				承前页	17000000	4551419 4	43613746	☐
1	31			本年累计	17000000	45514194	43613746	☐
2	1	记	001	提取备用金		500000	43113746	☐
2	3	记	003	收到货款	7605000		50718746	☐
2	5	记	005	收到短期贷款	50000000		100718746	☐
2	10	记	008	支付保险费		2350000	98368746	☐
2	12	记	010	缴纳增值税		2604039	95764707	☐
2	12	记	011	缴纳附加税		312485	95452222	☐
2	12	记	012	支付通信费		26960	95425262	☐
2	12	记	013	缴纳个人所得税		145330	95279932	☐
2	15	记	014	发放1月份工资		7116070	88163862	☐
2	16	记	016	缴纳社保费		1802850	86361012	☐
2	16	记	017	支付货款		9360000	77001012	☐
2	16	记	018	支付电汇手续费		1000	77000012	☐
2	18	记	022	支付货款		5850000	71150012	☐
2	18	记	023	支付电汇手续费		650	71149362	☐
2	19	记	024	支付银行手续费		60000	71089362	☐
2	20	记	025	缴纳住房公积金		1020000	70069362	☐
				过次页	74605000	76663578	70069362	☐

图 10-29 银行存款日记账（第 2 页）

银行存款日记账

第 3 页

开户行：中国工商银行郑京城南支行

账 号：120803010010003335

2017年 月	日	凭证 种类	号数	摘要	借方	贷方	余额	核对
				承前页	74605000	76663578	70069362	☐
2	22	记	028	收到货款	10764000		80833362	☐
2	24	记	030	支付运输费		1110000	79723362	☐
2	28			本月合计	68369000	32259384	79723362	☐
2	28			本年累计	85369000	77773578	79723362	☐
								☐

图 10-30 银行存款日记账（第 3 页）

四、明细账

（一）数量金额式明细账

登记后的数量金额式明细账见图 10-31～图 10-35。

库存商品明细账

分页＿＿＿＿ 总页＿＿＿＿

编号、名称 男式衬衫　存放地点＿＿＿＿　寄存放地点＿＿＿＿　计量单位 件　规格 170/92　类别＿＿＿＿

2017年 月	日	凭证字号	摘要	收入 数量	收入 单价	收入 金额（亿千百十万千百十元角分）	发出 数量	发出 单价	发出 金额（亿千百十万千百十元角分）	结存 数量	结存 单价	结存 金额（亿千百十万千百十元角分）
1	1		上年结转							1900	25.00	4750000
1	8	记-005	采购货物一批	1500	25.00	3750000				3400	25.00	8500000
1	20	记-018	采购货物一批	1000	25.00	2500000				4400	25.00	11000000
1	31	记-027	结转发出成本				2330	25.00	5825000	2070	25.00	5175000
1	31		本月合计	2500		6250000	2330		5825000	2070	25.00	5175000
1	31		本年累计	2500		6250000	2330		5825000	2070	25.00	5175000
2	7	记-006	采购货物一批	5840	25.00	14600000				7910	25.00	19775000
2	22	记-029	采购货物一批	7200	25.00	18000000				15110	25.00	37775000
2	28	记-033	结转发出成本				5830	25.00	14575000	9280	25.00	23200000
2	28		本月合计	13040		32600000	5830		14575000	9280	25.00	23200000
2	28		本年累计	15540		38850000	8160		20400000	9280	25.00	23200000

图 10-31　库存商品明细账(男式衬衫 170/92)

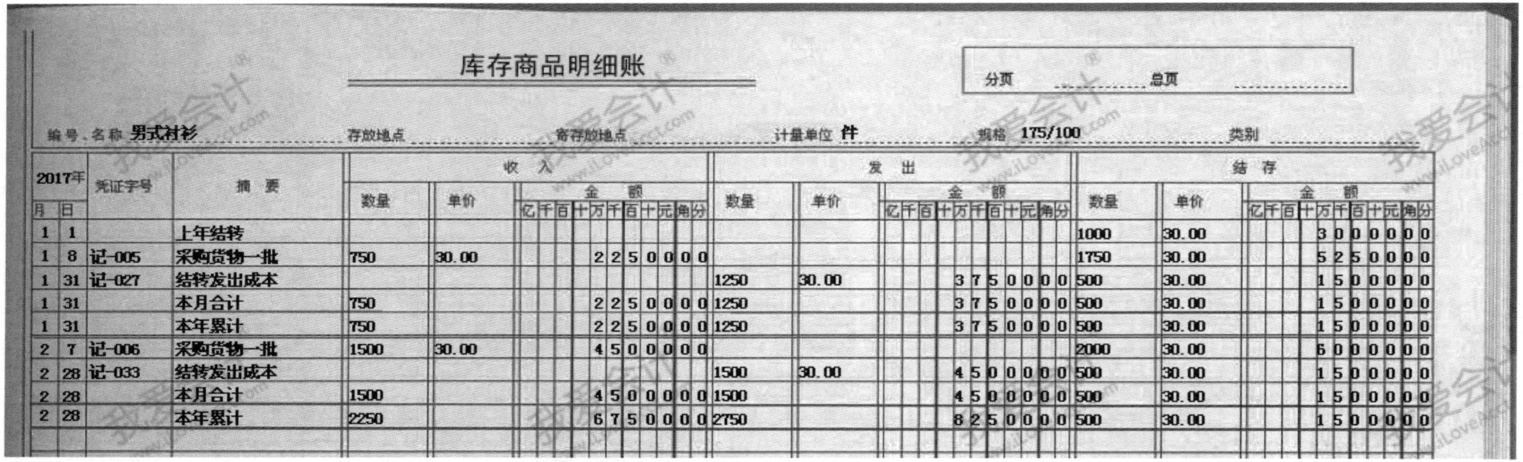

库存商品明细账

分页 总页

编号、名称 男式衬衫　存放地点　寄存放地点　计量单位 件　规格 175/100　类别

2017年月	日	凭证字号	摘要	收入数量	收入单价	收入金额	发出数量	发出单价	发出金额	结存数量	结存单价	结存金额
1	1		上年结转							1000	30.00	3000000
1	8	记-005	采购货物一批	750	30.00	2250000				1750	30.00	5250000
1	31	记-027	结转发出成本				1250	30.00	3750000	500	30.00	1500000
1	31		本月合计	750		2250000	1250		3750000	500	30.00	1500000
1	31		本年累计	750		2250000	1250		3750000	500	30.00	1500000
2	7	记-006	采购货物一批	1500	30.00	4500000				2000	30.00	6000000
2	28	记-033	结转发出成本				1500	30.00	4500000	500	30.00	1500000
2	28		本月合计	1500		4500000	1500		4500000	500	30.00	1500000
2	28		本年累计	2250		6750000	2750		8250000	500	30.00	1500000

图 10-32　库存商品明细账(男式衬衫 175/100)

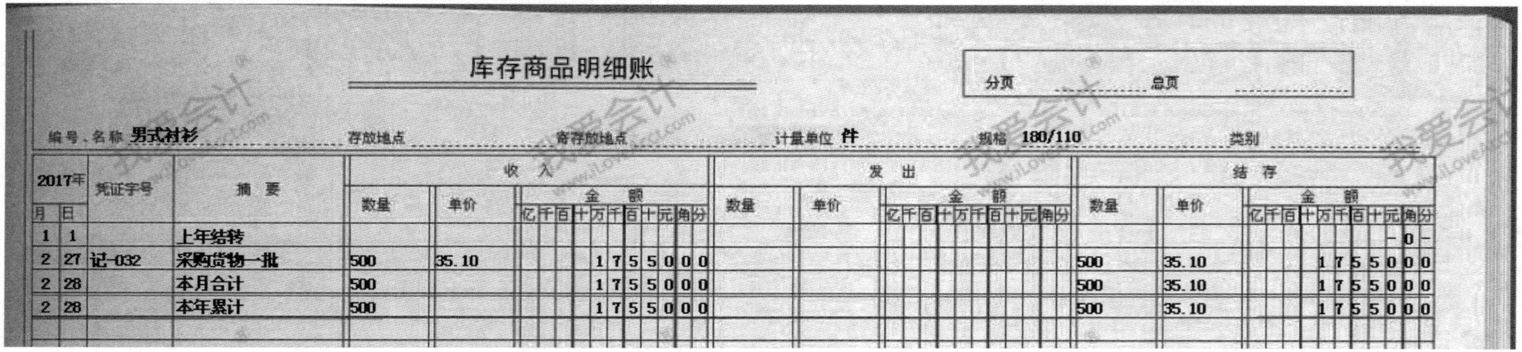

库存商品明细账

分页 总页

编号、名称 男式衬衫　存放地点　寄存放地点　计量单位 件　规格 180/110　类别

2017年月	日	凭证字号	摘要	收入数量	收入单价	收入金额	发出数量	发出单价	发出金额	结存数量	结存单价	结存金额
1	1		上年结转									-0-
2	27	记-032	采购货物一批	500	35.10	1755000				500	35.10	1755000
2	28		本月合计	500		1755000				500	35.10	1755000
2	28		本年累计	500		1755000				500	35.10	1755000

图 10-33　库存商品明细账(男式衬衫 180/110)

库存商品明细账

分页 ______ 总页 ______

编号、名称 女式衬衫　存放地点 ______　寄存放地点 ______　计量单位 件　规格 155/35　类别 ______

2017年 月	日	凭证字号	摘要	收入 数量	收入 单价	收入 金额	发出 数量	发出 单价	发出 金额	结存 数量	结存 单价	结存 金额
1	1		上年结转							1200	15.00	1800000
1	20	记-018	采购货物一批	1000	15.00	1500000				2200	15.00	3300000
1	31	记-027	结转发出成本				1050	15.00	1575000	1150	15.00	1725000
1	31		本月合计	1000		1500000	1050		1575000	1150	15.00	1725000
1	31		本年累计	1000		1500000	1050		1575000	1150	15.00	1725000
2	28	记-033	结转发出成本				500	15.00	750000	650	15.00	975000
2	28	记-034	盘盈	6	15.00	9000				656	15.00	984000
2	28		本月合计	6		9000	500		750000	656	15.00	984000
2	28		本年累计	1006		1509000	1550		2325000	656	15.00	984000

图 10-34　库存商品明细账(女式衬衫 155/35)

库存商品明细账

分页 ______ 总页 ______

编号、名称 女式衬衫　存放地点 ______　寄存放地点 ______　计量单位 件　规格 160/38　类别 ______

2017年 月	日	凭证字号	摘要	收入 数量	收入 单价	收入 金额	发出 数量	发出 单价	发出 金额	结存 数量	结存 单价	结存 金额
1	1		上年结转							1800	20.00	3600000
1	8	记-005	采购货物一批	1000	20.00	2000000				2800	20.00	5600000
1	20	记-018	采购货物一批	500	20.00	1000000				3300	20.00	6600000
1	31	记-027	结转发出成本				1300	20.00	2600000	2000	20.00	4000000
1	31		本月合计	1500		3000000	1300		2600000	2000	20.00	4000000
1	31		本年累计	1500		3000000	1300		2600000	2000	20.00	4000000
2	7	记-006	采购货物一批	2000	20.00	4000000				4000	20.00	8000000
2	28	记-033	结转发出成本				3300	20.00	6600000	700	20.00	1400000
2	28	记-034	盘盈	23	20.00	46000				723	20.00	1446000
2	28		本月合计	2023		4046000	3300		6600000	723	20.00	1446000
2	28		本年累计	3523		7046000	4600		9200000	723	20.00	1446000

图 10-35　库存商品明细账(女式衬衫 160/38)

（二）多栏式明细账

登记后的多栏式明细账见图 10-36～图 10-39。

分页:______ 总页:______

一级科目: 管理费用

管理费用分类明细账

2017年 月	日	凭证号数	摘要	借方	贷方	借或贷	余额	（借）方项目 差旅费	通信费	办公费	租金	折旧费	工资	社保费	住房公积金	福利费	保险费	水电费	业务招待费
1	1	记-001	报销差旅费	300000		借	300000	300000											
1	5	记-004	支付办公租金	378378		借	678378				378378								
1	12	记-012	支付通信费	42020		借	720398		42020										
1	18	记-017	支付水电费	170940		借	891338											170940	
1	21	记-020	采购办公用品	118500		借	1109838			118500									
1	31	记-028	计提折旧	109620		借	1119458					109620							
1	31	记-029	计提1月份工资	7943500		借	9062958						6400000	1123500	420000				
1	31	记-033	结转损益（成本、费用）	9062958	9062958	平	-0-	300000	42020	118500	378378	109620	6400000	1123500	420000			170940	
1	31		本月合计	9062958	9062958	平	-0-												
1	31		本年累计	9062958	9062958	平	-0-												
2	1	记-002	报销福利费	650000		借	650000									650000			
2	8	记-007	报销业务招待费	250000		借	900000												250000
2	10	记-008	支付保险费	2216981		借	3116981										2216981		
2	11	记-009	报销业务招待费	200000		借	3316981												200000
2	12	记-012	支付通信费	26960		借	3343941		26960										
2	18	记-020	采购办公用品	114600		借	3458541			114600									
2	18	记-021	支付办公租金	378378		借	3836919				378378								
2	21	记-027	支付水电费	196581		借	4033500											196581	
2	26	记-031	支付通信费	120000		借	4153500		120000										
2	28	记-036	计提折旧	109620		借	4263120					109620							
			过次页	13326078	9062958	借	4263120												

图 10-36　管理费用分类明细账(第 1 页)

分页:______ 总页:______

一级科目: 管理费用

管理费用分类明细账

2017年 月	日	凭证号数	摘要	借方	贷方	借或贷	余额	（借）方项目 差旅费	通信费	办公费	租金	折旧费	工资	社保费	住房公积金	福利费	保险费	水电费	业务招待费
			承前页	13326078	9062958	借	4263120												
2	28	记-037	计提2月份工资	7883500		借	12146620						6340000	1123500	420000				
2	28	记-041	结转损益（成本、费用）		12146620	平	-0-		146960	114600	378378	109620	6340000	1123500	420000	650000	2216981	196581	450000
2	28		本月合计	12146620	12146620	平	-0-												
2	28		本年累计	21209578	21209578	平	-0-												

图 10-37　管理费用分类明细账(第 2 页)

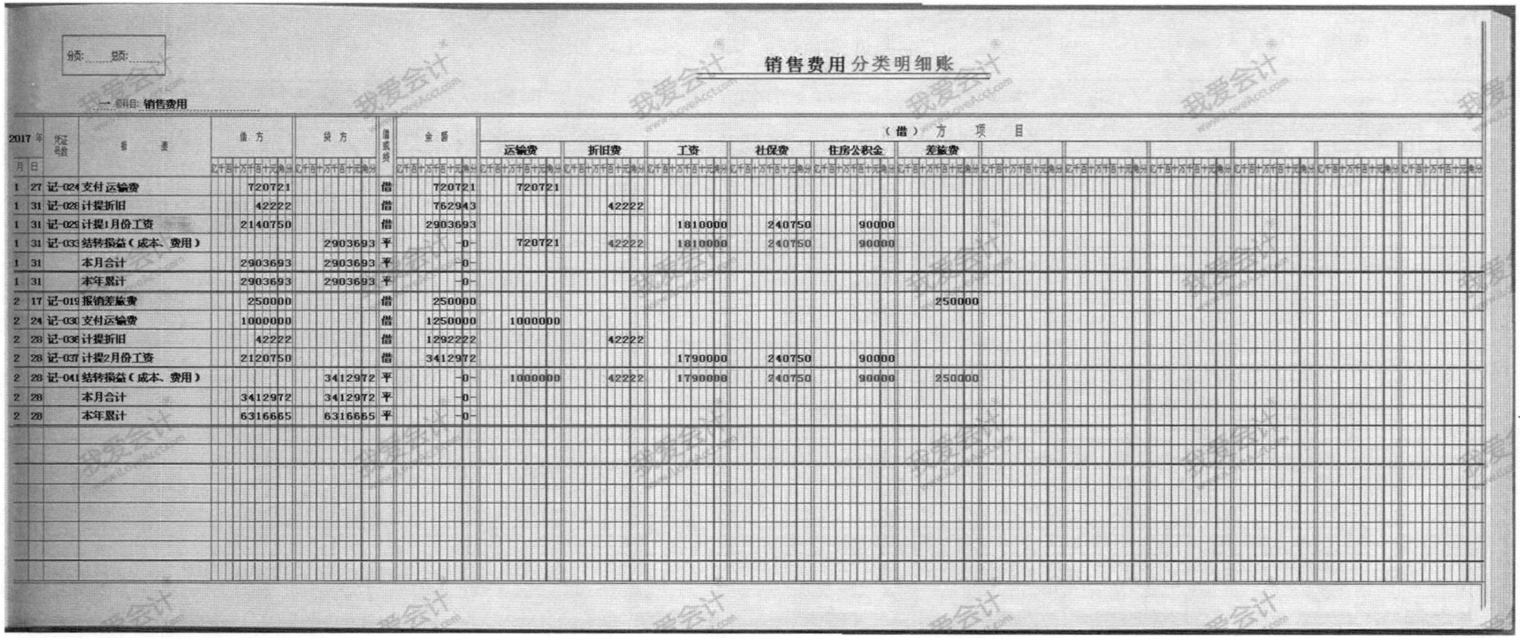

分页:______ 总页:______

销售费用分类明细账

一级科目：销售费用

2017年 月	日	凭证号数	摘要	借方	贷方	借或贷	余额	（借）方项目 运输费	折旧费	工资	社保费	住房公积金	差旅费
1	27	记-024	支付运输费	720721		借	720721	720721					
1	31	记-028	计提折旧	42222		借	762943		42222				
1	31	记-029	计提1月份工资	2140750		借	2903693			1810000	240750	90000	
1	31	记-033	结转损益（成本、费用）		2903693	平	-0-	720721	42222	1810000	240750	90000	
1	31		本月合计	2903693	2903693	平	-0-						
1	31		本年累计	2903693	2903693	平	-0-						
2	17	记-019	报销差旅费	250000		借	250000						250000
2	24	记-030	支付运输费	1000000		借	1250000	1000000					
2	28	记-036	计提折旧	42222		借	1292222		42222				
2	28	记-037	计提2月份工资	2120750		借	3412972			1790000	240750	90000	
2	28	记-041	结转损益（成本、费用）		3412972	平	-0-	1000000	42222	1790000	240750	90000	250000
2	28		本月合计	3412972	3412972	平	-0-						
2	28		本年累计	6316665	6316665	平	-0-						

图 10-38　销售费用分类明细账

分页：______ 总页：______

财务费用分类明细账

一级科目：财务费用

2017年 月	日	凭证号数	摘要	借方	贷方	借或贷	余额	（借）方项目 手续费
1	10	记-007	支付电汇手续费	1550		借	1550	1550
1	27	记-026	支付电汇手续费	1000		借	2550	1000
1	31	记-033	结转损益（成本、费用）		2550	平	-0-	2550
1	31		本月合计	2550	2550	平	-0-	
1	31		本年累计	2550	2550	平	-0-	
2	16	记-018	支付电汇手续费	1000		借	1000	1000
2	18	记-023	支付电汇手续费	650		借	1650	650
2	19	记-024	支付银行手续费	60000		借	61650	60000
2	28	记-041	结转损益（成本、费用）		61650	平	-0-	61650
2	28		本月合计	61650	61650	平	-0-	
2	28		本年累计	64200	64200	平	-0-	

图 10-39 财务费用分类明细账

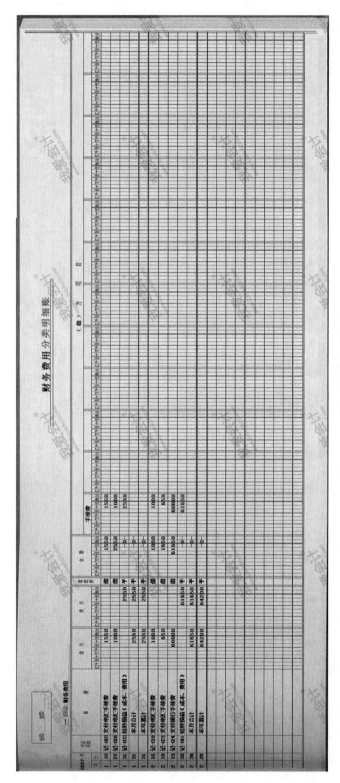

（三）应交增值税明细账

登记后的应交增值税明细账见图 10-40 和图 10-41。

应交税费——应交增值税明细账

分页：　总页：

2017年 月	日	凭证 种类	号数	摘要	借方 合计	借方 进项税额	借方 已交税金	借方 减免税款	借方 出口抵减内销应纳税额	借方 转出未交增值税	贷方 合计	贷方 销项税额	贷方 出口退税	贷方 进项税额转出	贷方 转出多交增值税	借或贷	余额
1	1			上年结转	246944.30	183816.64				63127.66	246944.30	246944.30				平	—0—
1	5	记	004	支付办公租金	416.22	416.22										借	416.22
1	8	记	005	采购货物一批	13600.00	13600.00										借	14016.22
1	11	记	008	销售货物一批							22100.00	22100.00				贷	8083.78
1	18	记	017	支付水电费	290.60	290.60										贷	7793.18
1	20	记	018	采购货物一批	8500.00	8500.00										借	706.82
1	21	记	021	销售货物一批							27540.00	27540.00				贷	26833.18
1	27	记	024	支付运输费	792.79	792.79										贷	26040.39
1	31	记	030	结转本月未交增值税	26040.39					26040.39						平	—0—
1	31			本月合计	49640.00	23359.61				26040.39	49640.00	49640.00				平	—0—
1	31			本年累计	49640.00	23359.61				26040.39	49640.00	49640.00				平	—0—
2	3	记	004	销售货物一批							17000.00	17000.00				贷	17000.00
2	7	记	006	采购货物一批	39270.00	39270.00										借	22270.00
2	10	记	008	支付保险费	1330.19	1330.19										借	23600.19
2	15	记	015	销售货物一批							56100.00	56100.00				贷	32499.81
2	18	记	021	支付办公租金	416.22	416.22										贷	32083.59
2	20	记	026	销售货物一批							20400.00	20400.00				贷	52483.59
				过次页	90656.41	64616.02				26040.39	143140.00	143140.00				贷	52483.59

图 10-40　应交增值税明细账（第 1 页）

应交税费——应交增值税明细账

分页：　总页：

2017年 月	日	凭证 种类	号数	摘要	借方 合计	借方 进项税额	借方 已交税金	借方 减免税款	借方 出口抵减内销应纳税额	借方 转出未交增值税	贷方 合计	贷方 销项税额	贷方 出口退税	贷方 进项税额转出	贷方 转出多交增值税	借或贷	余额
				承前页	90656.41	64616.02				26040.39	143140.00	143140.00				贷	52483.59
2	20	记	027	支付水电费	334.19	334.19										贷	52149.40
2	22	记	029	采购货物一批	30600.00	30600.00										贷	21549.40
2	24	记	030	支付运输费	1100.00	1100.00										贷	20449.40
2	28	记	038	结转本月未交增值税	20449.40					20449.40						平	—0—
2	28			本月合计	93500.00	73050.60				20449.40	93500.00	93500.00				平	—0—
2	28			本年累计	143140.00	96650.21				46489.79	143140.00	143140.00				平	—0—

图 10-41　应交增值税明细账（第 2 页）

(四)三栏式明细账

登记后的三栏式明细账见图 10-42～图 10-83。

分页:........总页:........

应收账款明细账

一级科目:应收账款　　二级科目:洛山靓丽服装有限公司

2017年 月	日	凭证 种类	号数	摘要	√	借方	贷方	借或贷	余额
1	1			上年结转				借	9000000
1	3	记	002	收到货款			5000000	借	4000000
1	31			本月合计			5000000	借	4000000
1	31			本年累计			5000000	借	4000000
2	3	记	004	销售货物一批		11700000		借	15700000
2	28			本月合计		11700000		借	15700000
2	28			本年累计		11700000	5000000	借	15700000

图 10-42　应收账款明细账(洛山靓丽服装有限公司)

分页:........总页:........

应收账款明细账

一级科目:应收账款　　二级科目:郑京才子佳人服装有限公司

2017年 月	日	凭证 种类	号数	摘要	√	借方	贷方	借或贷	余额
1	1			上年结转				借	15000000
1	16	记	015	收到货款			12000000	借	3000000
1	22	记	021	销售货物一批		18954000		借	21954000
1	31			本月合计		18954000	12000000	借	21954000
1	31			本年累计		18954000	12000000	借	21954000
2	15	记	015	销售货物一批		38610000		借	60564000
2	22	记	028	收到货款			10764000	借	49800000
2	28			本月合计		38610000	10764000	借	49800000
2	28			本年累计		57564000	22764000	借	49800000

图 10-43　应收账款明细账(郑京才子佳人服装有限公司)

分页:........总页:........

应收账款明细账

一级科目:应收账款　　二级科目:昆泽华衣服装有限公司

2017年 月	日	凭证 种类	号数	摘要	√	借方	贷方	借或贷	余额
1	1			上年结转				借	10000000
1	11	记	008	销售货物一批		15210000		借	25210000
1	31			本月合计		15210000		借	25210000
1	31			本年累计		15210000		借	25210000
2	3	记	003	收到货款			7605000	借	17605000
2	20	记	026	销售货物一批		14040000		借	31645000
2	28			本月合计		14040000	7605000	借	31645000
2	28			本年累计		29250000	7605000	借	31645000

图 10-44　应收账款明细账(昆泽华衣服装有限公司)

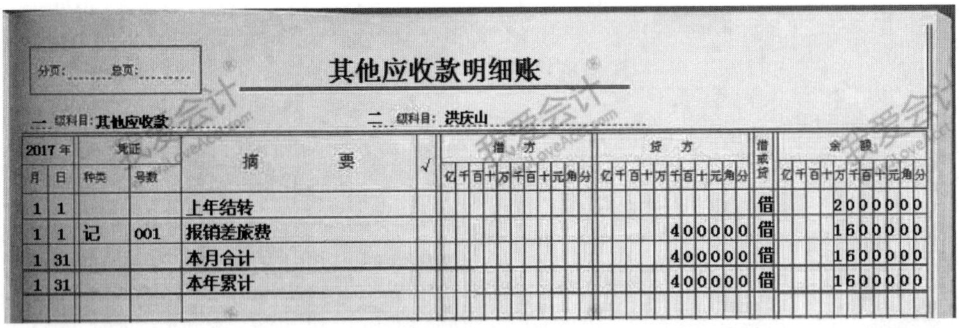

其他应收款明细账

分页:　总页:

一级科目:其他应收款　二级科目:洪庆山

2017年 月	日	凭证 种类	号数	摘要	√	借方	贷方	借或贷	余额
1	1			上年结转				借	2000000
1	1	记	001	报销差旅费			400000	借	1600000
1	31			本月合计			400000	借	1600000
1	31			本年累计			400000	借	1600000

图 10-45　其他应收款明细账(洪庆山)

其他应收款明细账

分页:　总页:

一级科目:其他应收款　二级科目:林成彬

2017年 月	日	凭证 种类	号数	摘要	√	借方	贷方	借或贷	余额
1	1			上年结转				平	-0-
1	20	记	019	支付员工借款		300000		借	300000
1	31			本月合计		300000		借	300000
1	31			本年累计		300000		借	300000
2	08	记	007	报销业务招待费			300000	平	-0-
2	28			本月合计			300000	平	-0-
2	28			本年累计		300000	300000	平	-0-

图 10-46　其他应收款明细账(林成彬)

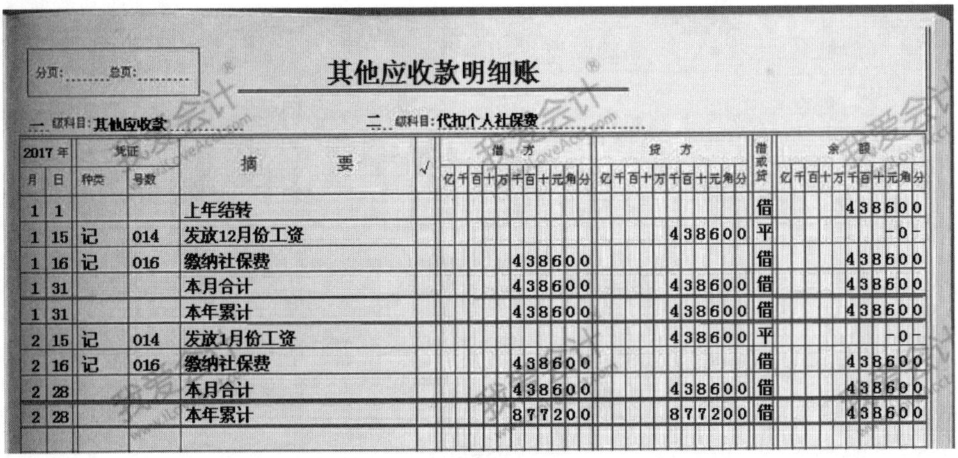

其他应收款明细账

分页:　总页:

一级科目:其他应收款　二级科目:代扣个人社保费

2017年 月	日	凭证 种类	号数	摘要	√	借方	贷方	借或贷	余额
1	1			上年结转				借	438600
1	15	记	014	发放12月份工资			438600	平	-0-
1	16	记	016	缴纳社保费		438600		借	438600
1	31			本月合计		438600	438600	借	438600
1	31			本年累计		438600	438600	借	438600
2	15	记	014	发放1月份工资			438600	平	-0-
2	16	记	016	缴纳社保费		438600		借	438600
2	28			本月合计		438600	438600	借	438600
2	28			本年累计		877200	877200	借	438600

图 10-47　其他应收款明细账(代扣个人社保费)

分页:........总页:........

其他应收款明细账

一级科目：其他应收款　　二级科目：代扣个人住房公积金

2017年 月	日	凭证 种类	号数	摘要	√	借方	贷方	借或贷	余额
1	1			上年结转				借	510000
1	15	记	014	发放12月份工资			510000	平	-0-
1	24	记	023	缴纳住房公积金		510000		借	510000
1	31			本月合计		510000	510000	借	510000
1	31			本年累计		510000	510000	借	510000
2	15	记	014	发放1月份工资			510000	平	-0-
2	20	记	025	缴纳住房公积金		510000		借	510000
2	28			本月合计		510000	510000	借	510000
2	28			本年累计		1020000	1020000	借	510000

图 10-48　其他应收款明细账（代扣个人住房公积金）

分页:........总页:........

固定资产明细账

一级科目：固定资产　　二级科目：笔记本电脑

2017年 月	日	凭证 种类	号数	摘要	√	借方	贷方	借或贷	余额
1	1			上年结转				借	2372900

图 10-49　固定资产明细账（笔记本电脑）

分页:........总页:........

固定资产明细账

一级科目：固定资产　　二级科目：传真机

2017年 月	日	凭证 种类	号数	摘要	√	借方	贷方	借或贷	余额
1	1			上年结转				借	281115

图 10-50　固定资产明细账（传真机）

分页:........总页:........

固定资产明细账

一级科目：固定资产　　二级科目：台式电脑

2017年 月	日	凭证 种类	号数	摘要	√	借方	贷方	借或贷	余额
1	1			上年结转				借	3100000

图 10-51　固定资产明细账（台式电脑）

累计折旧明细账

分页：______ 总页：______

一级科目：累计折旧　　二级科目：______

2017年 月	日	凭证 种类	号数	摘要	√	借方	贷方	借或贷	余额
1	1			上年结转				贷	280434
1	31	记	028	计提折旧			151842	贷	432276
1	31			本月合计			151842	贷	432276
1	31			本年累计			151842	贷	432276
2	28	记	036	计提折旧			151842	贷	584118
2	28			本月合计			151842	贷	584118
2	28			本年累计			303684	贷	584118

图 10-52　累计折旧明细账

待处理财产损溢明细账

分页：______ 总页：______

一级科目：待处理财产损溢　　二级科目：待处理流动资产损溢

2017年 月	日	凭证 种类	号数	摘要	√	借方	贷方	借或贷	余额
1	1			上年结转				平	-0-
2	28	记	034	盘盈			55000	贷	55000
2	28	记	035	处理盘盈存货		55000		平	-0-
2	28			本月合计		55000	55000	平	-0-
2	28			本年累计		55000	55000	平	-0-

图 10-53　待处理财产损溢明细账

短期借款明细账

分页：______ 总页：______

一级科目：短期借款　　二级科目：工行郑京城南支行

2017年 月	日	凭证 种类	号数	摘要	√	借方	贷方	借或贷	余额
1	1			上年结转				平	-0-
2	5	记	005	收到短期贷款			50000000	贷	50000000
2	28			本月合计			50000000	贷	50000000
2	28			本年累计			50000000	贷	50000000

图 10-54　短期借款明细账(工行郑京城南支行)

应付账款明细账

分页：______ 总页：______

一级科目：应付账款　　二级科目：洛山华衣服饰有限公司

2017年 月	日	凭证 种类	号数	摘要	√	借方	贷方	借或贷	余额
1	1			上年结转				贷	15210000
1	8	记	005	采购货物一批			9360000	贷	24570000
1	10	记	006	支付货款		15210000		贷	9360000
1	31			本月合计		15210000	9360000	贷	9360000
1	31			本年累计		15210000	9360000	贷	9360000
2	7	记	006	采购货物一批			27027000	贷	36387000
2	16	记	017	支付货款		9360000		贷	27027000
2	28			本月合计		9360000	27027000	贷	27027000
2	28			本年累计		24570000	36387000	贷	27027000

图 10-55　应付账款明细账（洛山华衣服饰有限公司）

应付账款明细账

分页：______ 总页：______

一级科目：应付账款　　二级科目：昌阳金诺帝服装有限公司

2017年 月	日	凭证 种类	号数	摘要	√	借方	贷方	借或贷	余额
1	1			上年结转				贷	11700000
1	20	记	018	采购货物一批			5850000	贷	17550000
1	27	记	025	支付货款		11700000		贷	5850000
1	31			本月合计		11700000	5850000	贷	5850000
1	31			本年累计		11700000	5850000	贷	5850000
2	18	记	022	支付货款		5850000		平	-0-
2	28			本月合计		5850000		平	-0-
2	28			本年累计		17550000	5850000	平	-0-

图 10-56　应付账款明细账（昌阳金诺帝服装有限公司）

应付账款明细账

分页：______ 总页：______

一级科目：应付账款　　二级科目：郑京暮然服饰有限公司

2017年 月	日	凭证 种类	号数	摘要	√	借方	贷方	借或贷	余额
1	1			上年结转				贷	4680000
1	23	记	022	支付货款		4680000		平	-0-
1	31			本月合计		4680000		平	-0-
1	31			本年累计		4680000		平	-0-
2	22	记	029	采购货物一批			21060000	贷	21060000
2	28			本月合计			21060000	贷	21060000
2	28			本年累计		4680000	21060000	贷	21060000

图 10-57　应付账款明细账（郑京暮然服饰有限公司）

分页:　　总页:

应付账款明细账

一级科目：应付账款　　二级科目：郑京圣伊服饰有限公司

2017年 月	日	凭证 种类	号数	摘要	√	借方	贷方	借或贷	余额
1	1			上年结转				贷	10209496
2	27	记	032	采购货物一批			1755000	贷	11964496
2	28			本月合计			1755000	贷	11964496
2	28			本年累计			1755000	贷	11964496

图 10-58　应付账款明细账(郑京圣伊服饰有限公司)

分页:　　总页:

应付职工薪酬明细账

一级科目：应付职工薪酬　　二级科目：工资

2017年 月	日	凭证 种类	号数	摘要	√	借方	贷方	借或贷	余额
1	1			上年结转				贷	8210000
1	15	记	014	发放12月份工资		8210000		平	-0-
1	31	记	029	计提1月份工资			8210000	贷	8210000
1	31			本月合计		8210000	8210000	贷	8210000
1	31			本年累计		8210000	8210000	贷	8210000
2	15	记	014	发放1月份工资		8210000		平	-0-
2	28	记	037	计提2月份工资			8130000	贷	8130000
2	28			本月合计		8210000	8130000	贷	8130000
2	28			本年累计		16420000	16340000	贷	8130000

图 10-59　应付职工薪酬明细账(工资)

分页:　　总页:

应付职工薪酬明细账

一级科目：应付职工薪酬　　二级科目：社保费

2017年 月	日	凭证 种类	号数	摘要	√	借方	贷方	借或贷	余额
1	1			上年结转				平	-0-
1	16	记	016	缴纳社保费		1364250		借	1364250
1	31	记	029	计提1月份工资			1364250	平	-0-
1	31			本月合计		1364250	1364250	平	-0-
1	31			本年累计		1364250	1364250	平	-0-
2	16	记	016	缴纳社保费		1364250		借	1364250
2	28	记	037	计提2月份工资			1364250	平	-0-
2	28			本月合计		1364250	1364250	平	-0-
2	28			本年累计		2728500	2728500	平	-0-

图 10-60　应付职工薪酬明细账(社保费)

分页:…… 总页:……

应付职工薪酬明细账

一级科目:应付职工薪酬　　二级科目:住房公积金

2017年 月	日	凭证 种类	号数	摘要	√	借方	贷方	借或贷	余额
1	1			上年结转				平	-0-
1	24	记	023	缴纳住房公积金		510000		借	510000
1	31	记	029	计提1月份工资			510000	平	-0-
1	31			本月合计		510000	510000	平	-0-
1	31			本年累计		510000	510000	平	-0-
2	20	记	025	缴纳住房公积金		510000		借	510000
2	28	记	037	计提2月份工资			510000	平	-0-
2	28			本月合计		510000	510000	平	-0-
2	28			本年累计		1020000	1020000	平	-0-

图 10-61　应付职工薪酬明细账(住房公积金)

分页:…… 总页:……

应付职工薪酬明细账

一级科目:应付职工薪酬　　二级科目:员工福利

2017年 月	日	凭证 种类	号数	摘要	√	借方	贷方	借或贷	余额
1	1			上年结转				平	-0-
2	1	记	002	报销聚餐费			650000	贷	650000
2	1	记	002	报销聚餐费		650000		平	-0-
2	28			本月合计		650000	650000	平	-0-
2	28			本年累计		650000	650000	平	-0-

图 10-62　应付职工薪酬明细账(员工福利)

分页:…… 总页:……

应交税费明细账

一级科目:应交税费　　二级科目:未交增值税

2017年 月	日	凭证 种类	号数	摘要	√	借方	贷方	借或贷	余额
1	1			上年结转				贷	1210000
1	12	记	009	缴纳增值税		1210000		平	-0-
1	31	记	030	结转本月未交增值税			2604039	贷	2604039
1	31			本月合计		1210000	2604039	贷	2604039
1	31			本年累计		1210000	2604039	贷	2604039
2	12	记	010	缴纳增值税		2604039		平	-0-
2	28	记	038	结转本月未交增值税			2044940	贷	2044940
2	28			本月合计		2604039	2044940	贷	2044940
2	28			本年累计		3814039	4648979	贷	2044940

图 10-63　应交税费明细账(未交增值税)

分页:________ 总页:________

应交税费明细账

一级科目:应交税费　　　　二级科目:应交城市维护建设税

2017年 月	日	凭证 种类	号数	摘要	√	借方	贷方	借或贷	余额
1	1			上年结转				贷	84700
1	12	记	011	缴纳附加税		84700		平	-0-
1	31	记	031	计提1月附加税			182283	贷	182283
1	31			本月合计		84700	182283	贷	182283
1	31			本年累计		84700	182283	贷	182283
2	12	记	011	缴纳附加税		182283		平	-0-
2	28	记	039	计提2月附加税			143146	贷	143146
2	28			本月合计		182283	143146	贷	143146
2	28			本年累计		266983	325429	贷	143146

图 10-64　应交税费明细账(应交城市维护建设税)

分页:________ 总页:________

应交税费明细账

一级科目:应交税费　　　　二级科目:应交教育费附加

2017年 月	日	凭证 种类	号数	摘要	√	借方	贷方	借或贷	余额
1	1			上年结转				贷	36300
1	12	记	011	缴纳附加税		36300		平	-0-
1	31	记	031	计提1月附加税			78121	贷	78121
1	31			本月合计		36300	78121	贷	78121
1	31			本年累计		36300	78121	贷	78121
2	12	记	011	缴纳附加税		78121		平	-0-
2	28	记	039	计提2月附加税			61348	贷	61348
2	28			本月合计		78121	61348	贷	61348
2	28			本年累计		114421	139469	贷	61348

图 10-65　应交税费明细账(应交教育费附加)

分页:________ 总页:________

应交税费明细账

一级科目:应交税费　　　　二级科目:应交地方教育费附加

2017年 月	日	凭证 种类	号数	摘要	√	借方	贷方	借或贷	余额
1	1			上年结转				贷	24200
1	12	记	011	缴纳附加税		24200		平	-0-
1	31	记	031	计提1月附加税			52081	贷	52081
1	31			本月合计		24200	52081	贷	52081
1	31			本年累计		24200	52081	贷	52081
2	12	记	011	缴纳附加税		52081		平	-0-
2	28	记	039	计提2月附加税			40899	贷	40899
2	28			本月合计		52081	40899	贷	40899
2	28			本年累计		76281	92980	贷	40899

图 10-66　应交税费明细账(应交地方教育费附加)

分页：________ 总页：________

应交税费明细账

一级科目：应交税费　　二级科目：应交个人所得税

2017年 月	日	凭证 种类	号数	摘要	√	借方	贷方	借或贷	余额
1	1			上年结转				平	-0-
1	12	记	010	缴纳个人所得税		145330		借	145330
1	15	记	014	发放12月份工资			145330	平	-0-
1	31			本月合计		145330	145330	平	-0-
1	31			本年累计		145330	145330	平	-0-
2	12	记	013	缴纳个人所得税		145330		借	145330
2	15	记	014	发放1月份工资			145330	平	-0-
2	28			本月合计		145330	145330	平	-0-
2	28			本年累计		290660	290660	平	-0-

图 10-67　应交税费明细账（应交个人所得税）

分页：________ 总页：________

应交税费明细账

一级科目：应交税费　　二级科目：应交所得税

2017年 月	日	凭证 种类	号数	摘要	√	借方	贷方	借或贷	余额
1	1			上年结转				贷	1440174
1	12	记	013	缴纳企业所得税		1440174		平	-0-
1	31	记	032	计提并结转所得税费用			792079	贷	792079
1	31			本月合计		1440174	792079	贷	792079
1	31			本年累计		1440174	792079	贷	792079
2	28	记	040	计提并结转所得税费用			3190841	贷	3982920
2	28			本月合计			3190841	贷	3982920
2	28			本年累计		1440174	3982920	贷	3982920

图 10-68　应交税费明细账（应交所得税）

分页：________ 总页：________

实收资本明细账

一级科目：实收资本　　二级科目：洪庆山

2017年 月	日	凭证 种类	号数	摘要	√	借方	贷方	借或贷	余额
1	1			上年结转				贷	70000000

图 10-69　实收资本明细账（洪庆山）

分页：________ 总页：________

实收资本明细账

一级科目：实收资本　　二级科目：刘羽平

2017年 月	日	凭证 种类	号数	摘要	√	借方	贷方	借或贷	余额
1	1			上年结转				贷	10000000

图 10-70　实收资本明细账（刘羽平）

分页：　　总页：

本年利润明细账

一级科目：本年利润　　　级科目：

2017年月	日	凭证种类	号数	摘要	√	借方	贷方	借或贷	余额
1	1			上年结转				平	-0-
1	31	记	033	结转损益（成本、费用）		26823765		借	26823765
1	31	记	034	结转损益（收入）			29200000	贷	2376235
1	31			本月合计		26823765	29200000	贷	2376235
1	31			本年累计		26823765	29200000	贷	2376235
2	28	记	041	结转损益（成本、费用）		45482476		借	43106241
2	28	记	042	结转损益（收入）			55055000	贷	11948759
2	28			本月合计		45482476	55055000	贷	11948759
2	28			本年累计		72306241	84255000	贷	11948759

图 10-71　本年利润明细账

分页：　　总页：

利润分配明细账

一级科目：利润分配　　二级科目：未分配利润

2017年月	日	凭证种类	号数	摘要	√	借方	贷方	借或贷	余额
1	1			上年结转				借	104749

图 10-72　利润分配明细账

分页：　　总页：

主营业务收入明细账

一级科目：主营业务收入　　二级科目：男式衬衫（170/92）

2017年月	日	凭证种类	号数	摘要	√	借方	贷方	借或贷	余额
1	11	记	008	销售货物一批			5150000	贷	5150000
1	22	记	021	销售货物一批			6500000	贷	11650000
1	31	记	034	结转损益（收入）		11650000		平	-0-
1	31			本月合计		11650000	11650000	平	-0-
1	31			本年累计		11650000	11650000	平	-0-
2	3	记	004	销售货物一批			8000000	贷	8000000
2	15	记	015	销售货物一批			15900000	贷	23900000
2	20	记	026	销售货物一批			5250000	贷	29150000
2	28	记	042	结转损益（收入）		29150000		平	-0-
2	28			本月合计		29150000	29150000	平	-0-
2	28			本年累计		40800000	40800000	平	-0-

图 10-73　主营业务收入明细账(男式衬衫 170/92)

分页：……总页：……

主营业务收入明细账

一级科目：主营业务收入　　二级科目：男式衬衫（175/100）

2017年 月	日	凭证 种类	号数	摘要	√	借方	贷方	借或贷	余额
1	11	记	008	销售货物一批			4500000	贷	4500000
1	22	记	021	销售货物一批			3000000	贷	7500000
1	31	记	034	结转损益（收入）		7500000		平	-0-
1	31			本月合计		7500000	7500000	平	-0-
1	31			本年累计		7500000	7500000	平	-0-
2	15	记	015	销售货物一批			9000000	贷	9000000
2	28	记	042	结转损益（收入）		9000000		平	-0-
2	28			本月合计		9000000	9000000	平	-0-
2	28			本年累计		16500000	16500000	平	-0-

图 10-74　主营业务收入明细账（男式衬衫 175/100）

分页：……总页：……

主营业务收入明细账

一级科目：主营业务收入　　二级科目：女式衬衫（155/35）

2017年 月	日	凭证 种类	号数	摘要	√	借方	贷方	借或贷	余额
1	11	记	008	销售货物一批			2000000	贷	2000000
1	22	记	021	销售货物一批			2200000	贷	4200000
1	31	记	034	结转损益（收入）		4200000		平	-0-
1	31			本月合计		4200000	4200000	平	-0-
1	31			本年累计		4200000	4200000	平	-0-
2	3	记	004	销售货物一批			2000000	贷	2000000
2	28	记	042	结转损益（收入）		2000000		平	-0-
2	28			本月合计		2000000	2000000	平	-0-
2	28			本年累计		6200000	6200000	平	-0-

图 10-75　主营业务收入明细账（女式衬衫 155/35）

分页：……总页：……

主营业务收入明细账

一级科目：主营业务收入　　二级科目：女式衬衫（160/38）

2017年 月	日	凭证 种类	号数	摘要	√	借方	贷方	借或贷	余额
1	11	记	008	销售货物一批			1350000	贷	1350000
1	22	记	021	销售货物一批			4500000	贷	5850000
1	31	记	034	结转损益（收入）		5850000		平	-0-
1	31			本月合计		5850000	5850000	平	-0-
1	31			本年累计		5850000	5850000	平	-0-
2	15	记	015	销售货物一批			8100000	贷	8100000
2	20	记	026	销售货物一批			6750000	贷	14850000
2	28	记	042	结转损益（收入）		14850000		平	-0-
2	28			本月合计		14850000	14850000	平	-0-
2	28			本年累计		20700000	20700000	平	-0-

图 10-76　主营业务收入明细账（女式衬衫 160/38）

分页:______ 总页:______

主营业务成本明细账

一级科目:主营业务成本　　二级科目:男式衬衫(170/92)

2017年 月	日	凭证 种类	号数	摘要	√	借方	贷方	借或贷	余额
1	31	记	027	结转发出成本		5825000		借	5825000
1	31	记	033	结转损益(成本、费用)			5825000	平	-0-
1	31			本月合计		5825000	5825000	平	-0-
1	31			本年累计		5825000	5825000	平	-0-
2	28	记	033	结转发出成本		14575000		借	14575000
2	28	记	041	结转损益(成本、费用)			14575000	平	-0-
2	28			本月合计		14575000	14575000	平	-0-
2	28			本年累计		20400000	20400000	平	-0-

图 10-77 主营业务成本明细账(男式衬衫 170/92)

分页:______ 总页:______

主营业务成本明细账

一级科目:主营业务成本　　二级科目:男式衬衫(175/100)

2017年 月	日	凭证 种类	号数	摘要	√	借方	贷方	借或贷	余额
1	31	记	027	结转发出成本		3750000		借	3750000
1	31	记	033	结转损益(成本、费用)			3750000	平	-0-
1	31			本月合计		3750000	3750000	平	-0-
1	31			本年累计		3750000	3750000	平	-0-
2	28	记	033	结转发出成本		4500000		借	4500000
2	28	记	041	结转损益(成本、费用)			4500000	平	-0-
2	28			本月合计		4500000	4500000	平	-0-
2	28			本年累计		8250000	8250000	平	-0-

图 10-78 主营业务成本明细账(男式衬衫 175/100)

分页:______ 总页:______

主营业务成本明细账

一级科目:主营业务成本　　二级科目:女式衬衫(155/35)

2017年 月	日	凭证 种类	号数	摘要	√	借方	贷方	借或贷	余额
1	31	记	027	结转发出成本		1575000		借	1575000
1	31	记	033	结转损益(成本、费用)			1575000	平	-0-
1	31			本月合计		1575000	1575000	平	-0-
1	31			本年累计		1575000	1575000	平	-0-
2	28	记	033	结转发出成本		750000		借	750000
2	28	记	041	结转损益(成本、费用)			750000	平	-0-
2	28			本月合计		750000	750000	平	-0-
2	28			本年累计		2325000	2325000	平	-0-

图 10-79 主营业务成本明细账(女式衬衫 155/35)

分页:........总页:........

主营业务成本明细账

一级科目:主营业务成本　　二级科目:女式衬衫(160/38)

2017年 月	日	凭证 种类	号数	摘要	√	借方	贷方	借或贷	余额
1	31	记	027	结转发出成本		2600000		借	2600000
1	31	记	033	结转损益(成本、费用)			2600000	平	-0-
1	31			本月合计		2600000	2600000	平	-0-
1	31			本年累计		2600000	2600000	平	-0-
2	28	记	033	结转发出成本		6600000		借	6600000
2	28	记	041	结转损益(成本、费用)			6600000	平	-0-
2	28			本月合计		6600000	6600000	平	-0-
2	28			本年累计		9200000	9200000	平	-0-

图 10-80　主营业务成本明细账(女式衬衫 160/38)

分页:........总页:........

税金及附加明细账

一级科目:税金及附加　　级科目:

2017年 月	日	凭证 种类	号数	摘要	√	借方	贷方	借或贷	余额
1	31	记	031	计提1月附加税		312485		借	312485
1	31	记	033	结转损益(成本、费用)			312485	平	-0-
1	31			本月合计		312485	312485	平	-0-
1	31			本年累计		312485	312485	平	-0-
2	28	记	039	计提2月附加税		245393		借	245393
2	28	记	041	结转损益(成本、费用)			245393	平	-0-
2	28			本月合计		245393	245393	平	-0-
2	28			本年累计		557878	557878	平	-0-

图 10-81　税金及附加明细账

分页:........总页:........

所得税费用明细账

一级科目:所得税费用　　级科目:

2017年 月	日	凭证 种类	号数	摘要	√	借方	贷方	借或贷	余额
1	31	记	032	计提并结转所得税费用		792079		借	792079
1	31	记	033	结转损益(成本、费用)			792079	平	-0-
1	31			本月合计		792079	792079	平	-0-
1	31			本年累计		792079	792079	平	-0-
2	28	记	040	计提并结转所得税费用		3190841		借	3190841
2	28	记	041	结转损益(成本、费用)			3190841	平	-0-
2	28			本月合计		3190841	3190841	平	-0-
2	28			本年累计		3982920	3982920	平	-0-

图 10-82　所得税费用明细账

分页：　　总页：

营业外收入明细账

一级科目：营业外收入　　二级科目：库存商品盘盈

2017年 月	日	凭证 种类	号数	摘要	√	借方	贷方	借或贷	余额
2	28	记	035	处理盘盈存货			55000	贷	55000
2	28	记	042	结转损益（收入）		55000		平	-0-
2	28			本月合计		55000	55000	平	-0-
2	28			本年累计		55000	55000	平	-0-

图 10-83　营业外收入明细账

五、T 形账

（一）1 月份 T 形账

登记完的 1 月份 T 形账见图 10-84～图 10-100。

库存现金

期初余额	50000.00		
(001)	1000.00	(004)	4200.00
(003)	10000.00	(017)	2000.00
		(019)	3000.00
		(020)	1185.00
		(024)	8000.00
本期发生额	11000.00	本期发生额	18385.00
期末余额	42615.00		

图 10-84　T 形账（库存现金）

银行存款

期初余额	721279.40		
(002)	50000.00	(003)	10000.00
(015)	120000.00	(006)	152100.00
		(007)	15.50
		(009)	12100.00
		(010)	1453.30
		(011)	1452.00
		(012)	420.20
		(013)	14401.74
		(014)	71160.70
		(016)	12028.50
		(022)	46800.00
		(023)	10200.00
		(025)	117000.00
		(026)	10.00
本期发生额	170000.00	本期发生额	455141.94
期末余额	436137.46		

图 10-85　T 形账（银行存款）

应收账款

期初余额	340000.00		
（008）	152100.00	（002）	50000.00
（021）	189540.00	（015）	120000.00
本期发生额	341640.00	本期发生额	170000.00
期末余额	511640.00		

图 10-86　T 形账（应收账款）

其他应收款

期初余额	29486.00		
(016)	4386.00	(001)	4000.00
(019)	3000.00	(014)	4386.00
(023)	5100.00	(014)	5100.00
本期发生额	12486.00	本期发生额	13486.00
期末余额	28486.00		

图 10-87　T 形账(其他应收款)

库存商品

期初余额	131500.00		
(005)	37500.00	(027)	58250.00
(005)	22500.00	(027)	37500.00
(005)	20000.00	(027)	15750.00
(018)	25000.00	(027)	26000.00
(018)	15000.00		
(018)	10000.00		
本期发生额	130000.00	本期发生额	137500.00
期末余额	124000.00		

图 10-88　T 形账(库存商品)

累计折旧

		期初余额	2804.34
		（028）	1518.42
		本期发生额	1518.42
		期末余额	4322.76

图 10-89　T 形账（累计折旧）

应付账款

		期初余额	417994.96
（006）	152100.00	（005）	93600.00
（022）	46800.00	（018）	58500.00
（025）	117000.00		
本期发生额	315900.00	本期发生额	152100.00
		期末余额	254194.96

图 10-90　T 形账（应付账款）

应付职工薪酬

		期初余额	82100.00
(014)	82100.00	(029)	82100.00
(016)	13642.50	(029)	13642.50
(023)	5100.00	(029)	5100.00
本期发生额	100842.50	本期发生额	100842.50
		期末余额	82100.00

图 10-91　T 形账(应付职工薪酬)

应交税费

		期初余额	27953.74
(004)	416.22	(008)	22100.00
(005)	13600.00	(014)	1453.30
(009)	12100.00	(021)	27540.00
(010)	1453.30	(030)	26040.39
(011)	847.00	(031)	1822.83
(011)	363.00	(031)	781.21
(011)	242.00	(031)	520.81
(013)	14401.74	(032)	7920.79
(017)	290.60		
(018)	8500.00		
(024)	792.79		
(030)	26040.39		
本期发生额	79047.04	本期发生额	88179.33
		期末余额	37086.03

图 10-92　T 形账(应交税费)

本年利润

(033)	268237.65	(034)	292000.00
本期发生额	268237.65	本期发生额	292000.00
		期末余额	23762.35

图 10-93　T 形账（本年利润）

主营业务收入

(034)	116500.00	(008)	51500.00
(034)	75000.00	(008)	45000.00
(034)	42000.00	(008)	20000.00
(034)	58500.00	(008)	13500.00
		(021)	65000.00
		(021)	30000.00
		(021)	22000.00
		(021)	45000.00
本期发生额	292000.00	本期发生额	292000.00

图 10-94　T 形账（主营业务收入）

主营业务成本

(027)	58250.00	(033)	58250.00
(027)	37500.00	(033)	37500.00
(027)	15750.00	(033)	15750.00
(027)	26000.00	(033)	26000.00
本期发生额	137500.00	本期发生额	137500.00

图 10-95　T 形账(主营业务成本)

税金及附加

(031)	3124.85	(033)	3124.85
本期发生额	3124.85	本期发生额	3124.85

图 10-96　T 形账(税金及附加)

销售费用

(024)	7207.21	(033)	29036.93
(028)	422.22		
(029)	21407.50		
本期发生额	29036.93	本期发生额	29036.93

图 10-97　T 形账（销售费用）

管理费用

(001)	3000.00	(033)	90629.58
(004)	3783.78		
(012)	420.20		
(017)	1709.40		
(020)	1185.00		
(028)	1096.20		
(029)	79435.00		
本期发生额	90629.58	本期发生额	90629.58

图 10-98　T 形账（管理费用）

财务费用			
(007)	15.50	(033)	25.50
(026)	10.00		
本期发生额	25.50	本期发生额	25.50

图 10-99　T 形账(财务费用)

所得税费用			
(032)	7920.79	(033)	7920.79
本期发生额	7920.79	本期发生额	7920.79

图 10-100　T 形账(所得税费用)

(二) 2 月份 T 形账

登记完的 2 月份 T 形账见图 10-101～图 10-120。

库存现金

期初余额	42615.00		
(001)	5000.00	(002)	6500.00
(007)	500.00	(009)	2000.00
		(019)	2500.00
		(020)	1146.00
		(021)	4200.00
		(027)	2300.00
		(031)	1200.00
本期发生额	5500.00	本期发生额	19846.00
期末余额	28269.00		

图 10-101　T 形账（库存现金）

银行存款

期初余额	436137.46		
(003)	76050.00	(001)	5000.00
(005)	500000.00	(008)	23500.00
		(010)	26040.39
		(011)	3124.85
		(012)	269.60
		(013)	1453.30
		(014)	71160.70
		(016)	18028.50
		(017)	93600.00
		(018)	10.00
		(022)	58500.00
		(023)	6.50
		(024)	600.00
		(025)	10200.00
(028)	107640.00	(030)	11000.00
本期发生额	683690.00	本期发生额	322593.84
期末余额	797233.62		

图 10-102　T 形账（银行存款）

应收账款

借方		贷方	
期初余额	511640.00		
(004)	117000.00	(003)	76050.00
(015)	386100.00	(028)	107640.00
(026)	140400.00		
本期发生额	643500.00	本期发生额	183690.00
期末余额	971450.00		

图 10-103　T 形账(应收账款)

其他应收款

借方		贷方	
期初余额	28486.00		
(016)	4386.00	(007)	3000.00
(025)	5100.00	(014)	4386.00
		(014)	5100.00
本期发生额	9486.00	本期发生额	12486.00
期末余额	25486.00		

图 10-104　T 形账(其他应收款)

库存商品

借方		贷方	
期初余额	124000.00		
(006)	146000.00	(033)	145750.00
(006)	45000.00	(033)	45000.00
(006)	40000.00	(033)	7500.00
(029)	180000.00	(033)	66000.00
(032)	17550.00		
(034)	90.00		
(034)	460.00		
本期发生额	429100.00	本期发生额	264250.00
期末余额	288850.00		

图 10-105 T 形账(库存商品)

累计折旧

借方		贷方	
		期初余额	4322.76
		(036)	1518.42
		本期发生额	1518.42
		期末余额	5841.18

图 10-106 T 形账(累计折旧)

应付账款

		期初余额	254194.96
(017)	93600.00	(006)	270270.00
(022)	58500.00	(029)	210600.00
		(032)	17550.00
本期发生额	152100.00	本期发生额	498420.00
		期末余额	600514.96

图 10-107 T 形账(应付账款)

应付职工薪酬

		期初余额	82100.00
(002)	6500.00	(002)	6500.00
(014)	82100.00	(037)	81300.00
(016)	13642.50	(037)	13642.50
(025)	5100.00	(037)	5100.00
本期发生额	107342.50	本期发生额	106542.50
		期末余额	81300.00

图 10-108 T 形账(应付职工薪酬)

应交税费

		期初余额	37086.03
(006)	39270.00	(004)	17000.00
(008)	1330.19	(014)	1453.30
(010)	26040.39	(015)	56100.00
(011)	1822.83	(026)	20400.00
(011)	781.21	(038)	20449.40
(011)	520.81	(039)	1431.46
(013)	1453.30	(039)	613.48
(021)	416.22	(039)	408.99
(027)	334.19	(040)	31908.41
(029)	30600.00		
(030)	1100.00		
(038)	20449.40		
本期发生额	124118.54	本期发生额	149765.04
		期末余额	62732.53

图 10-109 T 形账(应交税费)

本年利润

		期初余额	23762.35
(041)	454824.76	(042)	550550.00
本期发生额	454824.76	本期发生额	550550.00
		期末余额	119487.59

图 10-110 T 形账(本年利润)

主营业务收入

(042)	291500.00	(004)	80000.00
(042)	90000.00	(004)	20000.00
(042)	20000.00	(015)	159000.00
(042)	148500.00	(015)	90000.00
		(015)	81000.00
		(026)	52500.00
		(026)	67500.00
本期发生额	550000.00	本期发生额	550000.00

图 10-111　T 形账(主营业务收入)

主营业务成本

(033)	145750.00	(041)	145750.00
(033)	45000.00	(041)	45000.00
(033)	7500.00	(041)	7500.00
(033)	66000.00	(041)	66000.00
本期发生额	264250.00	本期发生额	264250.00

图 10-112　T 形账(主营业务成本)

税金及附加

(039)	2453.93	(041)	2453.93
本期发生额	2453.93	本期发生额	2453.93

图 10-113　T 形账（税金及附加）

销售费用

(019)	2500.00	(041)	34129.72
(030)	10000.00		
(036)	422.22		
(037)	21207.50		
本期发生额	34129.72	本期发生额	34129.72

图 10-114　T 形账（销售费用）

管理费用

(002)	6500.00	(041)	121446.20
(007)	2500.00		
(008)	22169.81		
(009)	2000.00		
(012)	269.60		
(020)	1146.00		
(021)	3783.78		
(027)	1965.81		
(031)	1200.00		
(036)	1096.20		
(037)	78835.00		
本期发生额	121466.20	本期发生额	121466.20

图 10-115　T 形账(管理费用)

财务费用

(018)	10.00	(041)	616.50
(023)	6.50		
(024)	600.00		
本期发生额	616.50	本期发生额	616.50

图 10-116　T 形账(财务费用)

所得税费用

(040)	31908.41	(041)	31908.41
本期发生额	31908.41	本期发生额	31908.41

图 10-117　T 形账（所得税费用）

待处理财产损溢

(035)	550.00	(034)	550.00
本期发生额	550.00	本期发生额	550.00

图 10-118　T 形账（待处理财产损溢）

短期借款

		(005)	500000.00
		本期发生额	500000.00
		期末余额	500000.00

图 10-119　T 形账(短期借款)

营业外收入

(042)	550.00	(035)	550.00
本期发生额	550.00	本期发生额	550.00

图 10-120　T 形账(营业外收入)

六、科目汇总表

（一）1月份科目汇总表

登记完的1月份科目汇总表见图10-121。

科目汇总表

2017年01月01日至01月31日

编号: 001		附件共				张
凭证号数	记	第 001	号至 034	号共 34	张	
		第	号至	号共	张	
		第	号至	号共	张	

会计科目	总页	借方金额（十亿千百十万千百十元角分）	贷方金额（十亿千百十万千百十元角分）	会计科目	总页	借方金额（十亿千百十万千百十元角分）	贷方金额（十亿千百十万千百十元角分）
库存现金		1100000	1838500				
银行存款		17000000	45514194				
应收账款		34164000	17000000				
其他应收款		1248600	1348600				
库存商品		13000000	13750000				
累计折旧			151842				
应付账款		31590000	15210000				
应付职工薪酬		10084250	10084250				
应交税费		7904704	8817933				
本年利润		26823765	29200000				
主营业务收入		29200000	29200000				
主营业务成本		13750000	13750000				
税金及附加		312485	312485				
销售费用		2903693	2903693				
管理费用		9062958	9062958				
财务费用		2550	2550				
所得税费用		792079	792079				
合计		198939084	198939084	合计			

财会主管　　记账　　复核　　制表 冯吉青

图10-121　1月份科目汇总表

（二）2月份科目汇总表

登记完的2月份科目汇总表见图10-122所示。

七、科目余额表

（一）1月份科目余额表

编制完的1月份科目余额表见图10-123。

科目汇总表

2017年02月01日至02月28日

编号: 001	附件共　　张			
凭证号数	记	第 001 号至 042 号共 42 张		
		第　号至　号共　张		
		第　号至　号共　张		

会计科目	总账页	借方金额	贷方金额	会计科目	总账页	借方金额	贷方金额
库存现金		550000	1984600				
银行存款		68369000	32259384				
应收账款		64350000	18369000				
其他应收款		948600	1248600				
库存商品		42910000	26425000				
累计折旧			151842				
待处理财产损溢		55000	55000				
短期借款			50000000				
应付账款		15210000	49842000				
应付职工薪酬		10734250	10654250				
应交税费		12411854	14976504				
本年利润		45482476	55055000				
主营业务收入		55000000	55000000				
营业外收入		55000	55000				
主营业务成本		26425000	26425000				
税金及附加		245393	245393				
销售费用		3412972	3412972				
管理费用		12144620	12144620				
财务费用		61650	61650				
所得税费用		3190841	3190841				
合　计		361556656	361556656	合　计			

财会主管　　记账　　复核　　制表 冯春青

图 10-122　2 月份科目汇总表

科目余额表

郑京我爱会计服饰有限公司　　2017年01月31日　　单位：元

科目代码	科目名称	期初余额		本期发生额		本年累计发生额		期末余额	
		借方	贷方	借方	贷方	借方	贷方	借方	贷方
1001	库存现金	50000.00		11000.00	18385.00	11000.00	18385.00	42615.00	
1002	银行存款	721279.40		170000.00	455141.94	170000.00	455141.94	436137.46	
1122	应收账款	340000.00		341640.00	170000.00	341640.00	170000.00	511640.00	
1221	其他应收款	29486.00		12486.00	13486.00	12486.00	13486.00	28486.00	
1405	库存商品	131500.00		130000.00	137500.00	130000.00	137500.00	124000.00	
1601	固定资产	57540.15						57540.15	
1602	累计折旧		2804.34		1518.42		1518.42		4322.76
2202	应付账款		417994.96	315900.00	152100.00	315900.00	152100.00		254194.96
2211	应付职工薪酬		82100.00	100842.50	100842.50	100842.50	100842.50		82100.00
2221	应交税费		27953.74	79047.04	88179.33	79047.04	88179.33		37086.03
4001	实收资本		800000.00						800000.00
4103	本年利润			268237.65	292000.00	268237.65	292000.00		23762.35
4104	利润分配	1047.49						1047.49	
6001	主营业务收入			292000.00	292000.00	292000.00	292000.00		
6401	主营业务成本			137500.00	137500.00	137500.00	137500.00		
6403	税金及附加			3124.85	3124.85	3124.85	3124.85		
6601	销售费用			29036.93	29036.93	29036.93	29036.93		
6602	管理费用			90629.58	90629.58	90629.58	90629.58		
6603	财务费用			25.50	25.50	25.50	25.50		
6801	所得税费用			7920.79	7920.79	7920.79	7920.79		
4104	利润分配								
5001	生产成本								
5002	辅助生产成本								
5101	制造费用								
6001	主营业务收入								
6051	其他业务收入								
6301	营业外收入								
6401	主营业务成本								
6601	销售费用								
6602	管理费用								
6603	财务费用								
6711	营业外支出								
	合计	1330853.04	1330853.04	1989390.84	1989390.84	1989390.84	1989390.84	1201466.10	1201466.10

图 10-123　1 月份科目余额表

（二）2 月份科目余额表

编制完的 2 月份科目余额表见图 10-124。

科目余额表

郑京我爱会计服饰有限公司　　2017年02月28日　　单位：元

科目代码	科目名称	期初余额		本期发生额		本年累计发生额		期末余额	
		借方	贷方	借方	贷方	借方	贷方	借方	贷方
1001	库存现金	42615.00		5500.00	19846.00	16500.00	38231.00	28269.00	
1002	银行存款	436137.46		683690.00	322593.84	853690.00	777735.78	797233.62	
1122	应收账款	511640.00		643500.00	183690.00	985140.00	353690.00	971450.00	
1221	其他应收款	28486.00		9486.00	12486.00	21972.00	25972.00	25486.00	
1405	库存商品	124000.00		429100.00	264250.00	559100.00	401750.00	288850.00	
1601	固定资产	57540.15						57540.15	
1602	累计折旧		4322.76		1518.42		3036.84		5841.18
1901	待处理财产损溢			550.00	550.00	550.00	550.00		
2001	短期借款				500000.00		500000.00		500000.00
2202	应付账款		254194.96	152100.00	498420.00	468000.00	650520.00		600514.96
2211	应付职工薪酬		82100.00	107342.50	106542.50	208185.00	207385.00		81300.00
2221	应交税费		37086.03	124118.54	149765.04	203165.58	237944.37		62732.53
4001	实收资本		800000.00						800000.00
4103	本年利润		23762.35	454824.76	550550.00	723062.41	842550.00		119487.59
4104	利润分配	1047.49						1047.49	
6001	主营业务收入			550000.00	550000.00	842000.00	842000.00		
6301	营业外收入			550.00	550.00	550.00	550.00		
6401	主营业务成本			264250.00	264250.00	401750.00	401750.00		
6403	税金及附加			2453.93	2453.93	5578.78	5578.78		
6601	销售费用			34129.72	34129.72	63166.65	63166.65		
6602	管理费用			121466.20	121466.20	212095.78	212095.78		
6603	财务费用			616.50	616.50	642.00	642.00		
6801	所得税费用			31908.41	31908.41	39829.20	39829.20		
5101	制造费用								
6001	主营业务收入								
6051	其他业务收入								
6301	营业外收入								
6401	主营业务成本								
6601	销售费用								
6602	管理费用								
6603	财务费用								
6711	营业外支出								
	合计	1201466.10	1201466.10	3615566.56	3615566.56	5604957.40	5604957.40	2169876.26	2169876.26

图 10-124　2 月份科目余额表

八、试算平衡表

（一）1 月份试算平衡表

编制完的 1 月份试算平衡表见图 10-125。

试算平衡表

郑京我爱会计服饰有限公司　　2017年01月31日　　单位：元

科目代码	科目名称	期初余额		本期发生		期末余额	
		借方	贷方	借方	贷方	借方	贷方
1001	库存现金	50000.00		11000.00	18385.00	42615.00	
1002	银行存款	721279.40		170000.00	455141.94	436137.46	
1122	应收账款	340000.00		341640.00	170000.00	511640.00	
1221	其他应收款	29486.00		12486.00	13486.00	28486.00	
1405	库存商品	131500.00		130000.00	137500.00	124000.00	
1601	固定资产	57540.15				57540.15	
1602	累计折旧		2804.34		1518.42		4322.76
2202	应付账款		417994.96	315900.00	152100.00		254194.96
2211	应付职工薪酬		82100.00	100842.50	100842.50		82100.00
2221	应交税费		27953.74	79047.04	88179.33		37086.03
4001	实收资本		800000.00				800000.00
4103	本年利润			268237.65	292000.00		23762.35
4104	利润分配	1047.49				1047.49	
6001	主营业务收入			292000.00	292000.00		
6401	主营业务成本			137500.00	137500.00		
6403	税金及附加			3124.85	3124.85		
6601	销售费用			29036.93	29036.93		
6602	管理费用			90629.58	90629.58		
6603	财务费用			25.50	25.50		
6801	所得税费用			7920.79	7920.79		
4104	利润分配						
5001	生产成本						
5002	辅助生产成本						
5101	制造费用						
6001	主营业务收入						
6051	其他业务收入						
6301	营业外收入						
6401	主营业务成本						
6601	销售费用						
6602	管理费用						
6603	财务费用						
6711	营业外支出						
	合计	1330853.04	1330853.04	1989390.84	1989390.84	1201466.10	1201466.10

图 10-125　1 月份试算平衡表

（二）2 月份试算平衡表

编制完的 2 月份试算平衡表见图 10-126。

试算平衡表

郑京我爱会计服饰有限公司　　2017年02月28日　　单位：元

科目代码	科目名称	期初余额		本期发生		期末余额	
		借方	贷方	借方	贷方	借方	贷方
1001	库存现金	42615.00		5500.00	19846.00	28269.00	
1002	银行存款	436137.46		683690.00	322593.84	797233.62	
1122	应收账款	511640.00		643500.00	183690.00	971450.00	
1221	其他应收款	28486.00		9486.00	12486.00	25486.00	
1405	库存商品	124000.00		429100.00	264250.00	288850.00	
1601	固定资产	57540.15				57540.15	
1602	累计折旧		4322.76		1518.42		5841.18
1901	待处理财产损溢			550.00	550.00		
2001	短期借款				500000.00		500000.00
2202	应付账款		254194.96	152100.00	498420.00		600514.96
2211	应付职工薪酬		82100.00	107342.50	106542.50		81300.00
2221	应交税费		37086.03	124118.54	149765.04		62732.53
4001	实收资本		800000.00				800000.00
4103	本年利润		23762.35	454824.76	550550.00		119487.59
4104	利润分配	1047.49				1047.49	
6001	主营业务收入			550000.00	550000.00		
6301	营业外收入			550.00	550.00		
6401	主营业务成本			264250.00	264250.00		
6403	税金及附加			2453.93	2453.93		
6601	销售费用			34129.72	34129.72		
6602	管理费用			121466.20	121466.20		
6603	财务费用			616.50	616.50		
6801	所得税费用			31908.41	31908.41		
5101	制造费用						
6001	主营业务收入						
6051	其他业务收入						
6301	营业外收入						
6401	主营业务成本						
6601	销售费用						
6602	管理费用						
6603	财务费用						
6711	营业外支出						
	合计	1201466.10	1201466.10	3615566.56	3615566.56	2169876.26	2169876.26

图 10-126　2 月份试算平衡表

九、总分类账

登记后的总分类账见图 10-127～图 10-149。

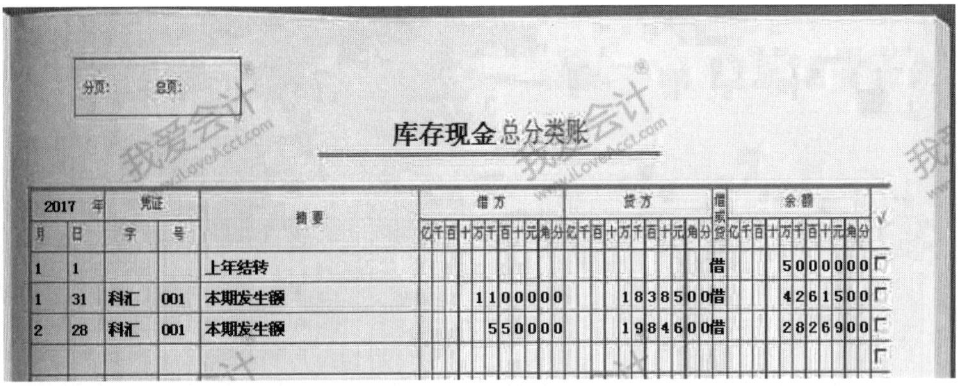

分页： 总页：

库存现金总分类账

2017年 月	日	凭证 字	号	摘要	借方	贷方	借或贷	余额
1	1			上年结转			借	5000000
1	31	科汇	001	本期发生额	1100000	1838500	借	4261500
2	28	科汇	001	本期发生额	550000	1984600	借	2826900

图 10-127 库存现金总分类账

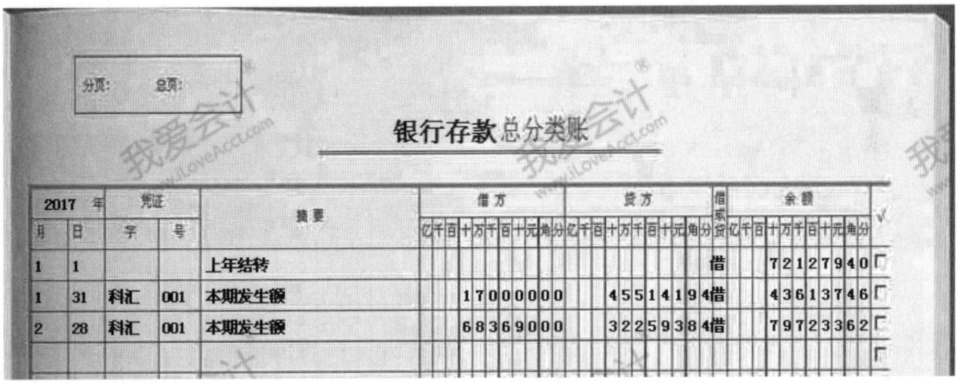

分页： 总页：

银行存款总分类账

2017年 月	日	凭证 字	号	摘要	借方	贷方	借或贷	余额
1	1			上年结转			借	72127940
1	31	科汇	001	本期发生额	17000000	45514194	借	43613746
2	28	科汇	001	本期发生额	68369000	32259384	借	79723362

图 10-128 银行存款总分类账

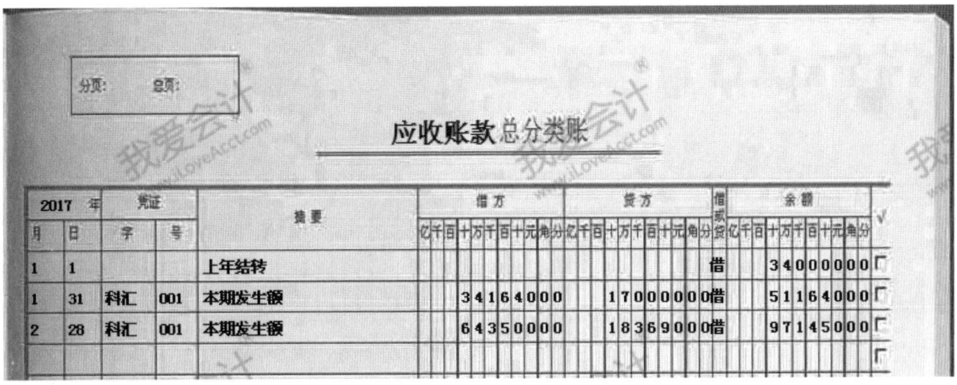

分页： 总页：

应收账款总分类账

2017年 月	日	凭证 字	号	摘要	借方	贷方	借或贷	余额
1	1			上年结转			借	34000000
1	31	科汇	001	本期发生额	34164000	17000000	借	51164000
2	28	科汇	001	本期发生额	64350000	18369000	借	97145000

图 10-129 应收账款总分类账

分页:　总页:

其他应收款总分类账

2017年 月	日	凭证 字	号	摘要	借方	贷方	借或贷	余额	√
1	1			上年结转			借	2948600	
1	31	科汇	001	本期发生额	1248600	1348600	借	2848600	
2	28	科汇	001	本期发生额	948600	1248600	借	2548600	

图 10-130　其他应收款总分类账

分页:　总页:

库存商品总分类账

2017年 月	日	凭证 字	号	摘要	借方	贷方	借或贷	余额	√
1	1			上年结转			借	13150000	
1	31	科汇	001	本期发生额	13000000	13750000	借	12400000	
2	28	科汇	001	本期发生额	42910000	26425000	借	28885000	

图 10-131　库存商品总分类账

分页:　总页:

固定资产总分类账

2017年 月	日	凭证 字	号	摘要	借方	贷方	借或贷	余额	√
1	1			上年结转			借	5754015	

图 10-132　固定资产总分类账

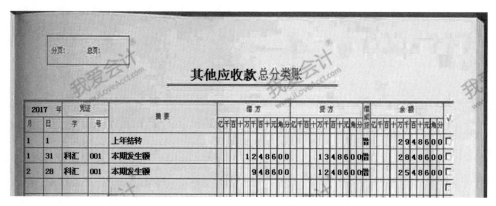

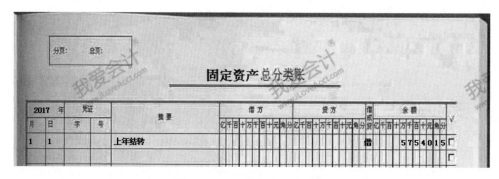

分页：　总页：

累计折旧总分类账

2017年 月	日	凭证 字	号	摘要	借方	贷方	借或贷	余额	√
1	1			上年结转			贷	280434	
1	31	科汇	001	本期发生额		151842	贷	432276	
2	28	科汇	001	本期发生额		151842	贷	584118	

图 10-133　累计折旧总分类账

分页：　总页：

待处理财产损溢总分类账

2017年 月	日	凭证 字	号	摘要	借方	贷方	借或贷	余额	√
1	1			上年结转			平	-0-	
2	28	科汇	001	本期发生额	55000	55000	平	-0-	

图 10-134　待处理资产损溢总分类账

分页：　总页：

短期借款总分类账

2017年 月	日	凭证 字	号	摘要	借方	贷方	借或贷	余额	√
1	1			上年结转			平	-0-	
2	28	科汇	001	本期发生额		50000000	贷	50000000	

图 10-135　短期借款总分类账

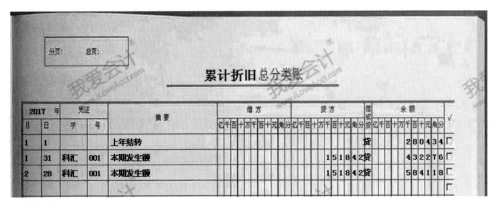

分页： 总页：

应付账款总分类账

2017年 月	日	凭证 字	号	摘要	借方	贷方	借或贷	余额	√
1	1			上年结转			贷	4179496	
1	31	科汇	001	本期发生额	31590000	15210000	贷	2541949 6	
2	28	科汇	001	本期发生额	15210000	49842000	贷	60051496	

图 10-136　应付账款总分类账

分页： 总页：

应付职工薪酬总分类账

2017年 月	日	凭证 字	号	摘要	借方	贷方	借或贷	余额	√
1	1			上年结转			贷	8210000	
1	31	科汇	001	本期发生额	10084250	10084250	贷	8210000	
2	28	科汇	001	本期发生额	10734250	10654250	贷	8130000	

图 10-137　应付职工薪酬总分类账

分页： 总页：

应交税费总分类账

2017年 月	日	凭证 字	号	摘要	借方	贷方	借或贷	余额	√
1	1			上年结转			贷	2795374	
1	31	科汇	001	本期发生额	7904704	8817933	贷	3708603	
2	28	科汇	001	本期发生额	12411854	14976504	贷	6273253	

图 10-138　应交税费总分类账

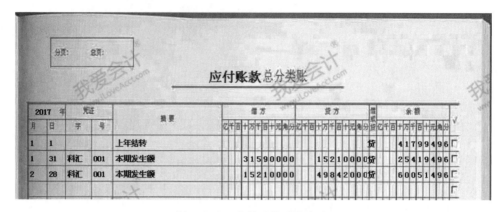

分页：　总页：

实收资本总分类账

2017年 月	日	凭证 字	号	摘要	借方	贷方	借或贷	余额	√
1	1			上年结转			贷	80000000	

图 10-139　实收资本总分类账

分页：　总页：

本年利润总分类账

2017年 月	日	凭证 字	号	摘要	借方	贷方	借或贷	余额	√
1	31	科汇	001	本期发生额	26823765	29200000	贷	2376235	
2	28	科汇	001	本期发生额	45482476	55055000	贷	11948759	

图 10-140　本年利润总分类账

分页：　总页：

利润分配总分类账

2017年 月	日	凭证 字	号	摘要	借方	贷方	借或贷	余额	√
1	1			上年结转			借	104749	

图 10-141　利润分配总分类账

分页：　总页：

主营业务收入总分类账

2017年 月	日	凭证 字	号	摘要	借方	贷方	借或贷	余额	√
1	31	科汇	001	本期发生额	29200000	29200000	平	-0-	
2	28	科汇	001	本期发生额	55000000	55000000	平	-0-	

图 10-142　主营业务收入总分类账

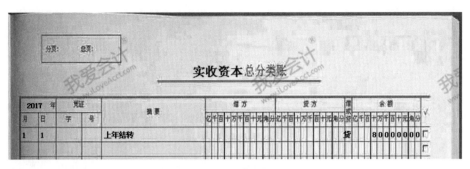

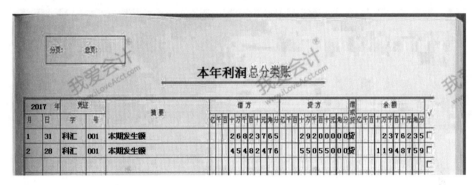

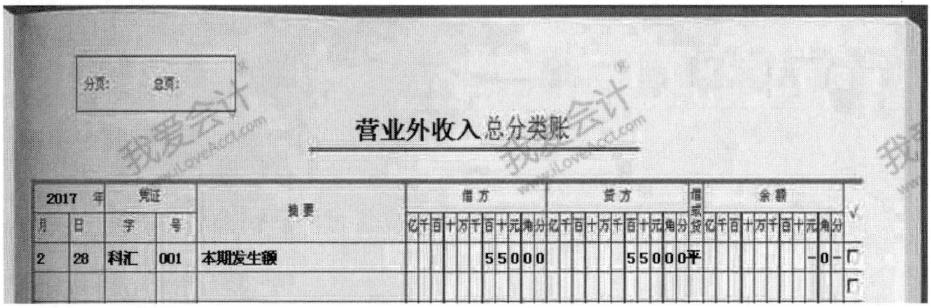

分页：　总页：

营业外收入总分类账

2017年 月	日	凭证 字	号	摘要	借方	贷方	借或贷	余额	√
2	28	科汇	001	本期发生额	55000	55000	平	-0-	

图 10-143　营业外收入总分类账

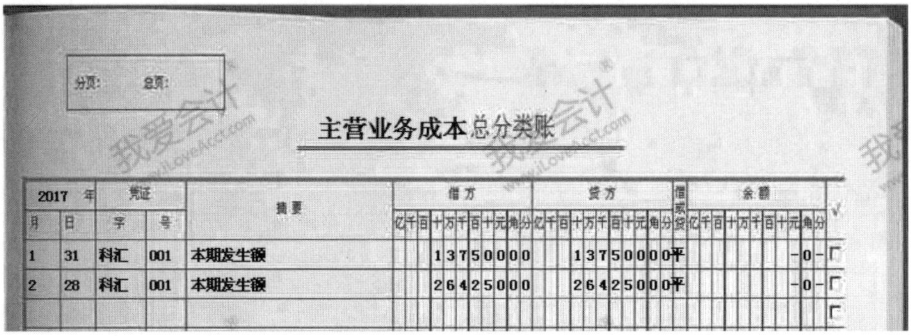

分页：　总页：

主营业务成本总分类账

2017年 月	日	凭证 字	号	摘要	借方	贷方	借或贷	余额	√
1	31	科汇	001	本期发生额	13750000	13750000	平	-0-	
2	28	科汇	001	本期发生额	26425000	26425000	平	-0-	

图 10-144　主营业务成本总分类账

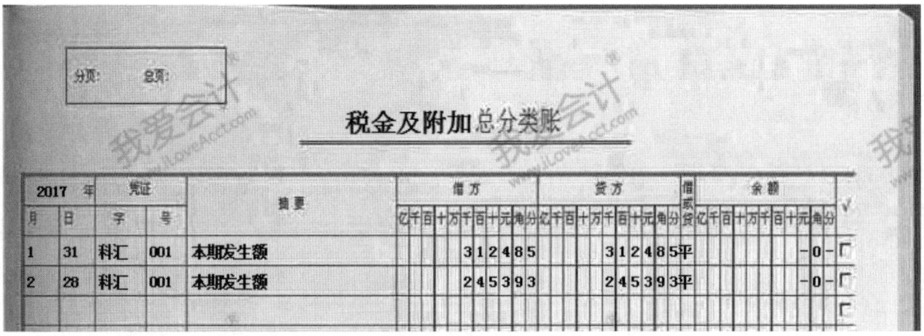

分页：　总页：

税金及附加总分类账

2017年 月	日	凭证 字	号	摘要	借方	贷方	借或贷	余额	√
1	31	科汇	001	本期发生额	312485	312485	平	-0-	
2	28	科汇	001	本期发生额	245393	245393	平	-0-	

图 10-145　税金及附加总分类账

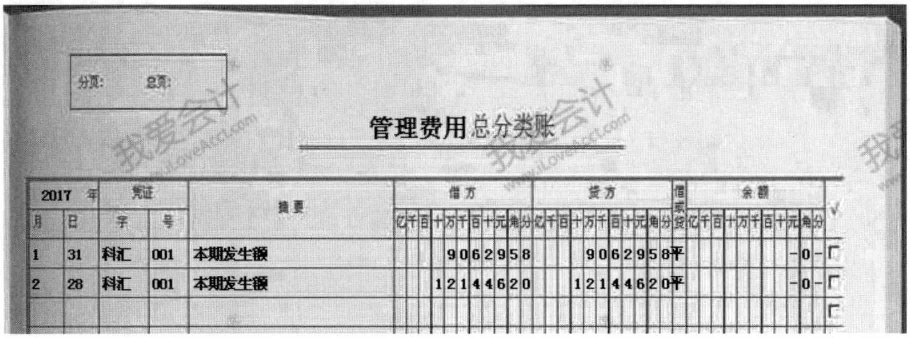

分页：　总页：

管理费用总分类账

2017年 月	日	凭证 字	号	摘要	借方	贷方	借或贷	余额	√
1	31	科汇	001	本期发生额	9062958	9062958	平	-0-	
2	28	科汇	001	本期发生额	12144620	12144620	平	-0-	

图 10-146　管理费用总分类账

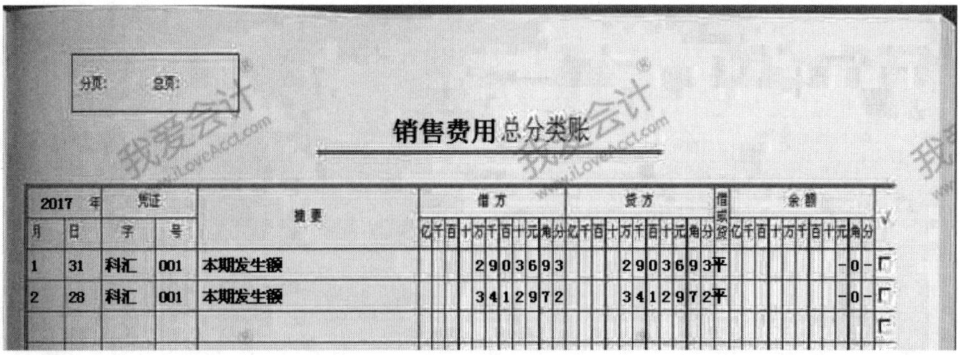

分页：　总页：

销售费用总分类账

2017年 月	日	凭证 字	号	摘要	借方	贷方	借或贷	余额
1	31	科汇	001	本期发生额	2903693	2903693	平	-0-
2	28	科汇	001	本期发生额	3412972	3412972	平	-0-

图 10-147　销售费用总分类账

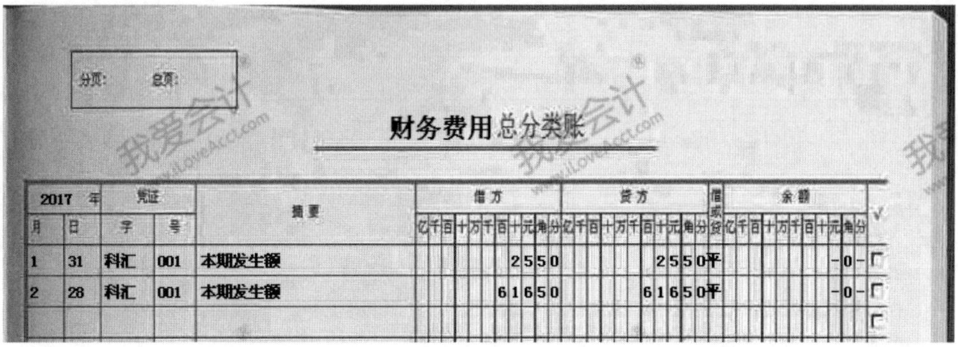

分页：　总页：

财务费用总分类账

2017年 月	日	凭证 字	号	摘要	借方	贷方	借或贷	余额
1	31	科汇	001	本期发生额	2550	2550	平	-0-
2	28	科汇	001	本期发生额	61650	61650	平	-0-

图 10-148　财务费用总分类账

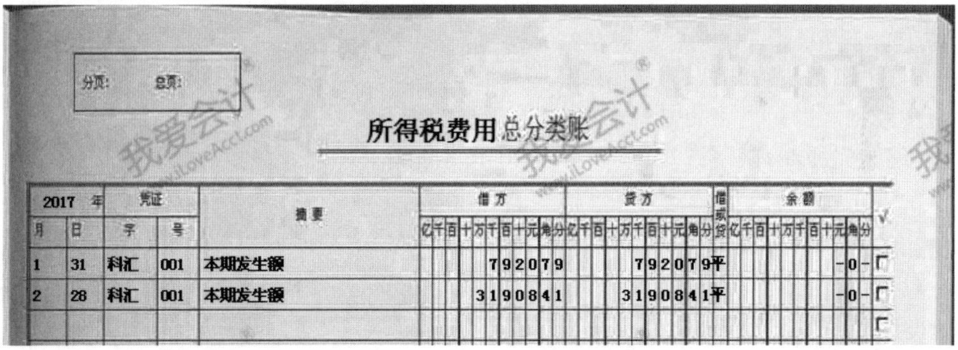

分页：　总页：

所得税费用总分类账

2017年 月	日	凭证 字	号	摘要	借方	贷方	借或贷	余额
1	31	科汇	001	本期发生额	792079	792079	平	-0-
2	28	科汇	001	本期发生额	3190841	3190841	平	-0-

图 10-149　所得税费用总分类账

十、会计报表

（一）资产负债表

编制完的 1 月份资产负债表见图 10-150。

资产负债表

会企01表

编制单位：郑京我爱会计服饰有限公司　　2017 年 01 月 31 日　　单位：元

资　产	行次	期末余额	年初余额	负债和所有者权益(或股东权益)	行次	期末余额	年初余额
流动资产:				流动负债:			
货币资金	1	478752.46	771279.40	短期借款	32		
以公允价值计量且其变动计入当期损益的金融资产	2			以公允价值计量且其变动计入当期损益的金融负债	33		
应收票据	3			应付票据	34		
应收账款	4	511640.00	340000.00	应付账款	35	254194.96	417994.96
预付款项	5			预收款项	36		
应收利息	6			应付职工薪酬	37	82100.00	82100.00
应收股利	7			应交税费	38	37086.03	27953.74
其他应收款	8	28486.00	29486.00	应付利息	39		
存货	9	124000.00	131500.00	应付股利	40		
一年内到期的非流动资产	10			其他应付款	41		
其他流动资产	11			一年内到期的非流动负债	42		
流动资产合计	12	1142878.46	1272265.40	其他流动负债	43		
非流动资产:				流动负债合计	44	373380.99	528048.70
可供出售金融资产	13			非流动负债:			
持有至到期投资	14			长期借款	45		
长期应收款	15			应付债券	46		
长期股权投资	16			长期应付款	47		
投资性房地产	17			专项应付款	48		
固定资产	18	53217.39	54735.81	预计负债	49		
在建工程	19			递延收益	50		
工程物资	20			递延所得税负债	51		
固定资产清理	21			其他非流动负债	52		
生产性生物资产	22			非流动负债合计	53		
油气资产	23			负债合计	54	373380.99	528048.70
无形资产	24			所有者权益(或股东权益):			
开发支出	25			实收资本(或股本)	55	800000.00	800000.00
商誉	26			资本公积	56		
长期待摊费用	27			减：库存股	57		
递延所得税资产	28			其他综合收益	58		
其他非流动资产	29			盈余公积	59		
非流动资产合计	30	53217.39	54735.81	未分配利润	60	22714.86	—1047.49
				所有者权益(或股东权益)合计	61	822714.86	798952.51
资产合计	31	1196095.85	1327001.21	负债和所有者权益(或股东权益)合计	62	1196095.85	1327001.21

单位负责人　　会计主管　　复核　　制表 冯青青

图 10-150　1 月份资产负债表

编制完的 2 月份资产负债表见图 10-151。

资产负债表

会企01表

编制单位：郑京我爱会计服饰有限公司　　2017 年 02月 28日　　单位：元

资　产	行次	期末余额	年初余额	负债和所有者权益(或股东权益)	行次	期末余额	年初余额
流动资产:				流动负债:			
货币资金	1	825502.62	771279.40	短期借款	32	500000.00	
以公允价值计量且其变动计入当期损益的金融资产	2			以公允价值计量且其变动计入当期损益的金融负债	33		
应收票据	3			应付票据	34		
应收账款	4	971450.00	340000.00	应付账款	35	600514.96	417994.96
预付款项	5			预收款项	36		
应收利息	6			应付职工薪酬	37	81300.00	82100.00
应收股利	7			应交税费	38	62732.53	27953.74
其他应收款	8	25486.00	29486.00	应付利息	39		
存货	9	288850.00	131500.00	应付股利	40		
一年内到期的非流动资产	10			其他应付款	41		
其他流动资产	11			一年内到期的非流动负债	42		
流动资产合计	12	2111288.62	1272265.40	其他流动负债	43		
非流动资产:				流动负债合计	44	1244547.49	528048.70
可供出售金融资产	13			非流动负债:			
持有至到期投资	14			长期借款	45		
长期应收款	15			应付债券	46		
长期股权投资	16			长期应付款	47		
投资性房地产	17			专项应付款	48		
固定资产	18	51698.97	54735.81	预计负债	49		
在建工程	19			递延收益	50		
工程物资	20			递延所得税负债	51		
固定资产清理	21			其他非流动负债	52		
生产性生物资产	22			非流动负债合计	53		
油气资产	23			负债合计	54	1244547.49	528048.70
无形资产	24			所有者权益(或股东权益):			
开发支出	25			实收资本(或股本)	55	800000.00	800000.00
商誉	26			资本公积	56		
长期待摊费用	27			减：库存股	57		
递延所得税资产	28			其他综合收益	58		
其他非流动资产	29			盈余公积	59		
非流动资产合计	30	51698.97	54735.81	未分配利润	60	118440.10	−1047.49
				所有者权益(或股东权益)合计	61	918440.10	798952.51
资产合计	31	2162987.59	1327001.21	负债和所有者权益(或股东权益)合计	62	2162987.59	1327001.21

单位负责人　　会计主管　　复核　　制表 冯青青

图 10-151　2 月份资产负债表

（二）利润表

编制完的 1 月份利润表见图 10-152。

利 润 表

会企02表

编制单位:**郑京我爱会计服饰有限公司** *2017年1月* 单位:元

项 目	行次	本期金额	上期金额
一、营业收入	1	292000.00	略
减:营业成本	2	137500.00	
税金及附加	3	3124.85	
销售费用	4	29036.93	
管理费用	5	90629.58	
财务费用	6	25.50	
资产减值损失	7		
加:公允价值变动收益(损失以“-”号填列)	8		
投资收益(损失以“-”号填列)	9		
其中:对联营企业和合营企业的投资收益	10		
二、营业利润(亏损以“-”号填列)	11	31683.14	
加:营业外收入	12		
其中:非流动资产处置利得	13		
减:营业外支出	14		
其中:非流动资产处置损失	15		
三、利润总额(亏损总额以“-”号填列)	16	31683.14	
减:所得税费用	17	7920.79	
四、净利润(净亏损以“-”号填列)	18	23762.35	
五、其他综合收益的税后净额	19		
(一)以后不能重分类进损益的其他综合收益	20		
1. 重新计量设定受益计划净负债或净资产的变动			
2. 权益法下在被投资单位不能重分类进损益的其他综合收益中享有的份额			
(二)以后将重分类进损益的其他综合收益	21		
1. 权益法下在被投资单位以后将重分类进损益的其他综合收益中享有的份额			
2. 可供出售金融资产公允价值变动损益			
3. 持有至到期投资重分类为可供出售金融资产损益			
4. 现金流量套期损益的有效部分			
5. 外币财务报表折算差额			
六、综合收益总额	22	23762.35	
七、每股收益	23		
(一)基本每股收益	24		
(二)稀释每股收益	25		

单位负责人 会计主管 复核 制表 **冯青青**

图 10-152 1月份利润表

编制完的2月份利润表见图 10-153。

利　润　表

会企02表

编制单位：郑京我爱会计服饰有限公司　　　　2017年2月　　　　单位：元

项目	行次	本期金额	上期金额
一、营业收入	1	550000.00	略
减：营业成本	2	264250.00	
税金及附加	3	2453.93	
销售费用	4	34129.72	
管理费用	5	121466.20	
财务费用	6	616.50	
资产减值损失	7		
加：公允价值变动收益（损失以“－”号填列）	8		
投资收益（损失以“－”号填列）	9		
其中：对联营企业和合营企业的投资收益	10		
二、营业利润（亏损以“－”号填列）	11	127083.65	
加：营业外收入	12	550.00	
其中：非流动资产处置利得	13		
减：营业外支出	14		
其中：非流动资产处置损失	15		
三、利润总额（亏损总额以“－”号填列）	16	127633.65	
减：所得税费用	17	31908.41	
四、净利润（净亏损以“－”号填列）	18	95725.24	
五、其他综合收益的税后净额	19		
（一）以后不能重分类进损益的其他综合收益	20		
1. 重新计量设定受益计划净负债或净资产的变动			
2. 权益法下在被投资单位不能重分类进损益的其他综合收益中享有的份额			
（二）以后将重分类进损益的其他综合收益	21		
1. 权益法下在被投资单位以后将重分类进损益的其他综合收益中享有的份额			
2. 可供出售金融资产公允价值变动损益			
3. 持有至到期投资重分类为可供出售金融资产损益			
4. 现金流量套期损益的有效部分			
5. 外币财务报表折算差额			
六、综合收益总额	22	95725.24	
七、每股收益	23		
（一）基本每股收益	24		
（二）稀释每股收益	25		

单位负责人　　　　会计主管　　　　复核　　　　制表 冯青青

图 10-153　2 月份利润表

第十一部分

会计电算化实操

本实操是在学习会计电算化实务的基础上，为进一步提高学习者的电算化实操能力而设置的。本实操模拟了一家企业从初始建账、日常账务处理、月末账务处理到生成报表的一系列电算化账务处理流程。学员应在了解企业相关信息、熟悉会计电算化与手工账差异的基础上，根据业务顺序逐项进行实操。

一、企业相关信息

（一）营业执照和开户许可证

北京我爱会计商贸有限公司的营业执照和开户许可证见图 11-1 和图 11-2。

（二）组织架构与人员分布

北京我爱会计商贸有限公司的组织架构见图 11-3。

北京我爱会计商贸有限公司的人员信息见表 11-1。

（三）企业会计政策及内部会计核算办法

企业会计政策及内部会计核算办法主要从科目核算、报销制度、签字规定三个方面进行规范。

营业执照

统一社会信用代码 911001028678000089

名　　称 北京我爱会计商贸有限公司

类　　型 有限责任公司

住　　所 北京市城北区万通商贸2106号

法定代表人 黄文杰

注册资本 人民币贰佰万元

成立日期 2010年08月15日

营业期限 长期

经营范围 批发、零售：建筑材料。（以上经营范围涉及许可经营项目的，应在取得有关部门的许可后方可经营）

登记机关 北京市城北区市场监督管理局

2016年 08月 15日

企业信用信息公示系统网址：××××××××××××××　　中华人民共和国国家工商行政管理总局监制

图 11-1　营业执照

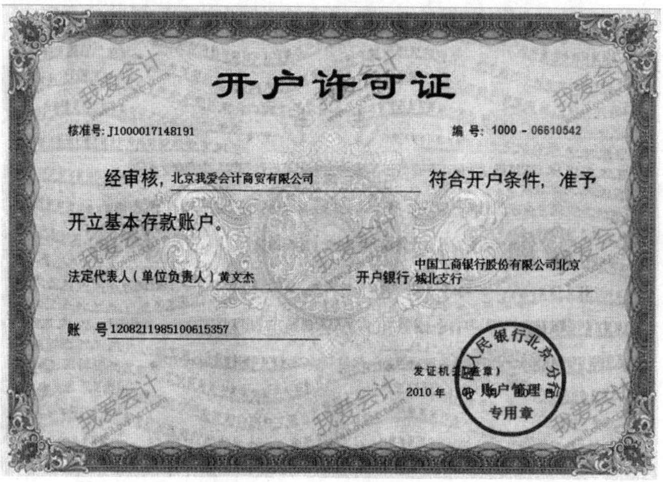

开户许可证

核准号：J1000017148191　　编　号：1000 - 06610542

经审核，北京我爱会计商贸有限公司 符合开户条件，准予开立基本存款账户。

法定代表人（单位负责人）黄文杰　　开户银行 中国工商银行股份有限公司北京城北支行

账　号 1208211985100615357

发证机关（盖章）中国人民银行北京分行 账户管理专用章

2010年

图 11-2　开户许可证

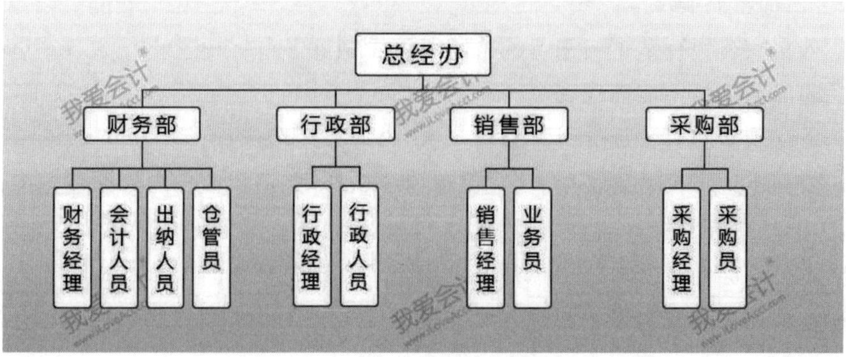

图 11-3　组织架构图

表 11-1　人员信息表

部　门	职　位	姓　名
总经办	总经理	黄文杰
行政部	行政经理	陈雪云
	行政人员	陈小丽
财务部	财务经理	张世珍
	会计人员	李万青
	出纳人员	周丽涛
	仓管员	陈美美
销售部	销售经理	刘世杰
	业务员	李大佑
	业务员	黄炳仁
采购部	采购经理	庄山园
	采购员	郭进财

1. 企业的会计政策

(1) 会计政策与人员设置

为了加强本企业财务管理，规范企业财务行为，提高会计核算水平。根据《中华人民共和国会计法》《企业会计准则》和其他法律法规的有关规定，结合本公司内部管理需要，制定本制度。

① 公司根据会计业务的需要设立财务部，并聘请专职的会计人员。财务部负责人由总经理任命，负责管理公司财务部日常工作。

② 财务部根据会计业务的需要设置财务经理、会计、出纳、仓管工作岗位。

③ 财务人员因工作调动或者离职，必须在办理完成交接手续后方可调动或离职。

(2) 内部牵制制度

① 公司实行银行票据与银行预留印鉴分管制度。

② 非出纳人员不能办理现金、银行收付款业务。

③ 库存现金和有价证券每月抽盘一次,由财务经理执行。

④ 公司出纳不得兼管稽核、档案保管、收入、费用、债权债务账目的登记工作。

(3) 会计核算和会计监督

① 本公司会计年度自公历 1 月 1 日起至 12 月 31 日止。

② 本公司采用权责发生制进行账务处理。

③ 本公司会计核算以人民币为记账本位币。

④ 公司根据《企业会计准则》要求设置一级会计科目,在不影响对外报送报表和会计核算的前提下,根据实际情况自行设置和使用二、三级会计科目。

⑤ 本公司会计核算以实际发生的经济业务为依据进行会计处理,会计指标口径一致,相互可比,会计处理方法前后一致。

⑥ 财务部办理会计业务时必须按照《企业会计准则》的规定对原始凭证进行审核,对不真实、不合法的原始凭证不予接受;对记载不准确、不完整的原始凭证予以退回,并要求按照《企业会计准则》的规定更正、补充。

⑦ 本公司记账凭证采用通用记账凭证。记账凭证要有制单人、审核人、记账人。

⑧ 会计凭证打印后应装订成册,妥善保管。公司原始凭证不得外借,其他单位如特殊原因需借用原始凭证时,经公司负责人批准后才可以借阅或复制。各种重要的经济合同、收据、涉外文件等应单独保管。

⑨ 公司应委托会计师事务所对年度会计报表进行审计,并积极配合其工作,禁止授意或要求注册会计师出具不当或虚假的审计报告。

2. 会计核算办法

(1) 货币资金管理

① 库存现金管理

a. 公司财务部库存现金控制在核定限额 5 万元以内,不得超限额存放现金。

b. 严格执行现金盘点制度,做到日清月结,保证现金的安全。现金遇有长短款,应及时查明原因,报告单位领导,并追究相关人员的责任。

c. 不准白条抵库。

d. 不准私自挪用、占用和借用公司现金。

e. 到银行提取或送存现金(金额达 3 万元以上)的时候,需由两名人员同时前往。

f. 出纳要妥善保管保险箱内存放的现金和有价证券,私人财物不得存放于保险箱。

g. 出纳必须随时接受单位领导的检查、监督。

h. 出纳必须严格遵守、执行上述各条规定。

② 银行存款管理

a. 必须遵守中国人民银行的规定，办理银行基本账户和一般账户的开户和公司各种银行结算业务。

b. 必须认真贯彻执行《中华人民共和国中国人民银行法》《中华人民共和国票据法》等相关的结算管理制度。

c. 公司应按每个银行开户账号建立一本银行存款日记账，出纳应及时将公司银行存款日记账与银行对账单逐笔进行核对。会计于次月初编制银行存款余额调节表。

d. 空白银行支票与预留印鉴必须实行分管。由出纳登记支票使用情况，逐笔记录签发支票的用途、使用单位、金额、支票号码等。

(2) 往来债权核算

① 应收账款的管理。企业为加强对应收账款的管理，在总分类账的基础上，按客户的名称设置明细分类账，详细、序时地记载与各客户的往来情况，同时定期与客户进行核对。

② 借款的管理。公司各部门形成的出差借款、采购借款、各部门备用金应于业务发生后及时报销冲借款。

(3) 存货核算

① 会计设立库存商品数量金额明细账，记录库存商品的收发情况，并结出其结存数量。

② 购入库存商品时，按买价加运输费、运输途中的合理损耗、入库前的挑选整理费用和按规定应计入成本的税金以及其他费用，作为实际成本。

③ 库存商品的发出按全月一次加权平均法，一律以出库单的形式出库，在出库单上一般须注明产品名称、数量、领用部门等。

④ 每月月末及年终需对库存商品进行盘点，务必做到账、表、物三者相符。在盘点中发现的盘盈、盘亏、损毁、变质等情况，应及时查明原因。若因管理不善造成的或无法查明原因的盘盈盘亏，经相关领导审批后，计入当期损益。

(4) 费用核算

企业为组织和管理经营活动中所发生的各种费用，记入“管理费用”科目；企业在销售商品和材料、提供劳务的过程中发生的各种费用，记入“销售费用”科目；企业在经营活动过程中为筹集资金而发生的各项费用，如银行手续费、利息等，记入“财务费用”科目。

费用报销与员工借款严格执行公司审批制度，具体审批制度如下。

① 因公出差、经总经理批准借支公款，应在回单位后七天内结清，不得拖欠。

② 金额在 1000 元以下(含 1000 元)，由主管部门经理签字之后交给财务经理复

核、审批。金额在1000元以上,由主管部门经理审核签字之后交给财务经理复核再由总经理审批。

③ 借款人必须按规定填写借款单,注明借款事由、借款金额,出纳应对借款事项专门设置台账进行跟踪管理。

④ 手续完整、填写无误的,出纳凭审批后的单据付款。

⑤ 正常的办公费用开支,必须有正式发票且印章齐全,有经手人、部门负责人签名。

⑥ 报销单填写必须完整,原始单据必须真实、合法,签章必须符合以上相关规定,出纳才给予报销。

(5) 税费核算

① 本企业为增值税一般纳税人。应交增值税分别按"进项税额""销项税额""进项税额转出""已交税金""转出未交增值税"等设置明细科目。月份终了,企业计算当月应交未交增值税,借记"应交税费——应交增值税(转出未交增值税)"科目,贷记"应交税费——未交增值税"科目。次月申报缴纳上月应交的增值税时。借记"应交税费——未交增值税"科目,贷记"银行存款"等科目。

② 应交税费核算。公司按照税法等规定计算应缴纳的各种税费,包括增值税、所得税、城市维护建设税、教育费附加、地方教育费附加、印花税,以及公司代扣代交的个人所得税等。公司按应交的税费进行明细核算,应交增值税明细账根据规定设置"进项税额"等专栏进行明细核算。

③ 本企业计提所得税费用,于月末按照本月的"本年利润"贷方发生额减前期可弥补亏损额后的余额25%进行计提。

(6) 固定资产核算

① 固定资产在取得时,按取得时的成本入账,取得时的成本包括买价、相关税费、运输和保险等相关费用,以及为使固定资产达到预定可使用状态前所必要的支出。

② 公司的固定资产均为电子设备。

③ 固定资产的预计使用期限:电子设备使用3年。

④ 公司对固定资产采用直线法计提折旧,按月计提固定资产的折旧,本月增加的固定资产从下月起计提折旧,本月减少的固定资产从下月起停止计提折旧。

⑤ 固定资产的管理由财务部和总经办共同负责,财务部设立固定资产明细账,行政部建立固定资产卡片,定期对账。

⑥ 每年年终,由财务部牵头,组织使用部门对固定资产进行盘点,编制盘点表。

(7) 往来债务核算

① 应付账款是指公司因购买库存商品而发生的负债,按照实际发生额入账,并按债权人设置明细账核算增减情况。应付职工薪酬核算根据有关规定应付给职工

的各种薪酬，按工资、员工福利、社保费、住房公积金等进行明细核算。月末将本月工资进行分配，分别计入相关成本费用。

② 其他应付款核算公司应付、暂收其他单位或个人的款项，按单位或个人设立明细账。

③ 往来债务的管理：公司各部门因采购或接受劳务形成的应付票据、应付账款应及时进行账务处理，登记相应的账簿，定期与供应商对账，保证双方账账相符。

(8) 所有者权益核算

① 实收资本核算投资者投入的资本。

② 本年利润核算公司当期实现的净利润(或发生的净亏损)，年度终了，应将本年收入和支出相抵后结出本年实现的净利润，转入"利润分配"科目。

③ 利润分配核算公司利润的分配(或亏损的弥补)和历年分配(或弥补)后的余额。公司在"利润分配"科目下设置"未分配利润"等明细科目。

④ 盈余公积核算公司从净利润中提取的盈余公积。如果有未弥补的亏损，则本年实现的净利润应先弥补亏损，后提盈余公积；如果没有未弥补的亏损，则以本年实现的净利润为基数提取盈余公积。盈余公积分为法定盈余公积和任意盈余公积。按净利润的10%提取法定盈余公积，按净利润的5%提取任意盈余公积。

(9) 损益核算

① 主营业务收入核算销售商品、提供劳务等主营业务的收入。公司在商品已经发出、劳务已经提供，在同时收讫价款或取得价款权利的凭证时确认收入的实现并开具发票结算。

② 主营业务成本核算公司确认销售商品、提供劳务等主营业务收入时应结转的成本。

③ 销售费用核算公司销售商品过程中发生的各项费用，按广告费、水电费、工资、差旅费、运输费、房租费、社保费等进行明细核算。

④ 管理费用核算公司为组织和管理企业生产经营所发生的各项费用。按办公费、招待费、折旧费、水电费、通信费、工资、福利费、社保费、车辆费、住房公积金、保险费等进行明细核算。

⑤ 财务费用核算公司为筹集生产经营所需资金而发生的费用，按利息支出、利息收入、手续费等项目设置明细账，进行明细核算。

⑥ 营业外收入和营业外支出核算与公司生产经营活动无直接关系的各种收入和支出。

⑦ 所得税费用核算公司根据所得税准则确认的应从当期利润总额中扣除的所得税费用，需要在利润表中反映。

⑧ 以前年度损益调整核算公司本年度发生的调整以前年度损益的事项。

(10)财务报告

公司财务报告分为月报、季报、半年报、年报,内容包括资产负债表、利润表、现金流量表。

二、电算化与手工账差异

(一)初始建账

初始建账时,会计电算化与手工账的区别在于:①会计电算化系统中的电子账套代替了手工账中需要准备的纸质记账凭证、明细账、总账、报表等素材;②会计电算化系统中的基础设置(设置部门档案、人员档案、客户档案等)操作代替了手工账中的启用账簿;③会计电算化系统中的录入期初余额代替了手工账中的填写账页(包括会计科目、期初数据等)。

(二)日常账务处理

实务中,会计人员收到原始凭证后,无论是手工账处理还是电算化处理,都要对原始凭证的内容进行审核,并判断经济业务。两者的区别在于:在电算化系统中,会计人员通过系统填制记账凭证代替了手工填制记账凭证。

(三)月末账务处理

月末,无论是手工账处理还是电算化处理,都要先对凭证进行审核,再进行其他月末处理。两者在月末处理时的区别在于:①审核记账凭证由系统审核代替了人工审核;②系统记账代替了手工登记账簿、编制科目汇总表;③电算化系统中,期末系统自动结转代替了手工账中的期末结转;④电算化系统中的结账功能代替了手工结账。

(四)报表生成

月末,会计人员可通过电算化系统自动生成资产负债表、利润表,从而替代了手工编制财务报表。

三、电算化操作流程

(一)初始建账

1. 建立账套

会计人员在电算化系统中建立账套时,应设置账套信息、单位信息、企业性质。

下面的业务分别针对账套信息、单位信息、核算类型设置进行实训。

【业务 1】 2017 年 2 月 1 日，北京我爱会计商贸有限公司启用电算化进行账务处理，请根据背景资料分别进行账套号、账套名称、启用日期设置。

要求：请根据以下账套信息（见图 11-4）设置账套号、账套名称、启用日期。

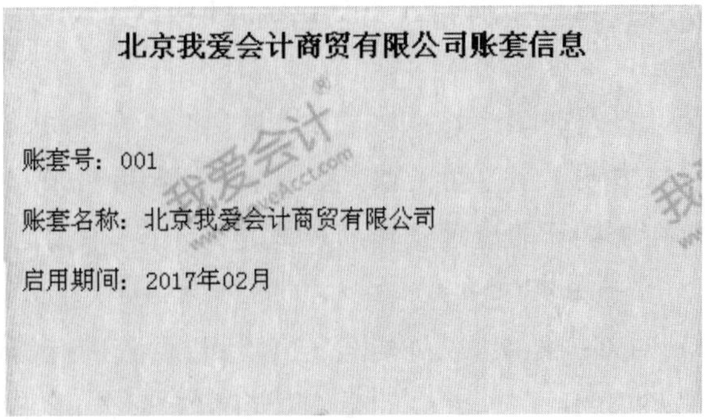

图 11-4　账套信息

【业务 2】 2017 年 2 月 1 日，北京我爱会计商贸有限公司启用电算化进行账务处理，请根据背景资料进行单位信息设置。

要求：请根据营业执照（见图 11-1）设置单位信息。

【业务 3】 2017 年 2 月 1 日，北京我爱会计商贸有限公司启用电算化进行账务处理，请根据背景资料设置本币代码、本币名称、企业性质。

要求：请根据公司以下财务制度（局部）（见图 11-5）设置本币代码、本币名称、企业性质。

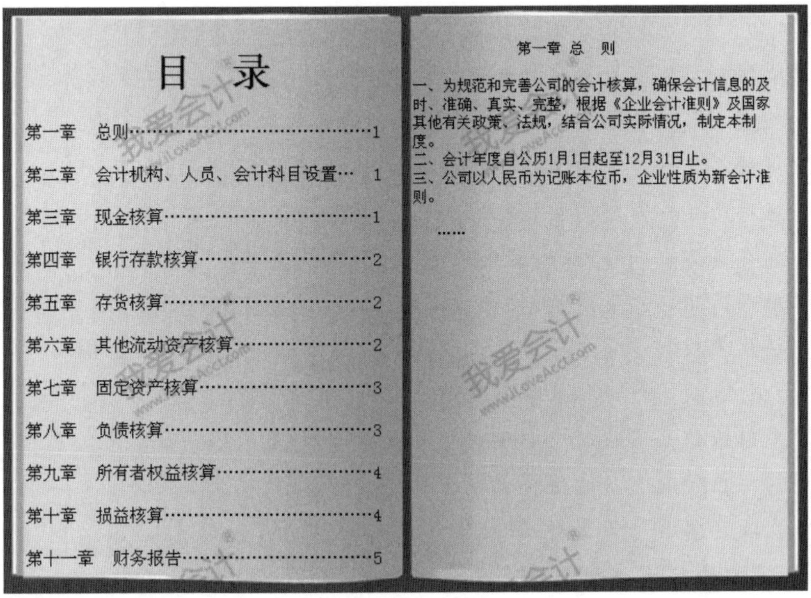

图 11-5　公司财务制度（局部）

2. 基础信息设置

进行账务处理之前,会计人员应进行基础信息设置,主要工作内容包括:凭证类别、部门档案、职员档案、会计科目的设置。

实务中,会计通常将凭证类别设置为“记”字,部门档案设置可依据企业的组织架构图进行,职员档案可依据公司人员信息表进行。

实务中,设置会计科目时,涉及存货类的科目(如库存商品、在途物资等),应设置数量金额式核算,以方便了解存货的数量、单价及总金额;涉及外币核算的科目应设置外币核算;涉及往来核算的应设置辅助核算,对于往来核算较少的企业,可不设置辅助核算。

下面的业务分别对部门档案、职员档案、会计科目设置进行实训。

【业务4】 2017年2月1日,北京我爱会计商贸有限公司启用电算化进行账务处理,请根据背景资料依次设置总经办、采购部、销售部、行政部、财务部的部门档案。

要求:请根据公司组织架构图(见图11-3)分别设置总经办、采购部、销售部、行政部、财务部的部门档案。

【业务5】 2017年2月1日,北京我爱会计商贸有限公司启用电算化进行账务处理,请根据背景资料设置职员档案。

要求:请根据公司人员信息表(见表10-1)进行职员档案设置。

【业务6】 2017年2月1日,北京我爱会计商贸有限公司启用电算化进行账务处理,请按提供的代码设置核算科目。

要求:请根据以下明细账的内容分别进行银行存款、库存商品、应收账款、应付账款、其他应付款、实收资本等二级科目明细的设置。

说明:往来科目不设置辅助核算,存货类科目设置数量金额式核算。为了与正确答案的设置相符,请学员根据本实操提供的科目代码进行设置。

(1) 银行存款——中国工商银行城北支行,科目代码为100201。

(2) 库存商品——密封胶,科目代码为140501,计量单位为箱。

(3) 库存商品——白材,科目代码为140502,计量单位为千克。

(4) 库存商品——发泡胶,科目代码为140503,计量单位为箱。

(5) 应收账款——金丝雀建筑工程有限公司,科目代码为112201。

(6) 应付账款——郝特装饰材料有限公司,科目代码为220201。

(7) 应付账款——欣欣业玻璃销售有限公司,科目代码为220202。

(8) 其他应付款——迪伦拉化学有限公司,科目代码为224101。

(9) 实收资本——黄文杰,科目代码为400101。

(10) 实收资本——黄文凤,科目代码为400102。

(11) 主营业务收入——发泡胶,科目代码为600101。

(12) 主营业务成本——发泡胶,科目代码为640101。

(13) 销售费用——差旅费，科目代码为 660101。

(14) 销售费用——汽车费用，科目代码为 660102。

(15) 管理费用——业务招待费，科目代码为 660201。

(16) 管理费用——水电费，科目代码为 660202。

(17) 财务费用——手续费，科目代码为 660301。

3. 录入期初余额

会计人员设置完成账套基础信息后，就可以录入期初余额。实务中，会计人员录入期初余额分两种情况：年初录入期初余额；年中录入期初余额。

(1) 年初，会计录入期初余额时，只需根据各科目明细账的期末余额填入系统中期初余额栏（见图 11-6）。

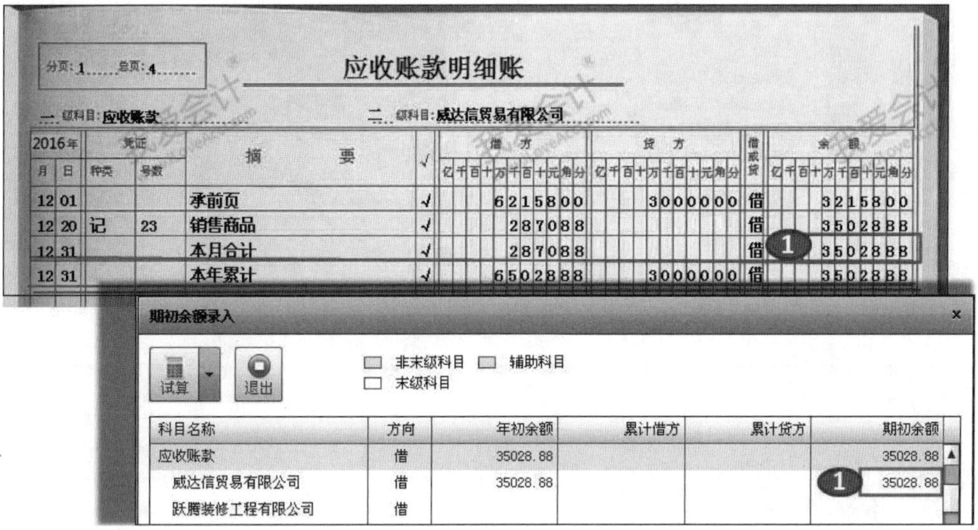

图 11-6　年初录入期初余额

(2) 企业年中启用电算化系统，需要会计人员输入启用月份的月初余额和年初到该月份的各科目借、贷方累计发生额，系统将根据输入的数据自动计算出年初余额。其中损益类科目虽然没有期初余额，仍然需要填写累计发生额。若某一会计科目涉及辅助核算，还应将辅助核算的期初数据输入到系统中，并使之与总账账户保持一致（见图 11-7）。

下面的业务主要针对期初余额设置进行实训。

【业务 7】 2017 年 2 月 1 日，北京我爱会计商贸有限公司启用电算化进行账务处理，请根据背景资料设置期初余额。

要求：请根据库存现金日记账（见图 11-8）、银行存款日记账（见图 11-9）、库存商品明细账（见图 11-10 和图 11-11）、应付账款明细账（见图 11-12 和图 11-13）、其他应付款明细账（见图 11-14）、实收资本明细账（见图 11-15 和图 11-16）、销售费用分类明

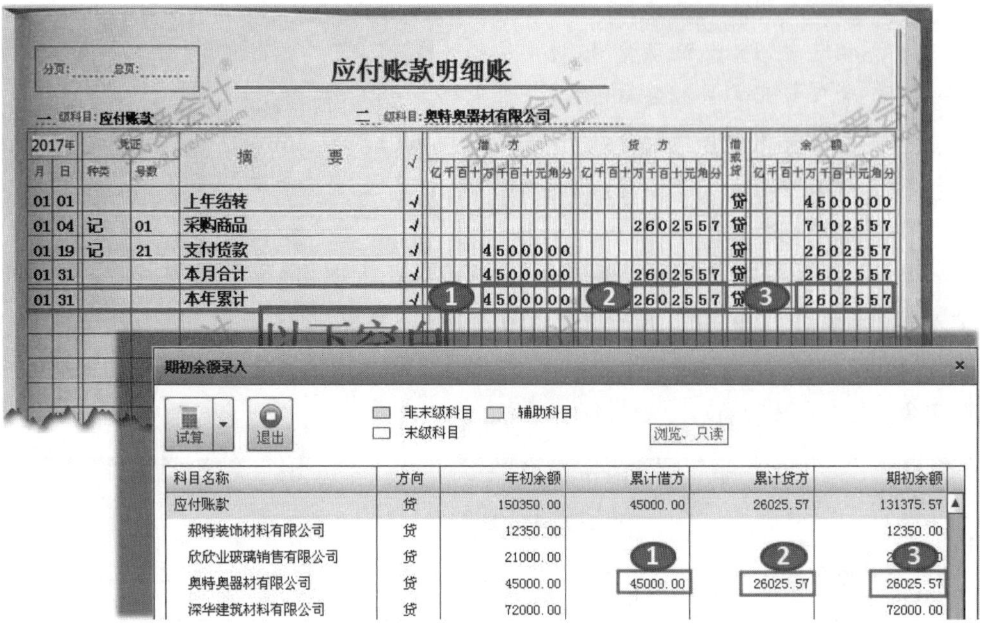

2017年 月	日	凭证 种类	号数	摘要	√	借方	贷方	借或贷	余额
01	01			上年结转	√			贷	4500000
01	04	记	01	采购商品	√		2602557	贷	7102557
01	19	记	21	支付货款	√	4500000		贷	2602557
01	31			本月合计	√	4500000	2602557	贷	2602557
01	31			本年累计	√	4500000	2602557	贷	2602557

科目名称	方向	年初余额	累计借方	累计贷方	期初余额
应付账款	贷	150350.00	45000.00	26025.57	131375.57
郝特装饰材料有限公司	贷	12350.00			12350.00
欣欣业玻璃销售有限公司	贷	21000.00			[illegible]
奥特奥器材有限公司	贷	45000.00	45000.00	26025.57	26025.57
深华建筑材料有限公司	贷	72000.00			72000.00

图 11-7　年中录入期初余额

细账(见图 11-17)、管理费用分类明细账(见图 11-18)设置期初余额。

说明:各科目的期初余额录入完成后,要进行试算平衡。

2017年 月	日	凭证 种类	号数	票据号码	摘要	借方	贷方	余额	核对
01	01				上年结转			1640970	☑
									☐

图 11-8　库存现金日记账

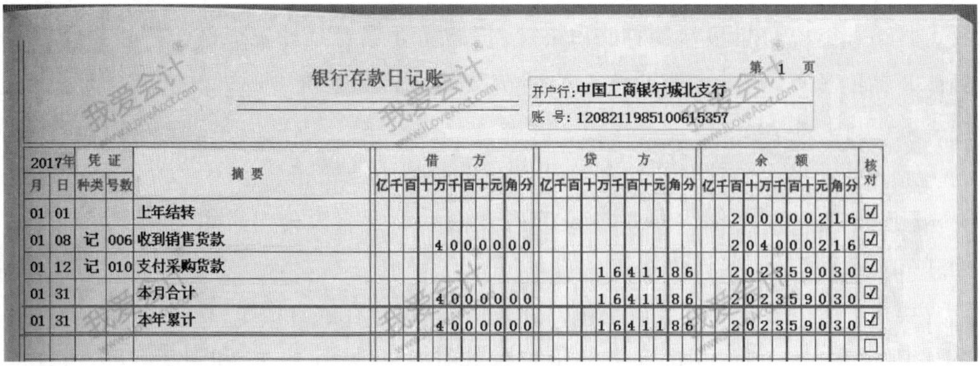

2017年 月	日	凭证 种类	号数	摘要	借方	贷方	余额	核对
01	01			上年结转			200000216	☑
01	08	记	006	收到销售货款	4000000		204000216	☑
01	12	记	010	支付采购货款		1641186	202359030	☑
01	31			本月合计	4000000	1641186	202359030	☑
01	31			本年累计	4000000	1641186	202359030	☑
								☐

图 11-9　银行存款日记账

库存商品明细账

分页________ 总页________

编号、名称 140505 密封胶　存放地点 仓库　寄存放地点　计量单位 箱　规格　类别

2017年 月	日	凭证字号	摘要	收入 数量	收入 单价	收入 金额	发出 数量	发出 单价	发出 金额	结存 数量	结存 单价	结存 金额
01	01		上年结转							454.00	31.94	1450041
01	10	记 08	采购商品	435.00	22.07	960045				889.00	27.11	2410086
01	31		本月合计	435.00		960045				889.00	27.11	2410086
01	31		本年累计	435.00		960045				889.00	27.11	2410086

图 11-10　库存商品(密封胶)明细账

库存商品明细账

分页________ 总页________

编号、名称 140502 白材　存放地点 仓库　寄存放地点　计量单位 千克　规格　类别

2017年 月	日	凭证字号	摘要	收入 数量	收入 单价	收入 金额	发出 数量	发出 单价	发出 金额	结存 数量	结存 单价	结存 金额
01	01		上年结转							440.00	20.01	880301
01	04	记-01	采购商品	331.94	20.52	681141				771.94	20.23	1561442
01	31		本月合计	331.94		681141				771.94	20.23	1561442
01	31		本年累计	331.94		681141				771.94	20.23	1561442

图 11-11　库存商品(白材)明细账

分页:________ 总页:________

应付账款明细账

一级科目:应付账款　二级科目:郝特装饰材料有限公司

2017年 月	日	凭证 种类	号数	摘要	√	借方	贷方	借或贷	余额
01	01			上年结转	√			贷	1235000

图 11-12　应付账款明细账(郝特装饰材料有限公司)

分页:________ 总页:________

应付账款明细账

一级科目:应付账款　二级科目:欣欣业玻璃销售有限公司

2017年 月	日	凭证 种类	号数	摘要	√	借方	贷方	借或贷	余额
01	01			上年结转	√			贷	2100000

图 11-13　应付账款明细账(欣欣业玻璃销售有限公司)

分页:________ 总页:________

其他应付款明细账

一级科目:其他应付款　二级科目:迪伦拉化学有限公司

2017年 月	日	凭证 种类	号数	摘要	√	借方	贷方	借或贷	余额
01	01			上年结转	√			贷	636528
01	10	记	14	支付往来款	√	636528		贷	-0-
01	15	记	16	收到往来款	√		4636528	贷	4636528
01	31			本月合计	√	636528	4636528	贷	4636528
01	31			本年累计	√	636528	4636528	贷	4636528

图 11-14　其他应付款明细账(迪伦拉化学有限公司)

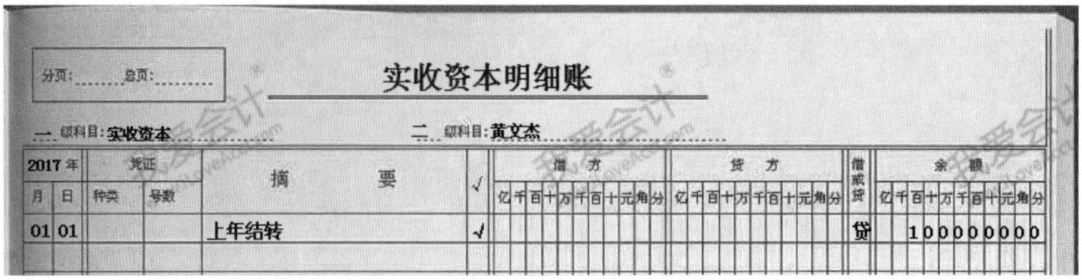

分页：……总页：……

实收资本明细账

一级科目：实收资本　　二级科目：黄文杰

2017年 月	日	凭证 种类	号数	摘要	√	借方	贷方	借或贷	余额
01	01			上年结转	√			贷	100000000

图 11-15　实收资本明细账（黄文杰）

分页：……总页：……

实收资本明细账

一级科目：实收资本　　二级科目：黄文凤

2017年 月	日	凭证 种类	号数	摘要	√	借方	贷方	借或贷	余额
01	01			上年结转				贷	100000000

图 11-16　实收资本明细账（黄文凤）

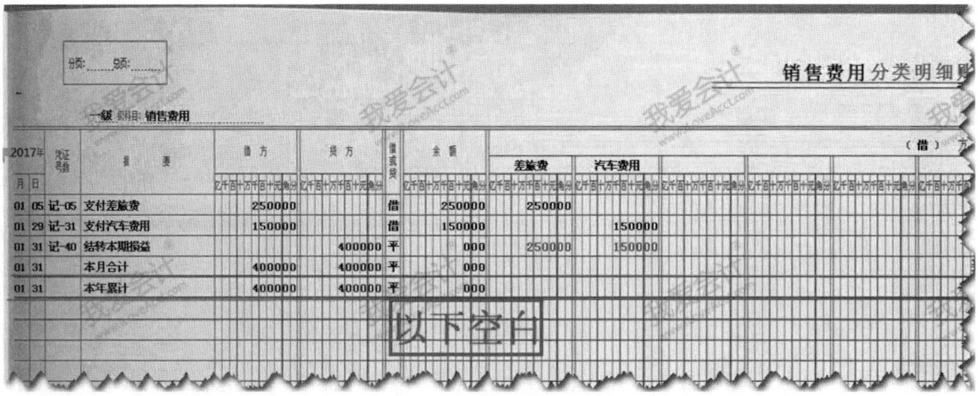

分页：……总页：……

销售费用分类明细账

一级科目：销售费用

（借）方

2017年 月	日	凭证号数	摘要	借方	贷方	借或贷	余额	差旅费	汽车费用
01	05	记-05	支付差旅费	250000		借	250000	250000	
01	29	记-31	支付汽车费用	150000		借	150000		150000
01	31	记-40	结转本期损益		400000	平	000	250000	150000
01	31		本月合计	400000	400000	平	000		
01	31		本年累计	400000	400000	平	000		

以下空白

图 11-17　销售费用分类明细账

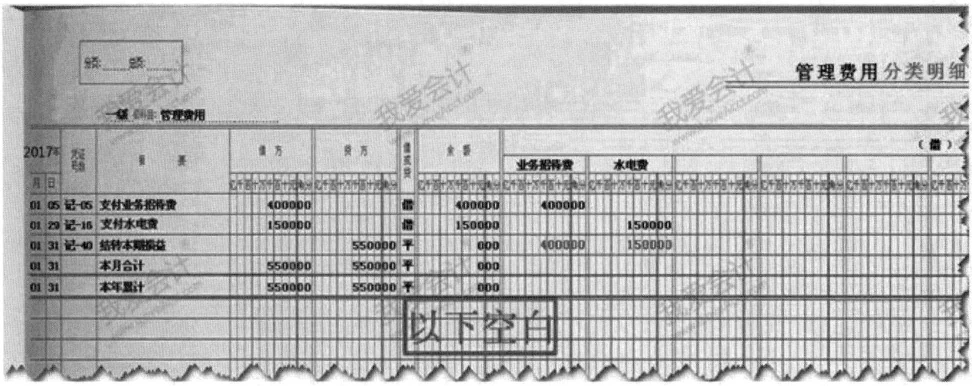

分页：……总页：……

管理费用分类明细

一级科目：管理费用

（借）

2017年 月	日	凭证号数	摘要	借方	贷方	借或贷	余额	业务招待费	水电费
01	05	记-05	支付业务招待费	400000		借	400000	400000	
01	29	记-16	支付水电费	150000		借	150000		150000
01	31	记-40	结转本期损益		550000	平	000	400000	150000
01	31		本月合计	550000	550000	平	000		
01	31		本年累计	550000	550000	平	000		

以下空白

图 11-18　管理费用分类明细账

（二）日常账务处理

期初余额录入完成，试算平衡之后，会计人员就可以进行日常账务处理了。实务中，会计人员进行账务处理时要填制的记账凭证主要有两类：一类是填制只涉及金额核算的记账凭证；另一类是填制涉及数量金额核算的记账凭证。

1. 填制只涉及金额核算的记账凭证

单击“凭证”→“增加”，系统会自动生成凭证号，会计人员只需输入摘要、会计科目、金额、附件数即可。其操作流程如下。

第一步：单击“总账”→“凭证”→“填制凭证”。

第二步：单击“增加”，输入日期、摘要。

第三步：选择科目，填写借、贷方金额。

第四步：填写附件数。

第五步：保存凭证。

2. 填制涉及数量金额核算的记账凭证

企业发生采购、销售业务，其账务处理涉及数量金额核算，在录入分录时需要录入数量与金额。其操作流程如下。

第一步：增加凭证、会计科目等操作与填制通用记账凭证基本类似，主要区别在于输入金额前，系统将自动跳出辅助项，需根据增值税发票、入库单填入商品实际入库数量、单价。

第二步：保存数量金额式凭证后，在凭证的界面会出现数量、单价（见图 11-19）。

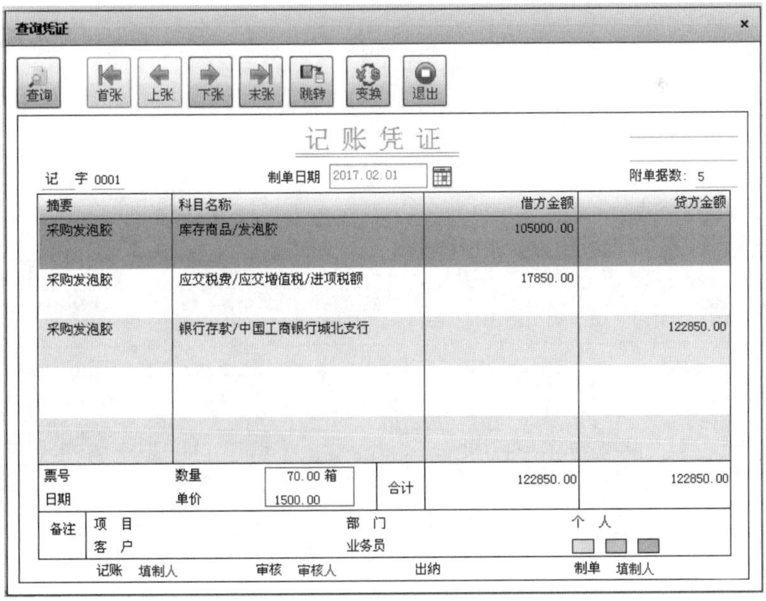

图 11-19　数量金额式记账凭证

以下业务主要针对日常账务处理进行实训。

【业务8】 2017年2月1日,北京我爱会计商贸有限公司采购发泡胶一批,收到供应商开具的增值税专用发票、销售单,商品已经验收入库,收到仓库交来的入库单,请做出账务处理。

要求:请根据增值税专用发票(见图11-20)、销售单(见图11-21)、入库单(见图11-22)、转账支票存根(见图11-23)、进账单回单(见图11-24)、付款申请书(见图11-25)进行账务处理。

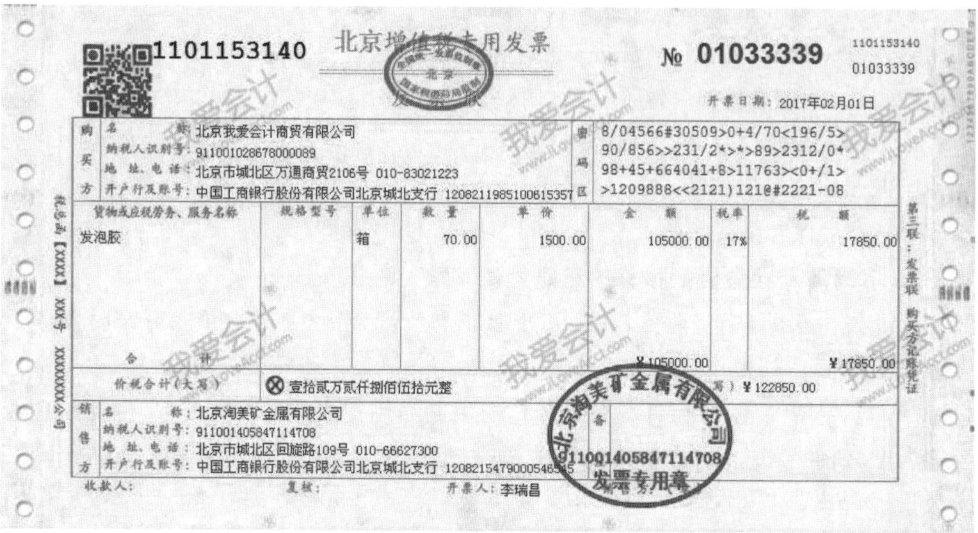

北京增值税专用发票

1101153140　№ 01033339

开票日期:2017年02月01日

购买方　名称:北京我爱会计商贸有限公司
纳税人识别号:911001028678000089
地址、电话:北京市城北区万通商贸2106号 010-83021223
开户行及账号:中国工商银行股份有限公司北京城北支行 1208211985100615357

密码区:8/04566#30509>0+4/70<196/5>90/856>>231/2*>*>89>2312/0*98+45+664041+8>11763><0+/1>>1209888<<2121)121@#2221-08

货物或应税劳务、服务名称	规格型号	单位	数量	单价	金额	税率	税额
发泡胶		箱	70.00	1500.00	105000.00	17%	17850.00
合计					¥105000.00		¥17850.00

价税合计(大写) ⊗壹拾贰万贰仟捌佰伍拾元整　(小写)¥122850.00

销售方　名称:北京淘美矿金属有限公司
纳税人识别号:911001405847114708
地址、电话:北京市城北区回旋路109号 010-66627300
开户行及账号:中国工商银行股份有限公司北京城北支行 1208215479000546545

收款人:　复核:　开票人:李瑞昌

第三联:发票联 购买方记账凭证

图11-20 增值税专用发票

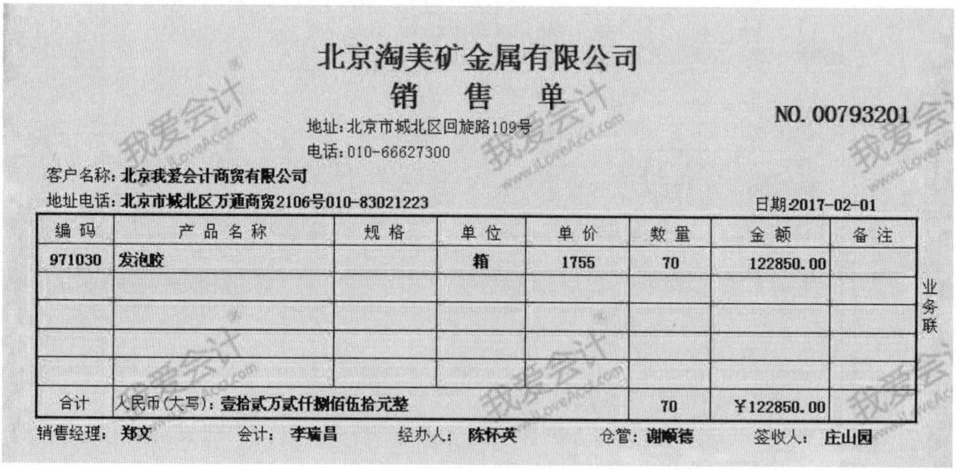

北京淘美矿金属有限公司

销售单

地址:北京市城北区回旋路109号

电话:010-66627300

NO. 00793201

客户名称:北京我爱会计商贸有限公司

地址电话:北京市城北区万通商贸2106号010-83021223　日期2017-02-01

编码	产品名称	规格	单位	单价	数量	金额	备注
971030	发泡胶		箱	1755	70	122850.00	
合计	人民币(大写):壹拾贰万贰仟捌佰伍拾元整				70	¥122850.00	

业务联

销售经理:郑文　会计:李瑞昌　经办人:陈怀英　仓管:谢顺德　签收人:庄山园

图11-21 销售单

入　库　单

2017 年　02 月　01 日　　　　单号 201710001

交来单位及部门	北京淘美矿金属有限公司	验收仓库	仓库1	入库日期	2017-02-01

编号	名称及规格	单位	数量		实际价格	
			交库	实收	单价	金额
140501	发泡胶	箱	70	70		
	合　计		70	70		

财务联

财务经理：张世珍　　仓库主管：陈美美　　经办人：庄山园　　制单人：陈美美

图 11-22　入库单

中国工商银行
转账支票存根
30109810
00023328

附加信息

出票日期 2017 年 02 月 01 日

收款人：北京淘美矿金屉有限公司

金　额：¥122850.00

用　途：支付货款

单位主管　　会计

图 11-23　转账支票存根

ICBC 中国工商银行　　进账单（回　单）2

2017 年 02 月 01 日　　№ 01361440

出票人	全　称	北京我爱会计商贸有限公司	收款人	全　称	北京淘美矿金屉有限公司
	账　号	1208211985100615357		账　号	1208215479000546545
	开户银行	中国工商银行股份有限公司北京城北支行		开户银行	中国工商银行股份有限公司北京城北支行

金额	人民币（大写）	壹拾贰万贰仟捌佰伍拾元整	亿	千	百	十	万	千	百	十	元	角	分
					¥	1	2	2	8	5	0	0	0

票据种类		票据张数	
票据号码			

备注：

中国工商银行股份有限公司北京城北支行　2017.02.01　业务办讫章（4）　陈小云

复核：　　记账：　　开户银行签章

此联是开户银行交给（持）出票人的回单

175*85mm GH066011

图 11-24　进账单回单

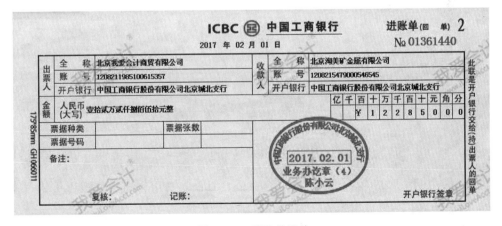

付款申请书

2017-02-01

用途及情况	金额											收款单位(人):北京淘美矿金属有限公司
采购发泡胶	亿	千	百	十	万	千	百	十	元	角	分	账号:1208215479000546545
			¥	1	2	2	8	5	0	0	0	开户行:中国工商银行股份有限公司北京城北支行
金额大写(合计)	人民币壹拾贰万贰仟捌佰伍拾元整											电汇:☐ 转账:☑ 汇票:☐ 其他:☐

总经理	黄文杰	财务部门	经 理	张世珍	申请部门	经 理	张世珍
			会 计	李万青		经办人	周丽涛

图 11-25 付款申请书

【业务 9】 2017 年 2 月 5 日,北京我爱会计商贸有限公司销售一批发泡胶,开具发票,请做出账务处理。

要求:请根据增值税专用发票(见图 11-26)、销售单(见图 11-27)进行账务处理。

1101153140 **北京增值税专用发票** № 06006011

1101153140
06006011

此联不作报销、扣税凭证使用

开票日期:2017年02月05日

购买方	名 称:北京金丝雀建筑工程有限公司 纳税人识别号:911009549696119645 地 址、电 话:北京市城北区万通商贸2106号 010-83021223 开户行及账号:中国工商银行股份有限公司北京城南支行1208215497879532367	密码区	8/04566#30509>0+4/70<196/5> 90/856>>231/2*>*>89>2312/0* 98+45+664041+8>11763><0+/1> >1209888<<2121)121@#2221-08

货物或应税劳务、服务名称	规格型号	单位	数量	单价	金额	税率	税额
发泡胶		箱	70.00	2500.00	175000.00	17%	29750.00
合 计					¥175000.00		¥29750.00
价税合计(大写)	⊗贰拾万肆仟柒佰伍拾元整				(小写)¥204750.00		

销售方	名 称:北京我爱会计商贸有限公司 纳税人识别号:911001028678000089 地 址、电 话:北京市城北区万通商贸2106号 010-83021223 开户行及账号:中国工商银行股份有限公司北京城北支行 1208215479000546545	备注	

收款人: 复核: 开票人:李万吉 销售方:(章)

第一联:记账联 销售方记账凭证

税总函【XXXX】XXX号 XXXXXXXX公司

图 11-26 增值税专用发票

【业务 10】 2017 年 2 月 16 日,北京我爱会计商贸有限公司支付银行付款手续费,收到银行回单,请做出账务处理。

要求:请根据付款通知书(见图 11-28)进行账务处理。

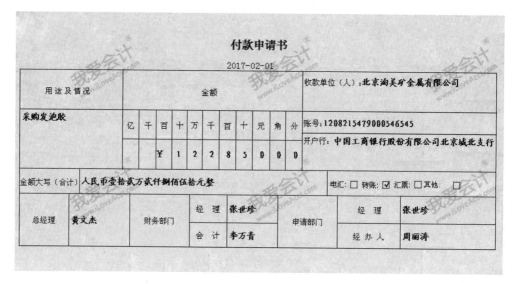

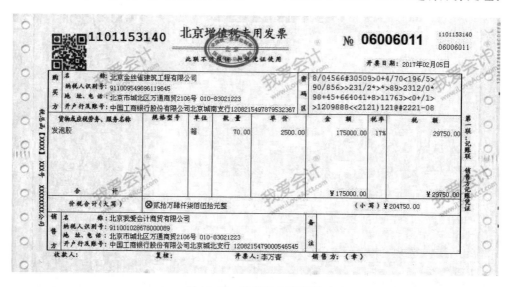

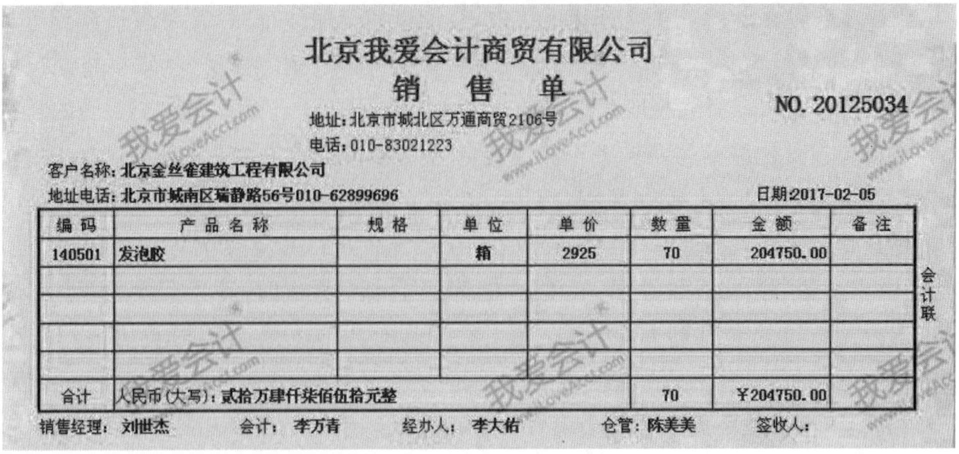

北京我爱会计商贸有限公司
销　售　单
NO. 20125034
地址：北京市城北区万通商贸2106号
电话：010-83021223
客户名称：北京金丝雀建筑工程有限公司
地址电话：北京市城南区瑞静路56号010-62899696　　日期2017-02-05

编码	产品名称	规格	单位	单价	数量	金额	备注
140501	发泡胶		箱	2925	70	204750.00	
合计	人民币(大写)：贰拾万肆仟柒佰伍拾元整				70	¥204750.00	

会计联

销售经理：刘世杰　会计：李万青　经办人：李大佑　仓管：陈美美　签收人：

图 11-27　销售单

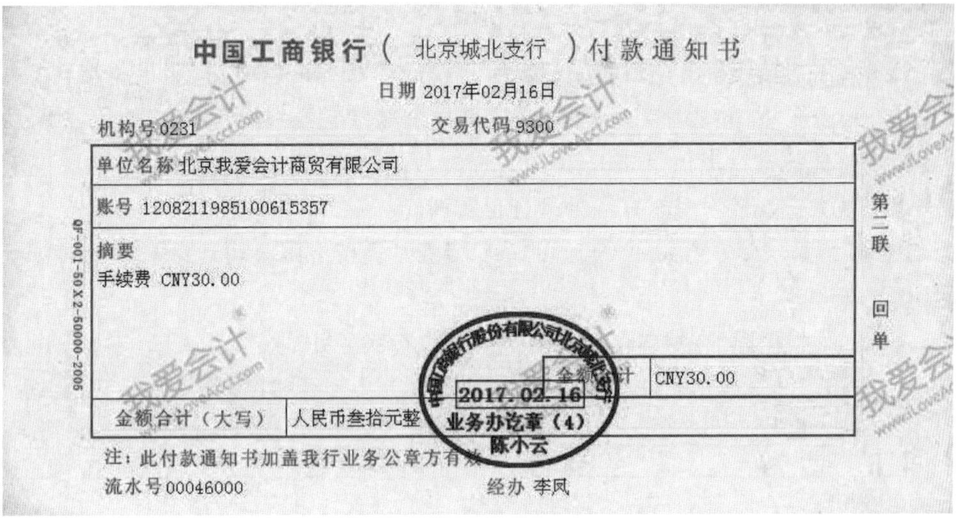

中国工商银行（　北京城北支行　）付款通知书
日期 2017年02月16日
机构号 0231　　交易代码 9300
单位名称 北京我爱会计商贸有限公司
账号 1208211985100615357
摘要
手续费 CNY30.00
金额合计　CNY30.00
金额合计（大写）　人民币叁拾元整
第二联　回单
QF-001-50X2-50000-2005
中国工商银行股份有限公司北京城北支行　2017.02.16　业务办讫章（4）　陈小云
注：此付款通知书加盖我行业务公章方有效
流水号 00046000　　经办 李凤

图 11-28　付款通知书

（三）月末账务处理

月末，会计人员应将损益类科目的余额结转到“本年利润”科目，核算本月的实际利润。电算化环境下，损益结转的步骤见图 11-29。

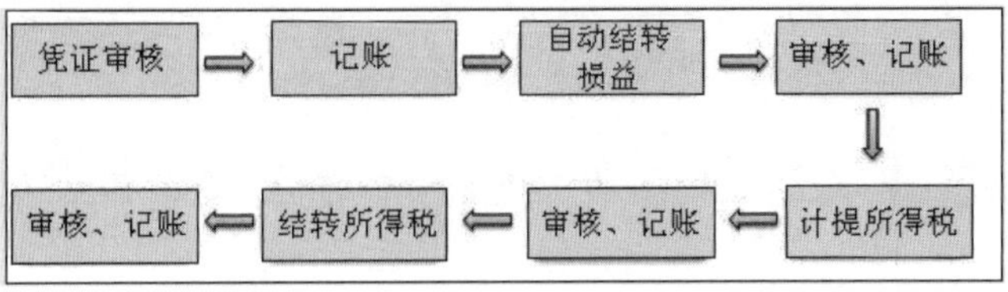

图 11-29　损益结转的步骤

第一步：凭证审核。在电算化系统中，会计审核记账凭证时，首先应切换到审核人的身份，再进行审核操作。其操作流程是：单击“总账”→“凭证”→“审核凭证”。

第二步：记账。完成记账凭证的审核后，会计需进行记账操作。该功能的目的之一是检验本月记载的经济业务中借贷方向是否平衡。首先，应切换到制单人的身份，再进行记账操作。其操作流程是：单击“总账”→“凭证”→“记账”。

第三步：结转损益。月末，会计人员可在系统中进行损益结转，其操作流程是：单击“月末转账”进入结账界面→双击“期间损益结转”→选择“本年利润”会计科目→选择需结转的会计科目→单击“确定”→系统自动生成结转损益后的记账凭证→单击“保存”生成损益结转后的记账凭证（提示：选择需结转的会计科目一般单击“全选即所有损益类的科目”）。会计同样需对期末结账的凭证进行审核、记账。

第四步：计提所得税。会计通过查找科目汇总表中“本年利润”的金额，如果数据显示企业本期盈利且弥补前期亏损后仍有余额，则需计算并计提所得税，填制计提所得税记账凭证并保存。

第五步：结转所得税。填制完计提所得税的记账凭证后，应按照损益结转的步骤（审核→记账→结转），将“所得税费用”科目余额结转至“本年利润”科目，结转完后还应对该凭证进行审核、记账。

以下业务主要针对月末账务处理进行实训。

【业务 11】 2017 年 2 月 28 日，北京我爱会计商贸有限公司计提本月附加税，请做出账务处理。

要求：请根据附加税计算表（见图 11-30）进行账务处理。

附加税计算表

编制日期：2017年02月28日　　单位：元

应交税费明细项目	计算依据	计税金额	税率	应纳税额	备注
应交城市维护建设税	增值税	11900	7%	833.00	
应交教育费附加	增值税	11900	3%	357.00	
应交地方教育费附加	增值税	11900	2%	238.00	
合计				¥1428.00	

复核人：张世珍　制表人：李万青

图 11-30　附加税计算表

【业务 12】 2017 年 2 月 28 日，北京我爱会计商贸有限公司结转当月销售成本，请做出账务处理。

要求：请根据销售成本明细表（见图 11-31）、出库单（见图 11-32）进行账务处理。

销售成本明细表

编制单位：北京我爱会计商贸有限公司　　制表日期：2017年02月28日　　单位：元

产品编号	产品名称	单位	期初数量	单价	期初结存金额	本期购入数量	本期购入金额	本期销售数量	成本单价	本期销售成本	期末结存数量	期末结存金额
140501	发泡胶	箱	0	0.00	0.00	70	105000.00	70	1500.00	105000.00	0	0.00
合计					¥0.00		¥105000.00			¥ 105000.00		¥0.00

审核人：张世珍　　制表人：李方青

图 11-31　销售成本明细表

出　库　单

出货单位：北京我爱会计商贸有限公司　　2017 年 02 月 05 日　　单号：201710005

提货单位或领货部门	销售部	销售单号	20175034	发出仓库	仓库1	出库日期	2017-02-05

编号	名称及规格	单位	数量		单价	金额	备注
			应发	实发			
140501	发泡胶	箱	70	70			
	合计		70	70			

会计联

部门经理：刘世杰　　会计：李方青　　仓库：陈美美　　经办人：李大佑

图 11-32　出库单

【业务 13】 2017 年 2 月 28 日，北京我爱会计商贸有限公司本月日常账务审核完毕，请以制单人身份进行损益结转，并按前述操作更换身份进行结转损益凭证的审核、记账操作。

要求：

（1）切换用户，以审核人身份登录，单击“凭证审核”图标进行凭证审核。

（2）凭证审核完成后，切换用户，以制单人身份登录，单击“记账”图标进行凭证记账。

(3) 结转损益操作：单击“月末转账”，进行损益结转。

(4) 完成此业务后，按前述审核、记账的步骤进行审核、记账。

【业务 14】 2017 年 2 月 28 日，北京我爱会计商贸有限公司计提本月所得税，请做出账务处理。

要求：请根据企业所得税计算表(见图 11-33)进行账务处理。

企业所得税计算表

所属日期：自 2017 年 02 月 01 日至 2017 年 02 月 28 日

项 目	行 次	金 额
收入总额	1	175000.00
成本费用总额	2	106458.00
弥补前期亏损	3	9500.00
利润总额	4	59042.00
适用税率	5	25%
应纳所得税额(6=4×5)	6	14760.50

审核人：张世珍 制表人：李万青

图 11-33 企业所得税计算表

【业务 15】 2017 年 2 月 28 日，北京我爱会计商贸有限公司计提完本月所得税，请结转所得税。

要求：

(1) 切换用户，以审核人身份登录，单击“凭证审核”图标进行凭证审核。

(2) 凭证审核完成后，切换用户，以制单人身份登录，单击“记账”图标进行凭证记账。

(3) 结转损益操作：单击“月末转账”，进行损益结转。

(4) 完成此业务后，按前述审核、记账的步骤进行审核、记账。

(四) 报表生成

会计电算化系统中，系统内置的公式能自动计算、生成报表，从而代替了手工账下根据总账、试算平衡表、科目汇总表等编制报表的过程。月末，电算化系统可以直接生成的报表主要包括资产负债表和利润表。

1. 资产负债表

资产负债表是反映企业在某一特定日期财务状况的会计报表，生成资产负债表的操作如下。

第一步：选用资产负债表模板。

第二步：根据做账日期(通常为每月最后一天)选择报表所属期，并填入单位名称。

第三步：将资产负债表切换至“数据”状态下，即可生成资产负债表数据。

2. 利润表

利润表是反映企业在一定会计期间经营成果的报表，生成利润表的操作如下。

第一步：选用利润表模板。

第二步：根据做账日期(通常为当月的第一天至最后一天)选择报表所属期，并填入单位名称。

第三步：将利润表切换至“数据”状态下，即可生成利润表数据。

【业务 16】 2017 年 2 月 28 日，北京我爱会计商贸有限公司完成了本月的账务处理，请生成报表。

要求：根据上述步骤生成资产负债表和利润表。

会计人员完成报表生成操作后，应进行结账工作。与手工结账相比，电算化结账工作更加规范，结账全部是由计算机自动完成。具体操作步骤如下。

第一步：选择“月末结账”。

第二步：单击“对账”。

第三步：单击“结账”，即可完成结转工作。

【业务 17】 2017 年 2 月 28 日，北京我爱会计商贸有限公司完成账务处理，请进行结账操作。

要求：根据上述步骤进行结账工作。

第十二部分

会计电算化实操答案

一、初始建账

（一）业务1答案

说明：此处的业务1答案对应的是本书第十一部分的业务1，本部分其余业务与此相同。

账套信息设置见图12-1。

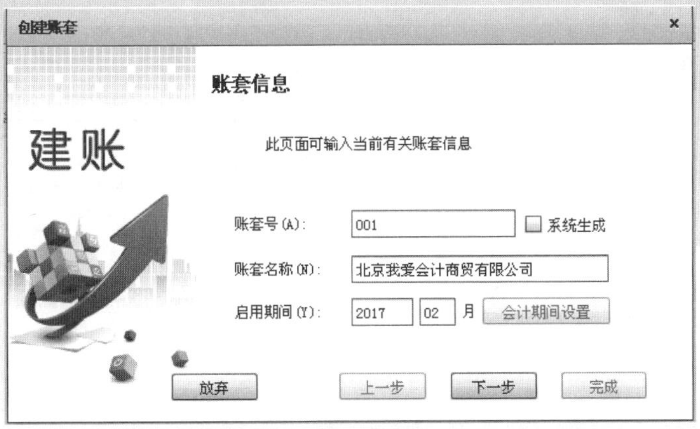

图12-1　账套信息设置

（二）业务 2 答案

单位信息设置见图 12-2。

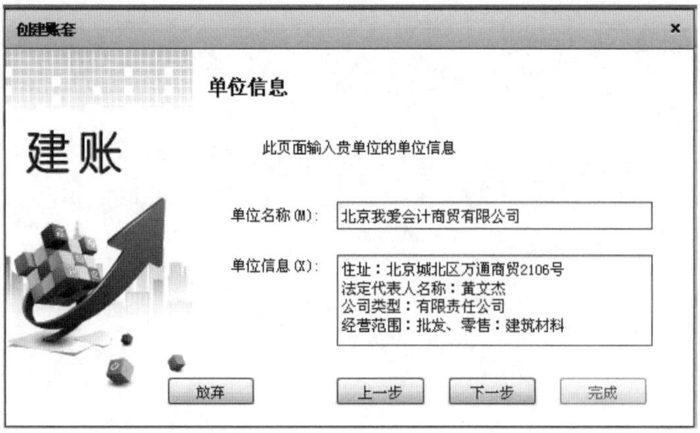

图 12-2　单位信息设置

（三）业务 3 答案

核算类型设置见图 12-3。

图 12-3　核算类型设置

（四）业务 4 答案

部门档案设置见图 12-4。

（五）业务 5 答案

职员档案设置见图 12-5。

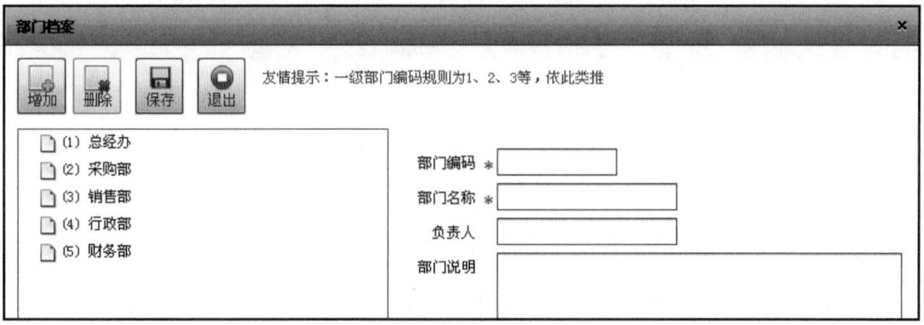

图 12-4　部门档案设置

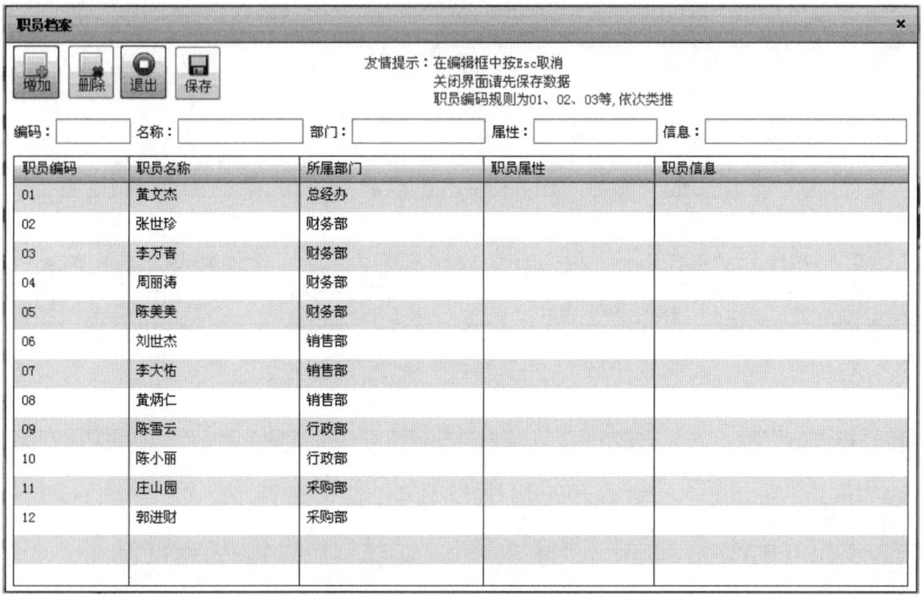

职员编码	职员名称	所属部门	职员属性	职员信息
01	黄文杰	总经办		
02	张世珍	财务部		
03	李万青	财务部		
04	周丽涛	财务部		
05	陈美美	财务部		
06	刘世杰	销售部		
07	李大佑	销售部		
08	黄炳仁	销售部		
09	陈雪云	行政部		
10	陈小丽	行政部		
11	庄山园	采购部		
12	郭进财	采购部		

图 12-5　职员档案设置

（六）业务 6 答案

会计科目设置见图 12-6～图 12-16。

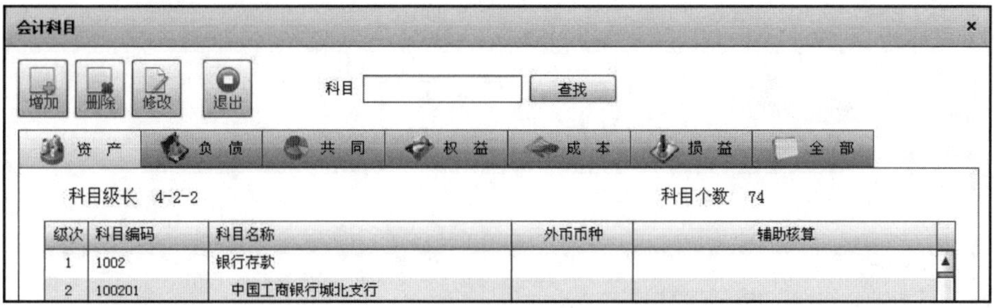

级次	科目编码	科目名称	外币币种	辅助核算
1	1002	银行存款		
2	100201	中国工商银行城北支行		

图 12-6　会计科目设置(银行存款)

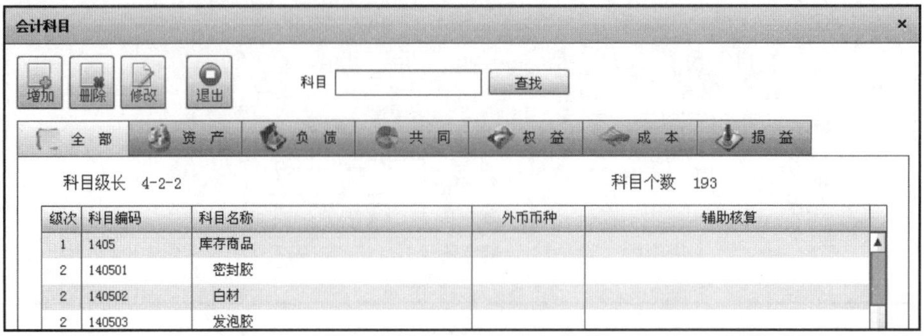

图 12-7 会计科目设置(库存商品)

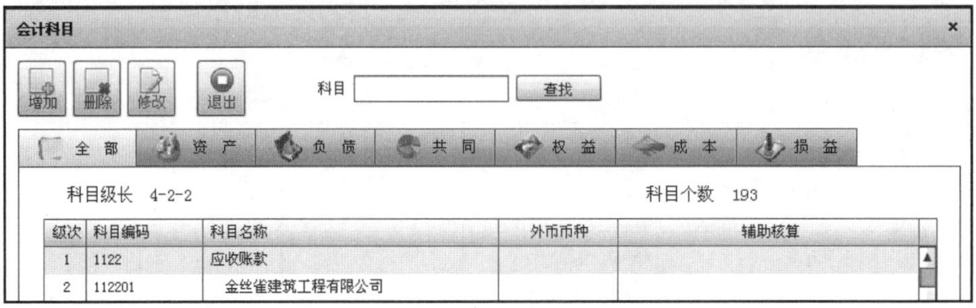

图 12-8 会计科目设置(应收账款)

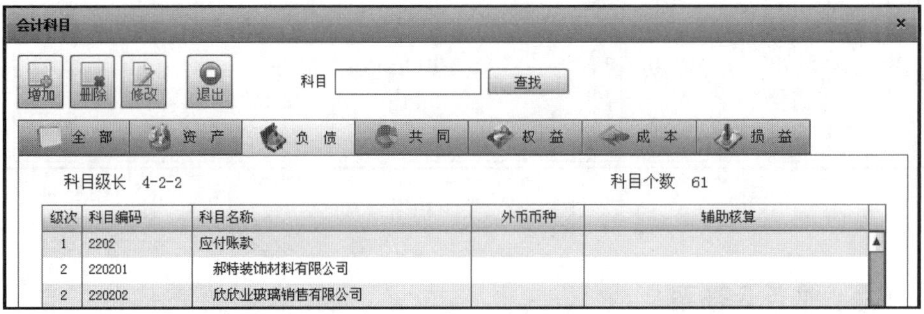

图 12-9 会计科目设置(应付账款)

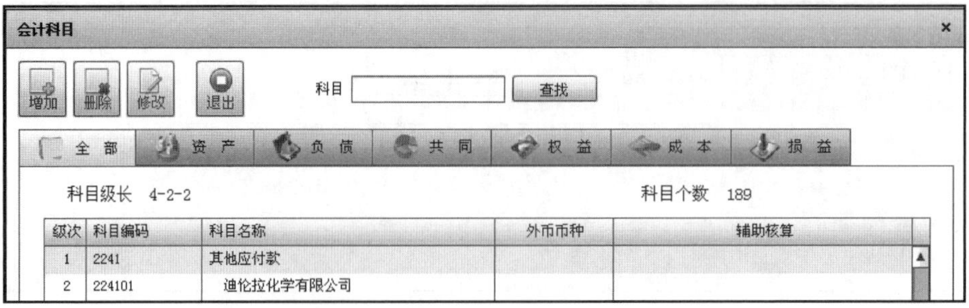

图 12-10 会计科目设置(其他应付款)

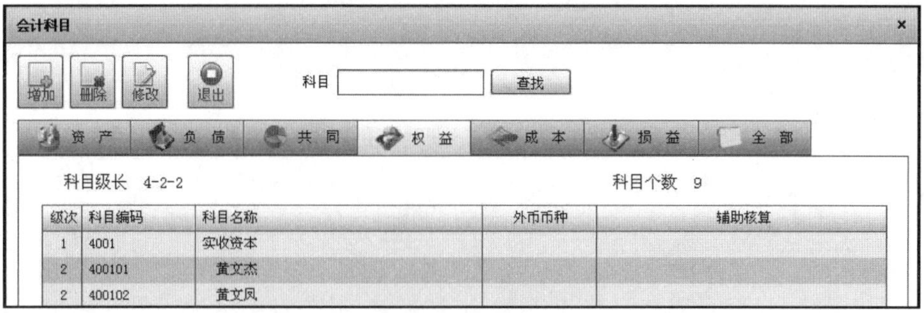

图 12-11　会计科目设置(实收资本)

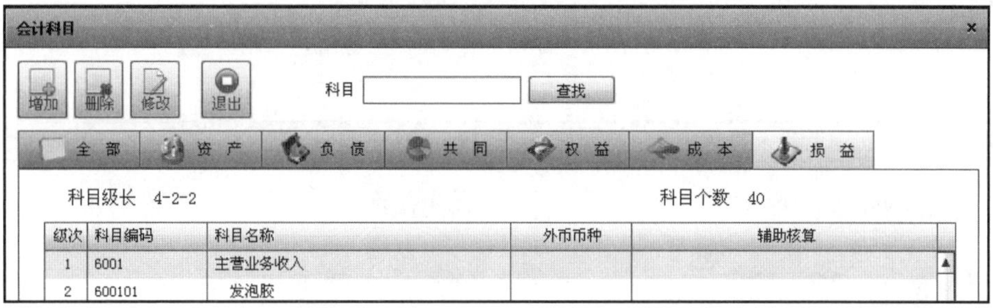

图 12-12　会计科目设置(主营业务收入)

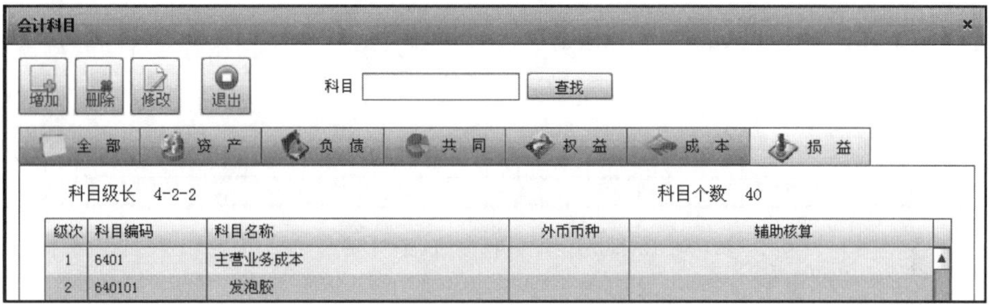

图 12-13　会计科目设置(主营业务成本)

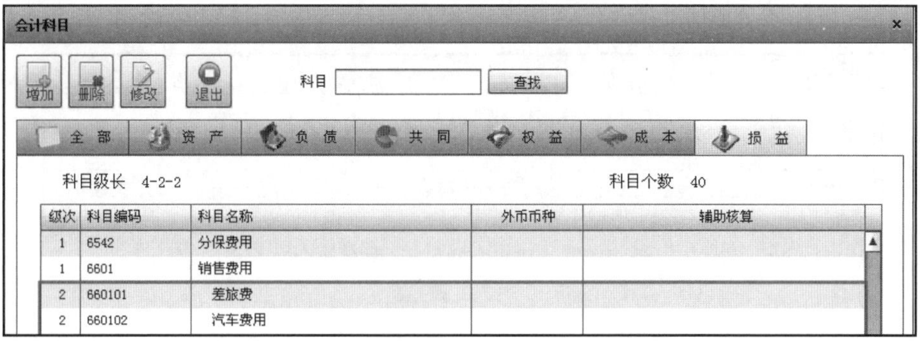

图 12-14　会计科目设置(销售费用)

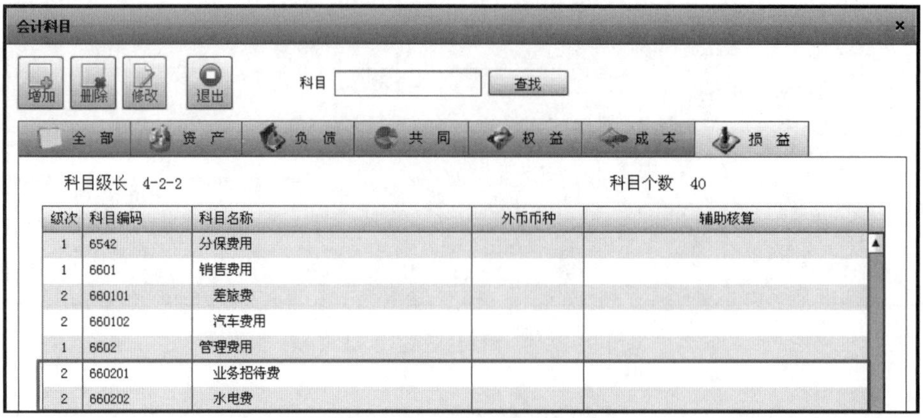

图 12-15 会计科目设置(管理费用)

图 12-16 会计科目设置(财务费用)

（七）业务 7 答案

期初余额设置见图 12-17～图 12-24。

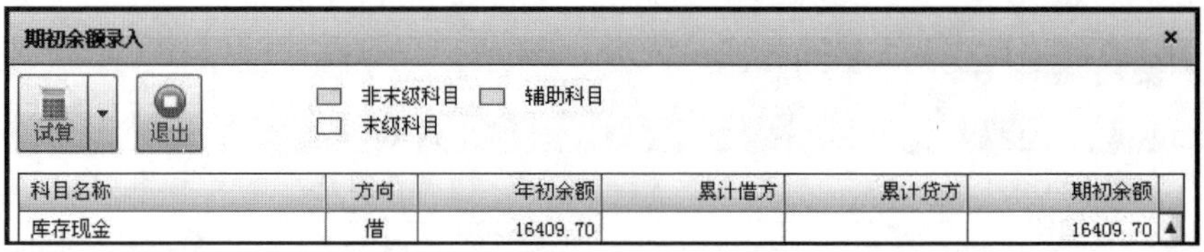

科目名称	方向	年初余额	累计借方	累计贷方	期初余额
库存现金	借	16409.70			16409.70

图 12-17 期初余额设置(库存现金)

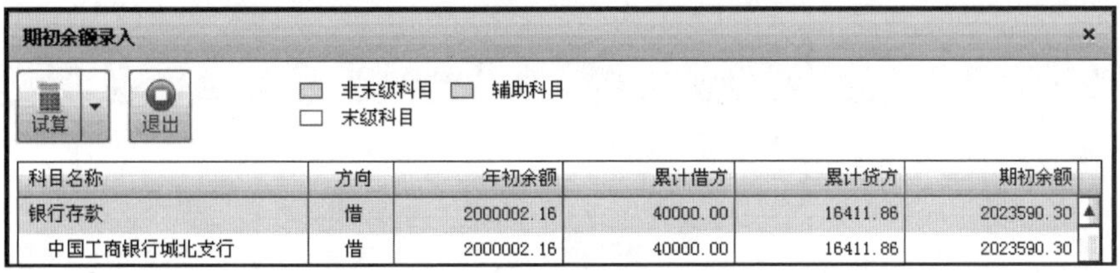

科目名称	方向	年初余额	累计借方	累计贷方	期初余额
银行存款	借	2000002.16	40000.00	16411.86	2023590.30
中国工商银行城北支行	借	2000002.16	40000.00	16411.86	2023590.30

图 12-18　期初余额设置(银行存款)

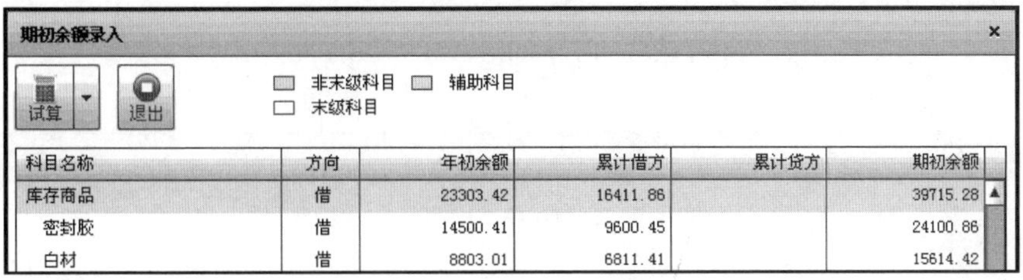

科目名称	方向	年初余额	累计借方	累计贷方	期初余额
库存商品	借	23303.42	16411.86		39715.28
密封胶	借	14500.41	9600.45		24100.86
白材	借	8803.01	6811.41		15614.42

图 12-19　期初余额设置(库存商品)

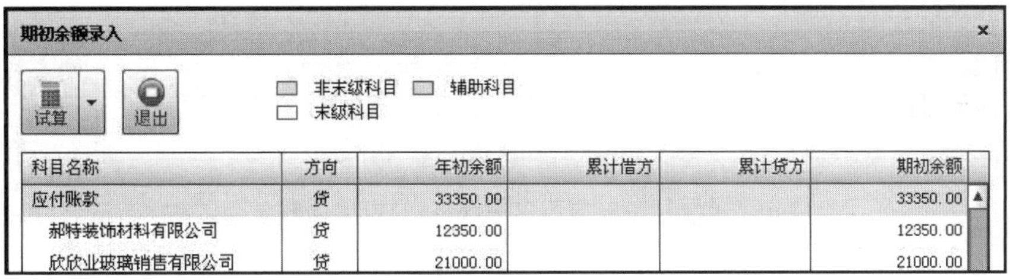

科目名称	方向	年初余额	累计借方	累计贷方	期初余额
应付账款	贷	33350.00			33350.00
郝特装饰材料有限公司	贷	12350.00			12350.00
欣欣业玻璃销售有限公司	贷	21000.00			21000.00

图 12-20　期初余额设置(应付账款)

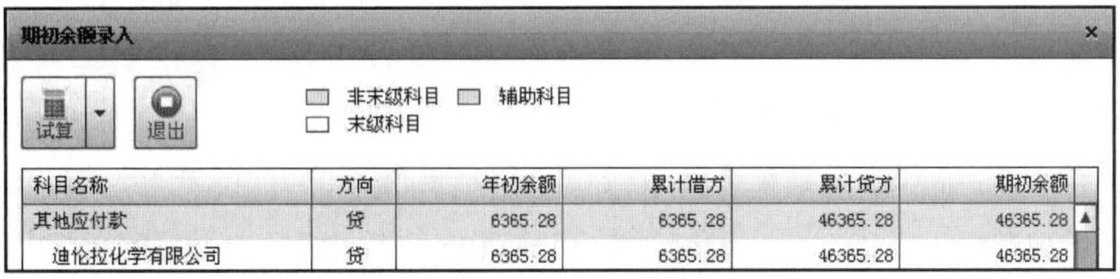

科目名称	方向	年初余额	累计借方	累计贷方	期初余额
其他应付款	贷	6365.28	6365.28	46365.28	46365.28
迪伦拉化学有限公司	贷	6365.28	6365.28	46365.28	46365.28

图 12-21　期初余额设置(其他应付款)

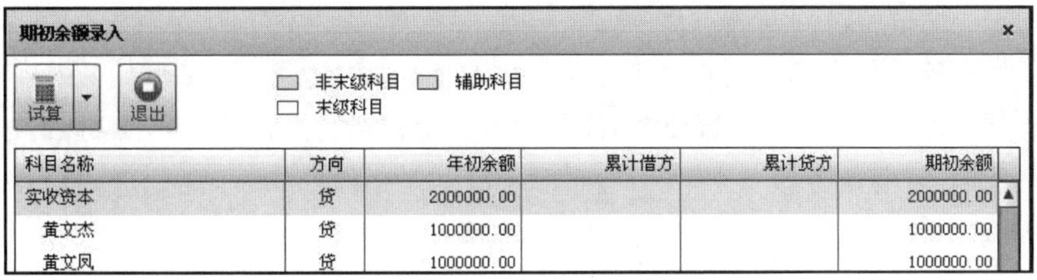

科目名称	方向	年初余额	累计借方	累计贷方	期初余额
实收资本	贷	2000000.00			2000000.00
黄文杰	贷	1000000.00			1000000.00
黄文凤	贷	1000000.00			1000000.00

图 12-22　期初余额设置(实收资本)

科目名称	方向	年初余额	累计借方	累计贷方	期初余额
分保费用	借				
销售费用	借		4000.00	4000.00	
差旅费	借		2500.00	2500.00	
汽车费用	借		1500.00	1500.00	

图 12-23 期初余额设置(销售费用)

科目名称	方向	年初余额	累计借方	累计贷方	期初余额
分保费用	借				
销售费用	借		4000.00	4000.00	
差旅费	借		2500.00	2500.00	
汽车费用	借		1500.00	1500.00	
管理费用	借		5500.00	5500.00	
业务招待费	借		4000.00	4000.00	
水电费	借		1500.00	1500.00	

图 12-24 期初余额设置(管理费用)

二、日常业务处理

(一)业务 8 答案

采购业务的日常账务处理见图 12-25。

解题原理:企业发生采购业务,收到增值税专用发票时,需按发票上所载的不含税金额借记“库存商品——发泡胶”等科目,按税额借记“应交税费——应交增值税——进项税额”,按价税合计金额贷记“银行存款”科目。

(二)业务 9 答案

销售业务的日常账务处理见图 12-26。

解题原理:企业发生销售业务,按价税合计金额借记“应收账款”等科目,按不含税金额贷记“主营业务收入”科目,按税额贷记“应交税费——应交增值税——销项税额”科目。

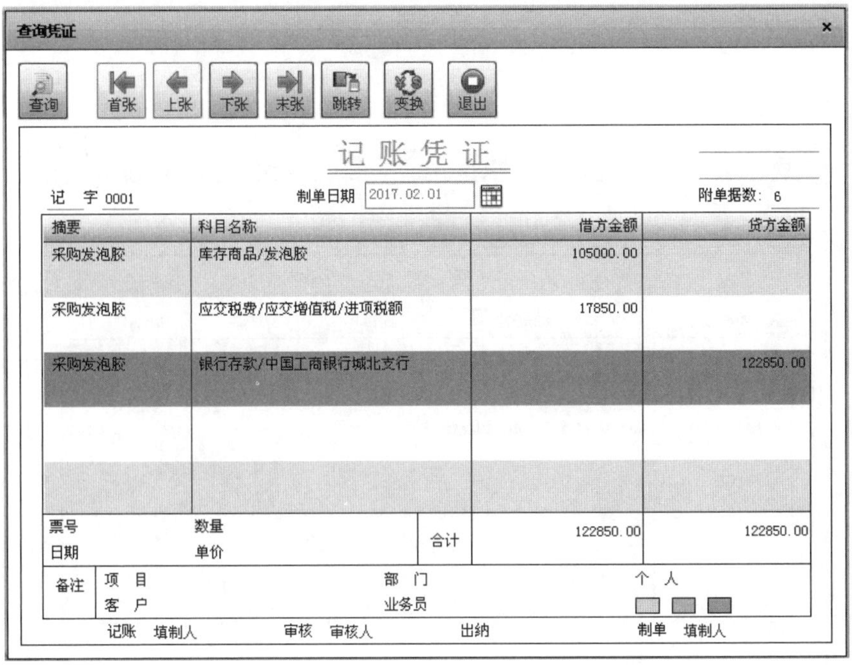

图 12-25　采购业务的日常账务处理

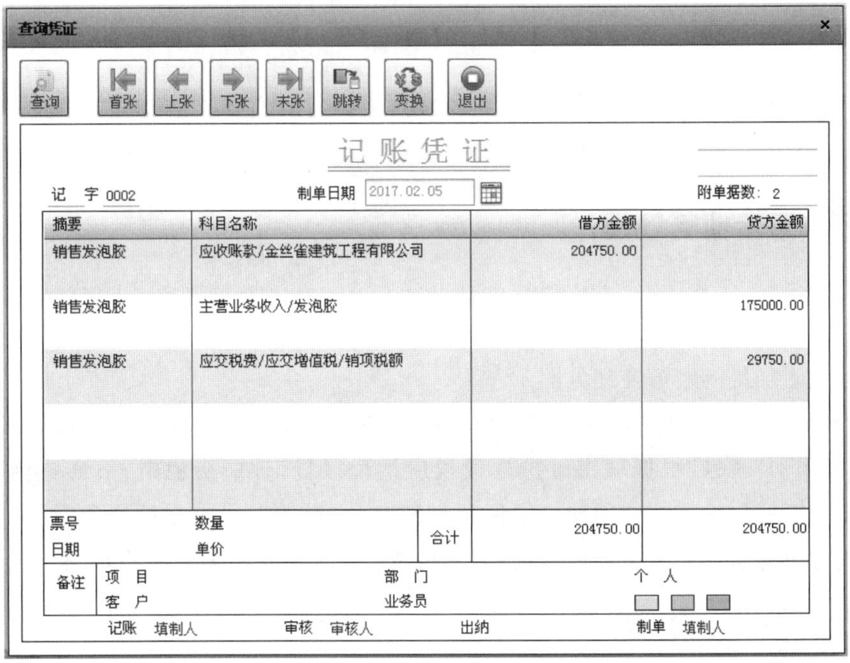

图 12-26　销售业务的日常账务处理

（三）业务 10 答案

支付银行手续费的日常账务处理见图 12-27。

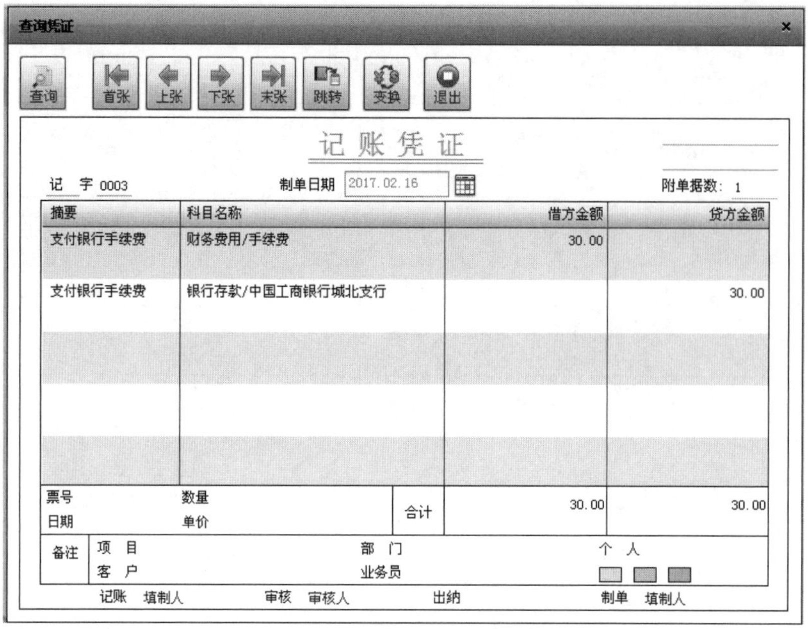

图 12-27 支付银行手续费的账务处理

解题原理：企业发生银行转账手续费时，根据付款通知书的金额，借记“财务费用——手续费”科目，贷记“银行存款”科目。

三、月末业务处理

（一）业务 11 答案

计提附加税的账务处理见图 12-28。

解题原理：企业计提附加税时，根据附加费计算表中应纳税金的合计金额借记“税金及附加”科目，根据城市维护建设税应纳税额贷记“应交税费——应交城市维护建设税”科目，根据教育附加应纳税额贷记“应交税费——应交教育费附加”科目，根据地方教育费附加应纳税额贷记“应交税费——应交地方教育费附加”科目。

（二）业务 12 答案

结转销售成本的账务处理见图 12-29。

解题原理：企业结转销售成本，可根据销售成本明细表的本期销售成本合计数借记“主营业务成本——发泡胶”科目，贷记“库存商品——发泡胶”科目。

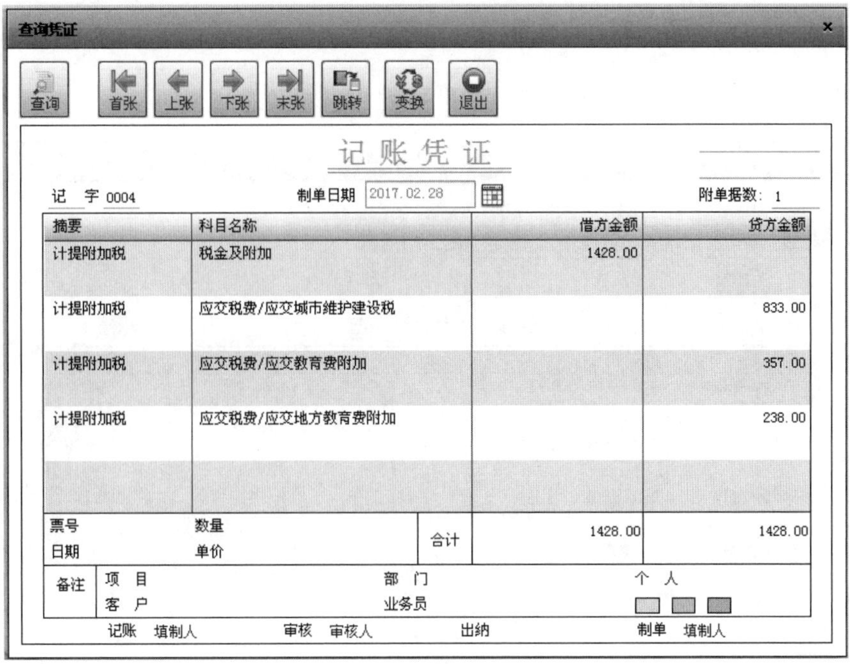

图 12-28 计提附加税的账务处理

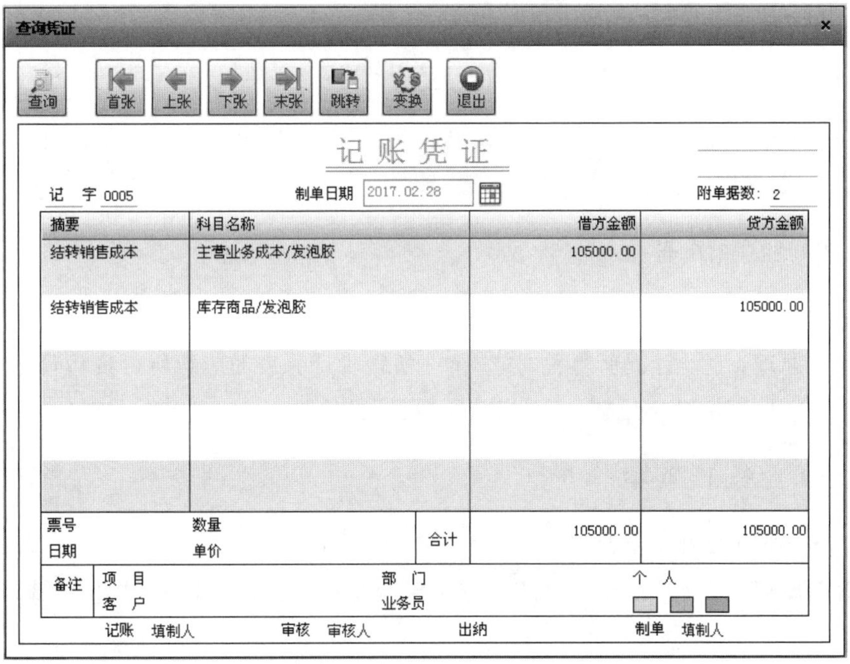

图 12-29 结转销售成本的账务处理

（三）业务 13 答案

期间损益结转的账务处理见图 12-30。

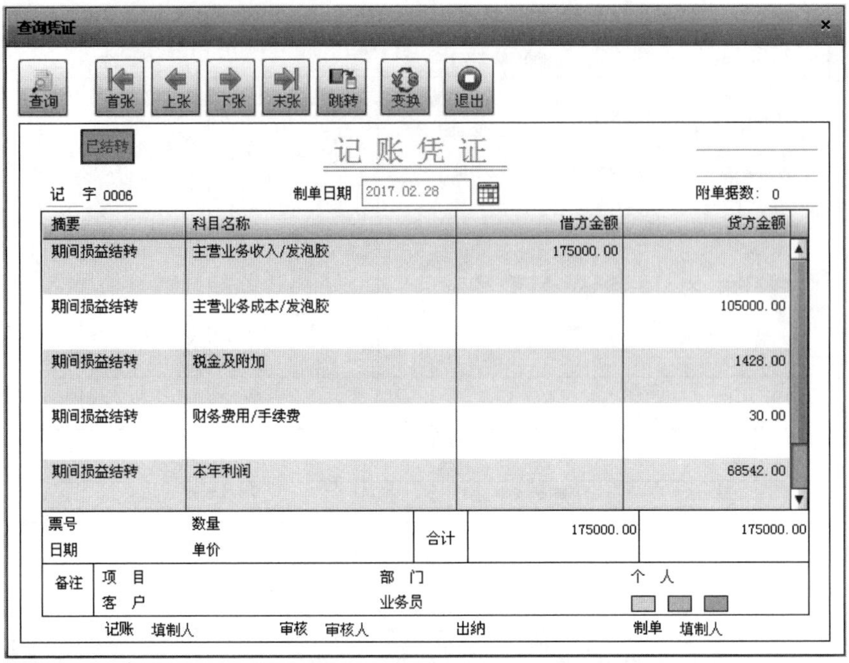

摘要	科目名称	借方金额	贷方金额
期间损益结转	主营业务收入/发泡胶	175000.00	
期间损益结转	主营业务成本/发泡胶		105000.00
期间损益结转	税金及附加		1428.00
期间损益结转	财务费用/手续费		30.00
期间损益结转	本年利润		68542.00
票号 日期	数量 单价	合计 175000.00	175000.00

图 12-30 期间损益结转的账务处理

解题原理：在电算化系统中，会计结转损益时，直接单击“月末转账”即可，系统会自动生成结转凭证，然后单击“保存”结转凭证。

（四）业务 14 答案

计提本月所得税的账务处理见图 12-31。

解题原理：企业计提所得税时，按企业所得税计算表的应纳所得税额借记“所得税费用”科目，贷记“应交税费——应交所得税”科目。

（五）业务 15 答案

结转所得税的账务处理见图 12-32。

解题原理：结转所得税的审核、记账、结转可直接按结转损益的操作步骤进行。

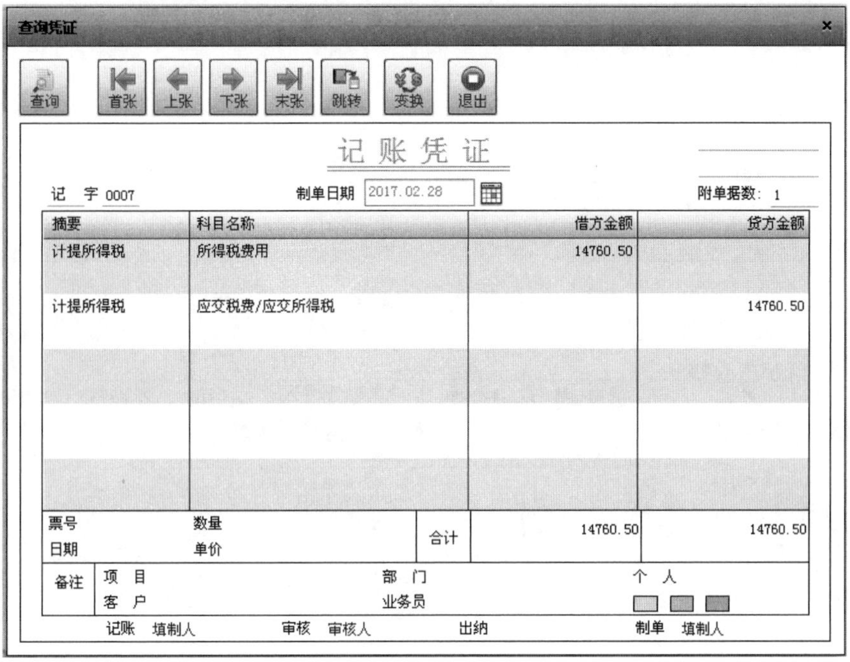

图 12-31　计提本月所得税的账务处理

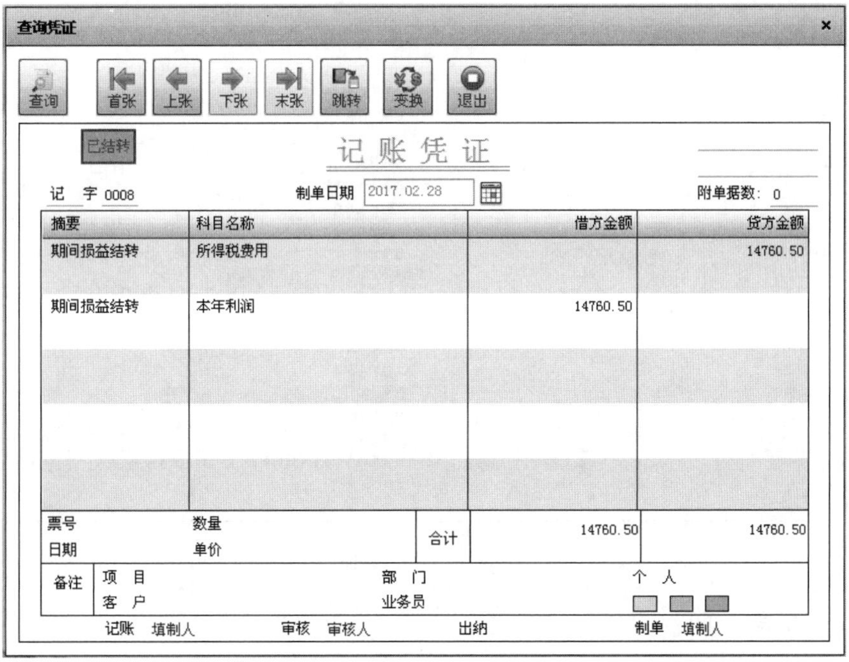

图 12-32　结转所得税的账务处理

四、报表生成

（一）业务 16 答案

电算化系统生成的资产负债表见图 12-33。

资产负债表　　导出　打印　保存

资产负债表

企业01表

编制单位：北京我爱会计商贸有限公司　　2017 年 02 月 28 日　　单位:元

资　　产	行次	期末余额	年初余额	负债和所有者权益(或股东权益)	行次	期末余额	年初余额
流动资产：				流动负债：			
货币资金	1	1917120.00	2016411.86	短期借款	32		
以公允价值计量且其变动计入当期损益的金融资产	2			以公允价值计量且其变动计入当期损益的金融负债	33		
应收票据	3			应付票据	34		
应收账款	4	204750.00		应付账款	35	33350.00	33350.00
预付款项	5			预收款项	36		
应收利息	6			应付职工薪酬	37		
应收股利	7			应交税费	38	28088.50	
其他应收款	8			应付利息	39		
存货	9	39715.28	23303.42	应付股利	40		
一年内到期的非流动资产	10			其他应付款	41	46365.28	6365.28
其他流动资产	11			一年内到期的非流动负债	42		
流动资产合计	12	2161585.28	2039715.28	其他流动负债	43		
非流动资产：				流动负债合计	44	107803.78	39715.28
可供出售金融资产	13			非流动负债：			
持有至到期投资	14			长期借款	45		
长期应收款	15			应付债券	46		
长期股权投资	16			长期应付款	47		
投资性房地产	17			专项应付款	48		
固定资产	18			预计负债	49		
在建工程	19			递延收益	50		
工程物资	20			递延所得税负债	51		
固定资产清理	21			其他非流动负债	52		
生产性生物资产	22			非流动负债合计	53		
油气资产	23			负债合计	54	107803.78	39715.28
无形资产	24			所有者权益（或股东权益）：			
开发支出	25			实收资本（或股本）	55	2000000.00	2000000.00
商誉	26			资本公积	56		
长摊待摊费用	27			减：库存股	57		
递延所得税资产	28			其他综合收益	58		
其他非流动资产	29			盈余公积	59		
非流动资产合计	30			未分配利润	60	53781.50	
				所有者权益（或股东权益)合计	61	2053781.50	2000000.00
资产总计	31	2161585.28	2039715.28	负债和所有者权益（或股东权益）总计	62	2161585.28	2039715.28

数据　　填制人：填制人

图 12-33　资产负债表

电算化系统生成的利润表见图 12-34。

（二）业务 17 答案

结账操作流程见图 12-35～图 12-38。

利润表　导出　打印　保存

利润表

企业02表

编制单位：北京我爱会计商贸有限公司　2017 年 02 月　单位:元

项　　目	行次	本期金额	上期金额
一、营业收入	1	175000.00	
减：营业成本	2	105000.00	
税金及附加	3	1428.00	
销售费用	4		
管理费用	5		
财务费用（收益以"－"号填列）	6	30.00	
资产减值损失	7		
加：公允价值变动净收益（损失以"－"号填列）	8		
投资收益（损失以"－"号填列）	9		
其中：对联营企业与合营企业的投资收益	10		
二、营业利润（亏损以"－"号填列）	11	68542.00	
加：营业外收入	12		
其中：非流动资产处置利得	13		
减：营业外支出	14		
其中：非流动资产处置损失（收益以"－"号填列）	15		
三、利润总额（亏损总额以"－"号填列）	16	68542.00	
减：所得税费用	17	14760.50	
四、净利润（净亏损以"－"号填列）	18	53781.50	
五、其他综合收益的税后净额	19		
（一）以后不能重分类进损益的其他综合收益	20		
（二）以后将重分类进损益的其他综合收益	21		
六、综合收益总额	22	53781.50	
七、每股收益	23		
（一）基本每股收益	24		
（二）稀释每股收益	25		

数据　填制人：填制人

图 12-34　利润表

图 12-35　结账操作流程(1)

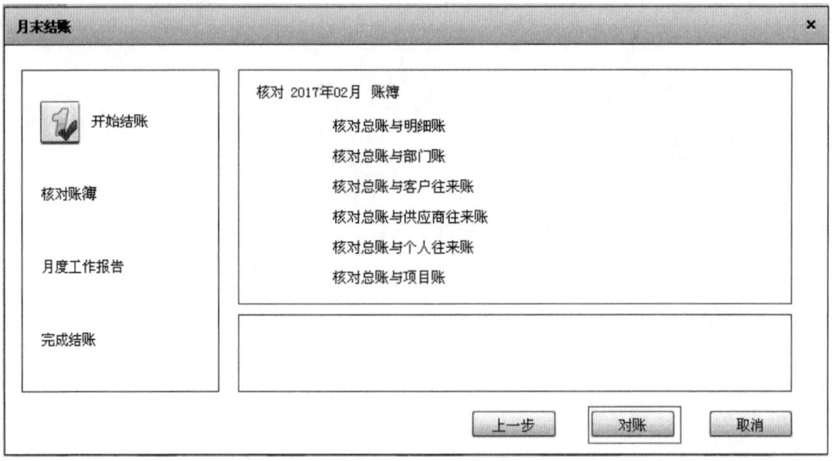

图 12-36 结账操作流程(2)

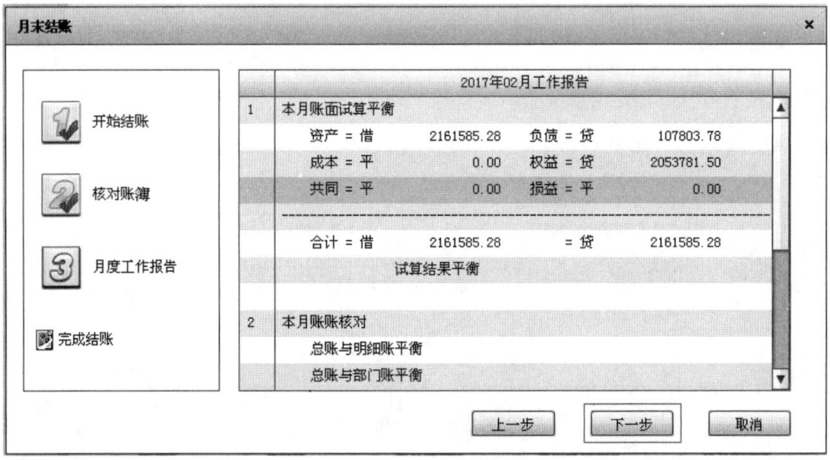

图 12-37 结账操作流程(3)

图 12-38 结账操作流程(4)

账 簿 启 用 及 交 接 表

机构名称		印　鉴
账簿名称	（第　　　册）	
账簿编号		
账簿页数	本账簿共计　　　页（本账簿页数 检点人盖章　　　）	
启用日期	公元　　　年　　　月　　　日	

经管人员	负责人		主办会计		复核		记账	
	姓名	盖章	姓名	盖章	姓名	盖章	姓名	盖章

接交记录	经管人员		接管				交出			
	职别	姓名	年	月	日	盖章	年	月	日	盖章

备注	

账　簿　目　录　表

账户名称	账号	总页码	账户名称	账号	总页码	账户名称	账号	总页码

分页　　总页：

总分类账

年		凭证		摘要	借方											贷方											借或贷	余额											√
月	日	字	号		亿	千	百	十	万	千	百	十	元	角	分	亿	千	百	十	万	千	百	十	元	角	分		亿	千	百	十	万	千	百	十	元	角	分	
																																							□
																																							□
																																							□
																																							□
																																							□
																																							□
																																							□
																																							□
																																							□
																																							□
																																							□
																																							□
																																							□
																																							□
																																							□
																																							□
																																							□
																																							□
																																							□
																																							□
																																							□
																																							□
																																							□
																																							□
																																							□
																																							□
																																							□
																																							□
																																							□
																																							□

分页　　总页:

总分类账

年		凭证		摘要	借方											贷方											借或贷	余额										
月	日	字	号		亿	千	百	十	万	千	百	十	元	角	分	亿	千	百	十	万	千	百	十	元	角	分		亿	千	百	十	万	千	百	十	元	角	分

分页　　总页:

总分类账

年		凭证		摘要	借方											贷方											借或贷	余额											√
月	日	字	号		亿	千	百	十	万	千	百	十	元	角	分	亿	千	百	十	万	千	百	十	元	角	分		亿	千	百	十	万	千	百	十	元	角	分	
																																							☐
																																							☐
																																							☐
																																							☐
																																							☐
																																							☐
																																							☐
																																							☐
																																							☐
																																							☐
																																							☐
																																							☐
																																							☐
																																							☐
																																							☐
																																							☐
																																							☐
																																							☐
																																							☐
																																							☐
																																							☐
																																							☐
																																							☐
																																							☐
																																							☐
																																							☐
																																							☐
																																							☐
																																							☐
																																							☐

分页　　总页：

总分类账

年		凭证		摘　要	借　方											贷　方											借或贷	余　额										
月	日	字	号		亿	千	百	十	万	千	百	十	元	角	分	亿	千	百	十	万	千	百	十	元	角	分		亿	千	百	十	万	千	百	十	元	角	分

分页　　总页:

总分类账

年		凭证		摘　　要	借　方											贷　方											借或贷	余　额											√
月	日	字	号		亿	千	百	十	万	千	百	十	元	角	分	亿	千	百	十	万	千	百	十	元	角	分		亿	千	百	十	万	千	百	十	元	角	分	
																																							□
																																							□
																																							□
																																							□
																																							□
																																							□
																																							□
																																							□
																																							□
																																							□
																																							□
																																							□
																																							□
																																							□
																																							□
																																							□
																																							□
																																							□
																																							□
																																							□
																																							□
																																							□
																																							□
																																							□
																																							□
																																							□
																																							□
																																							□
																																							□
																																							□

分页　　总页:

总分类账

年		凭证		摘要	借方											贷方											借或贷	余额										
月	日	字	号		亿	千	百	十	万	千	百	十	元	角	分	亿	千	百	十	万	千	百	十	元	角	分		亿	千	百	十	万	千	百	十	元	角	分

分页　　总页:

总分类账

年		凭证		摘要	借方											贷方											借或贷	余额											√
月	日	字	号		亿	千	百	十	万	千	百	十	元	角	分	亿	千	百	十	万	千	百	十	元	角	分		亿	千	百	十	万	千	百	十	元	角	分	
																																							□
																																							□
																																							□
																																							□
																																							□
																																							□
																																							□
																																							□
																																							□
																																							□
																																							□
																																							□
																																							□
																																							□
																																							□
																																							□
																																							□
																																							□
																																							□
																																							□
																																							□
																																							□
																																							□
																																							□
																																							□
																																							□
																																							□
																																							□
																																							□
																																							□

分页　　总页:

总分类账

年		凭证		摘要	借方											贷方											借或贷	余额										
月	日	字	号		亿	千	百	十	万	千	百	十	元	角	分	亿	千	百	十	万	千	百	十	元	角	分		亿	千	百	十	万	千	百	十	元	角	分

分页　　总页：

总分类账

年		凭证		摘要	借方											贷方											借或贷	余额											√
月	日	字	号		亿	千	百	十	万	千	百	十	元	角	分	亿	千	百	十	万	千	百	十	元	角	分		亿	千	百	十	万	千	百	十	元	角	分	
																																							□
																																							□
																																							□
																																							□
																																							□
																																							□
																																							□
																																							□
																																							□
																																							□
																																							□
																																							□
																																							□
																																							□
																																							□
																																							□
																																							□
																																							□
																																							□
																																							□
																																							□
																																							□
																																							□
																																							□
																																							□
																																							□
																																							□
																																							□
																																							□
																																							□

分页　　总页：

总分类账

年		凭证		摘要	借方											贷方											借或贷	余额										
月	日	字	号		亿	千	百	十	万	千	百	十	元	角	分	亿	千	百	十	万	千	百	十	元	角	分		亿	千	百	十	万	千	百	十	元	角	分

分页　　总页:

总分类账

年		凭证		摘要	借方											贷方											借或贷	余额											√
月	日	字	号		亿	千	百	十	万	千	百	十	元	角	分	亿	千	百	十	万	千	百	十	元	角	分		亿	千	百	十	万	千	百	十	元	角	分	
																																							□
																																							□
																																							□
																																							□
																																							□
																																							□
																																							□
																																							□
																																							□
																																							□
																																							□
																																							□
																																							□
																																							□
																																							□
																																							□
																																							□
																																							□
																																							□
																																							□
																																							□
																																							□
																																							□
																																							□
																																							□
																																							□
																																							□
																																							□
																																							□
																																							□

分页　　总页:

总分类账

年		凭证		摘要	借方											贷方											借或贷	余额										
月	日	字	号		亿	千	百	十	万	千	百	十	元	角	分	亿	千	百	十	万	千	百	十	元	角	分		亿	千	百	十	万	千	百	十	元	角	分

分页　　总页:

总分类账

年		凭证		摘要	借方											贷方											借或贷	余额											√
月	日	字	号		亿	千	百	十	万	千	百	十	元	角	分	亿	千	百	十	万	千	百	十	元	角	分		亿	千	百	十	万	千	百	十	元	角	分	
																																							□
																																							□
																																							□
																																							□
																																							□
																																							□
																																							□
																																							□
																																							□
																																							□
																																							□
																																							□
																																							□
																																							□
																																							□
																																							□
																																							□
																																							□
																																							□
																																							□
																																							□
																																							□
																																							□
																																							□
																																							□
																																							□
																																							□
																																							□
																																							□
																																							□

分页　　总页:

总分类账

年		凭证		摘要	借方											贷方											借或贷	余额											√
月	日	字	号		亿	千	百	十	万	千	百	十	元	角	分	亿	千	百	十	万	千	百	十	元	角	分		亿	千	百	十	万	千	百	十	元	角	分	

分页　　总页:

总分类账

年		凭证		摘要	借方											贷方											借或贷	余额											√
月	日	字	号		亿	千	百	十	万	千	百	十	元	角	分	亿	千	百	十	万	千	百	十	元	角	分		亿	千	百	十	万	千	百	十	元	角	分	
																																							□
																																							□
																																							□
																																							□
																																							□
																																							□
																																							□
																																							□
																																							□
																																							□
																																							□
																																							□
																																							□
																																							□
																																							□
																																							□
																																							□
																																							□
																																							□
																																							□
																																							□
																																							□
																																							□
																																							□
																																							□
																																							□
																																							□
																																							□
																																							□
																																							□

分页　　总页:

总分类账

年		凭证		摘要	借方											贷方											借或贷	余额										
月	日	字	号		亿	千	百	十	万	千	百	十	元	角	分	亿	千	百	十	万	千	百	十	元	角	分		亿	千	百	十	万	千	百	十	元	角	分

分页　　总页:

总分类账

年		凭证		摘要	借方											贷方											借或贷	余额											√
月	日	字	号		亿	千	百	十	万	千	百	十	元	角	分	亿	千	百	十	万	千	百	十	元	角	分		亿	千	百	十	万	千	百	十	元	角	分	
																																							□
																																							□
																																							□
																																							□
																																							□
																																							□
																																							□
																																							□
																																							□
																																							□
																																							□
																																							□
																																							□
																																							□
																																							□
																																							□
																																							□
																																							□
																																							□
																																							□
																																							□
																																							□
																																							□
																																							□
																																							□
																																							□
																																							□
																																							□
																																							□
																																							□

分页　　总页:

总分类账

年		凭证		摘要	借方											贷方											借或贷	余额										
月	日	字	号		亿	千	百	十	万	千	百	十	元	角	分	亿	千	百	十	万	千	百	十	元	角	分		亿	千	百	十	万	千	百	十	元	角	分

分页　　总页:

总分类账

年		凭证		摘要	借方											贷方											借或贷	余额											√
月	日	字	号		亿	千	百	十	万	千	百	十	元	角	分	亿	千	百	十	万	千	百	十	元	角	分		亿	千	百	十	万	千	百	十	元	角	分	
																																							□
																																							□
																																							□
																																							□
																																							□
																																							□
																																							□
																																							□
																																							□
																																							□
																																							□
																																							□
																																							□
																																							□
																																							□
																																							□
																																							□
																																							□
																																							□
																																							□
																																							□
																																							□
																																							□
																																							□
																																							□
																																							□
																																							□
																																							□
																																							□
																																							□

分页　　总页:

总分类账

年		凭证		摘要	借方											贷方											借或贷	余额										
月	日	字	号		亿	千	百	十	万	千	百	十	元	角	分	亿	千	百	十	万	千	百	十	元	角	分		亿	千	百	十	万	千	百	十	元	角	分

分页　　总页:

总分类账

年		凭证		摘要	借方											贷方											借或贷	余额											√
月	日	字	号		亿	千	百	十	万	千	百	十	元	角	分	亿	千	百	十	万	千	百	十	元	角	分		亿	千	百	十	万	千	百	十	元	角	分	
																																							☐
																																							☐
																																							☐
																																							☐
																																							☐
																																							☐
																																							☐
																																							☐
																																							☐
																																							☐
																																							☐
																																							☐
																																							☐
																																							☐
																																							☐
																																							☐
																																							☐
																																							☐
																																							☐
																																							☐
																																							☐
																																							☐
																																							☐
																																							☐
																																							☐
																																							☐
																																							☐
																																							☐
																																							☐
																																							☐

分页　　总页:

总分类账

年		凭证		摘要	借方											贷方											借或贷	余额										
月	日	字	号		亿	千	百	十	万	千	百	十	元	角	分	亿	千	百	十	万	千	百	十	元	角	分		亿	千	百	十	万	千	百	十	元	角	分

分页　　总页:

总分类账

年		凭证		摘要	借方											贷方											借或贷	余额											√
月	日	字	号		亿	千	百	十	万	千	百	十	元	角	分	亿	千	百	十	万	千	百	十	元	角	分		亿	千	百	十	万	千	百	十	元	角	分	
																																							☐
																																							☐
																																							☐
																																							☐
																																							☐
																																							☐
																																							☐
																																							☐
																																							☐
																																							☐
																																							☐
																																							☐
																																							☐
																																							☐
																																							☐
																																							☐
																																							☐
																																							☐
																																							☐
																																							☐
																																							☐
																																							☐
																																							☐
																																							☐
																																							☐
																																							☐
																																							☐
																																							☐
																																							☐
																																							☐

分页　　总页:

总分类账

年		凭证		摘要	借方											贷方											借或贷	余额										
月	日	字	号		亿	千	百	十	万	千	百	十	元	角	分	亿	千	百	十	万	千	百	十	元	角	分		亿	千	百	十	万	千	百	十	元	角	分

分页　　总页:

总分类账

年		凭证		摘要	借方											贷方											借或贷	余额											√
月	日	字	号		亿	千	百	十	万	千	百	十	元	角	分	亿	千	百	十	万	千	百	十	元	角	分		亿	千	百	十	万	千	百	十	元	角	分	
																																							☐
																																							☐
																																							☐
																																							☐
																																							☐
																																							☐
																																							☐
																																							☐
																																							☐
																																							☐
																																							☐
																																							☐
																																							☐
																																							☐
																																							☐
																																							☐
																																							☐
																																							☐
																																							☐
																																							☐
																																							☐
																																							☐
																																							☐
																																							☐
																																							☐
																																							☐
																																							☐
																																							☐
																																							☐
																																							☐

分页　　总页:

总分类账

年		凭证		摘　　要	借　方											贷　方											借或贷	余　额										
月	日	字	号		亿	千	百	十	万	千	百	十	元	角	分	亿	千	百	十	万	千	百	十	元	角	分		亿	千	百	十	万	千	百	十	元	角	分

分页　　总页:

总分类账

年		凭证		摘要	借方											贷方											借或贷	余额											√
月	日	字	号		亿	千	百	十	万	千	百	十	元	角	分	亿	千	百	十	万	千	百	十	元	角	分		亿	千	百	十	万	千	百	十	元	角	分	
																																							□
																																							□
																																							□
																																							□
																																							□
																																							□
																																							□
																																							□
																																							□
																																							□
																																							□
																																							□
																																							□
																																							□
																																							□
																																							□
																																							□
																																							□
																																							□
																																							□
																																							□
																																							□
																																							□
																																							□
																																							□
																																							□
																																							□
																																							□
																																							□
																																							□

分页　　总页:

总分类账

年		凭证		摘要	借方											贷方											借或贷	余额										
月	日	字	号		亿	千	百	十	万	千	百	十	元	角	分	亿	千	百	十	万	千	百	十	元	角	分		亿	千	百	十	万	千	百	十	元	角	分

分页　　总页:

总分类账

年		凭证		摘要	借方											贷方											借或贷	余额											√
月	日	字	号		亿	千	百	十	万	千	百	十	元	角	分	亿	千	百	十	万	千	百	十	元	角	分		亿	千	百	十	万	千	百	十	元	角	分	
																																							□
																																							□
																																							□
																																							□
																																							□
																																							□
																																							□
																																							□
																																							□
																																							□
																																							□
																																							□
																																							□
																																							□
																																							□
																																							□
																																							□
																																							□
																																							□
																																							□
																																							□
																																							□
																																							□
																																							□
																																							□
																																							□
																																							□
																																							□
																																							□
																																							□

分页　　总页:

总分类账

年		凭证		摘　要	借　方											贷　方											借或贷	余　额										
月	日	字	号		亿	千	百	十	万	千	百	十	元	角	分	亿	千	百	十	万	千	百	十	元	角	分		亿	千	百	十	万	千	百	十	元	角	分

手工全盘账单据簿

郑京我爱会计服饰有限公司(2017年1月)原始单据目录表

续表

业务序号	业务摘要	原始单据		
		序　号	名　　称	页码
业务 21	销售货物一批	—	无	19
业务 22	支付货款	1-22-1	进账单回单	19
		1-22-2	转账支票存根	20
业务 23	缴纳住房公积金	1-23-1	付款申请书	20
		1-23-2	转账支票存根	20
		1-23-3	住房公积金汇(补)缴书	21
业务 24	支付运输费	1-24-1	报销单	21
		1-24-1-1	货物运输业增值税专用发票	22
业务 25	支付货款	1-25-1	业务委托书回执	22
业务 26	支付电汇手续费	1-26-1	业务收费凭证	23
业务 27	结转发出成本	1-27-1	产品成本计算表	24
业务 28	计提折旧	1-28-1	固定资产折旧明细表	25
业务 29	计提 1 月份工资	1-29-1	工资汇总表	26
		1-29-2	工资表	27
业务 30	结转本月未交增值税	1-30-1	未交增值税计算表	28
业务 31	计提本月附加税	1-31-1	附加税计算表	28
业务 32	计提并结转所得税费用	1-32-1	企业所得税计算表	29
业务 33	结转损益(成本、费用)	—	无	29
业务 34	结转损益(收入)	—	无	29

郑京我爱会计服饰有限公司(2017年2月)原始单据目录表

业务序号	业务摘要	原始单据		
		序　号	名　称	页码
业务1	提取备用金	2-1-1	现金支票存根	30
业务2	报销聚餐费	2-2-1	报销单	30
		2-2-1-1	增值税普通发票	31
业务3	收到货款	2-3-1	收账通知	31
业务4	销售货物一批	2-4-1	增值税专用发票	32
		2-4-2	销售单	32
业务5	收到短期贷款	2-5-1	借款凭证	33
业务6	采购货物一批	2-6-1	增值税专用发票	33
		2-6-2	销售单	34
		2-6-3	入库单	34
业务7	报销业务招待费	2-7-1	报销单	35
		2-7-1-1	增值税普通发票	35
		2-7-1-2	收款收据	36
业务8	支付保险费	2-8-1	付款申请书	36
		2-8-1-1	增值税专用发票	37
		2-8-2	转账支票存根	37
		2-8-3	进账单回单	37
业务9	报销业务招待费	2-9-1	报销单	38
		2-9-1-1	增值税普通发票	38
业务10	缴纳增值税	2-10-1	电子缴税付款凭证	39
业务11	缴纳附加税	2-11-1	电子缴税付款凭证	39
业务12	支付通信费	2-12-1	付款申请书	40
		2-12-2	进账单回单	40
		2-12-3	转账支票存根	41
		2-12-4	增值税普通发票	41
业务13	缴纳个人所得税	2-13-1	电子缴税付款凭证	42
业务14	发放1月份工资	2-14-1	工资汇总表	43
		2-14-2	工资表	44
		2-14-3	转账支票存根	45
		2-14-4	进账单回单	45
业务15	销售货物一批	2-15-1	增值税专用发票	45
		2-15-2	销售单	46
业务16	缴纳社保费	2-16-1	电子缴税付款凭证	46
		2-16-2	社保费明细表	47
业务17	支付货款	2-17-1	付款申请书	48
		2-17-2	业务委托书回执	48

续表

业务序号	业务摘要	原始单据		
		序号	名称	页码
业务 18	支付电汇手续费	2-18-1	业务收费凭证	49
业务 19	报销差旅费	2-19-1	差旅费报销单	49
		2-19-1-1	火车票	50
		2-19-1-2	火车票	50
		2-19-1-3	增值税普通发票	50
业务 20	采购办公用品	2-20-1	报销单	51
		2-20-1-1	增值税普通发票	51
业务 21	支付办公场地租金	2-21-1	报销单	52
		2-21-1-1	增值税专用发票	52
业务 22	支付货款	2-22-1	付款申请书	53
		2-22-2	业务委托书回执	53
业务 23	支付电汇手续费	2-23-1	业务收费凭证	54
业务 24	支付银行手续费	2-24-1	业务收费凭证	54
业务 25	缴纳住房公积金	2-25-1	付款申请书	55
		2-25-2	转账支票存根	55
		2-25-3	住房公积金汇(补)缴书	56
业务 26	销售货物一批	2-26-1	增值税专用发票	56
		2-26-2	销售单	57
业务 27	报销水电费	2-27-1	报销单	57
		2-27-1-1	增值税专用发票	58
业务 28	收到货款	2-28-1	收账通知	58
业务 29	采购货物一批	2-29-1	增值税专用发票	59
		2-29-2	销售单	59
		2-29-3	入库单	60
业务 30	支付运输费	2-30-1	付款申请书	60
		2-30-1-1	货物运输业增值税专用发票	61
		2-30-2	转账支票存根	61
		2-30-3	进账单回单	61
业务 31	支付通信费	2-31-1	报销单	62
		2-31-1-1	增值税普通发票	62
业务 32	采购货物一批	2-32-1	增值税普通发票	63
		2-32-2	销售单	63
		2-32-3	入库单	64

续表

业务序号	业务摘要	原始单据		
		序号	名称	页码
业务 33	结转发出成本	2-33-1	产品成本计算表	65
		2-33-2	出库单	66
		2-33-3	出库单	66
		2-33-4	出库单	67
业务 34	盘盈	2-34-1	盘点表	67
业务 35	处理盘盈存货	2-35-1	商品盘盈处理报告	68
业务 36	计提折旧	2-36-1	固定资产折旧明细表	69
业务 37	计提 2 月份工资	2-37-1	工资汇总表	70
		2-37-2	工资表	71
业务 38	结转本月未交增值税	2-38-1	未交增值税计算表	72
业务 39	计提本月附加税	2-39-1	附加税计算表	72
业务 40	计提并结转所得税费用	2-40-1	企业所得税计算表	73
业务 41	结转损益(成本、费用)	—	无	73
业务 42	结转损益(收入)	—	无	73
其他单据	付款申请书(空白)			74～76
	印花税票			77

郑京我爱会计服饰有限公司(2017 年 1 月)原始单据

【业务 1】

1-1-1

差旅费报销单

2017年 01月 01日　　　　单据及附件共 4 张

所属部门				总经办	姓名	洪庆山	出差事由	洽谈业务	
出发		到达		起止地点		交通费	住宿费	伙食费	其他
月	日	月	日						
12	29	12	29	郑京市—洛山市		450.00			
12	29	12	31	洛山市—洛山市			600.00	1500.00	
12	31	12	31	洛山市—郑京市		450.00			
合计	大写金额：人民币叁仟元整				￥3000.00	预支旅费	￥4000.00	退回金额	￥1000.00
								补付金额	

总经理：洪庆山　财务经理：张亮亮　会计：冯青青　出纳：毛小薇　部门经理：洪庆山　报销人：洪庆山

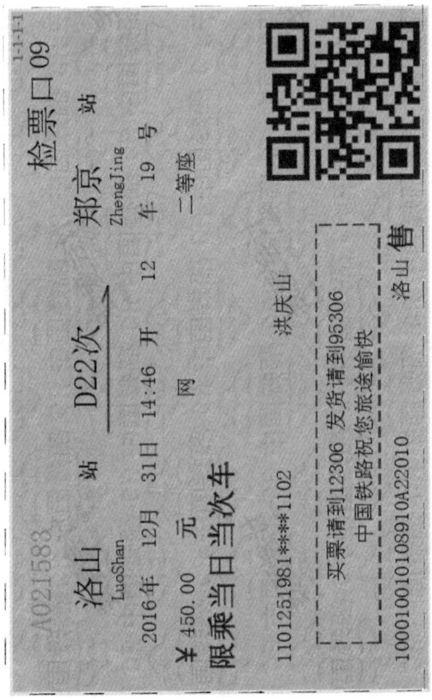

1-1-1-3

6352153320 **洛山增值税普通发票** № 12794060

6352153320
12794060

发票联

机器编号 879065344546 开票日期：2016年12月31日

购买方	名称：郑京我爱会计服饰有限公司 纳税人识别号：80536259796098815B 地址、电话：郑京市城南区创新路23号 0937-87667898 开户行及账号：中国工商银行郑京城南支行 1208030100100033335	密码区	8/04566030509>0+4/70<196/5> 90/856>>231/2*>*>89>2312/02 98+45+664041+8>11763><0+/1> >1209888<<2121)121-12221-08

货物或应税劳务、服务名称	规格型号	单位	数量	单价	金额	税率	税额
餐费			1	1415.0943396	1415.09	6%	84.91
住宿服务费		天	2	283.02	566.04	6%	33.96
合计					¥1981.13		¥118.87
价税合计（大写）	⊗贰仟壹佰元整			（小写）¥2100.00			

销售方	名称：洛山阳光假日酒店有限公司 纳税人识别号：71635273679644387Y 地址、电话：洛山市青雅区盈美东路88号 025-60447878 开户行及账号：中国农业银行洛山夏阳支行 503880630040004558	备注	校验码 01559 90444 67782 45680

收款人： 复核： 开票人：陈小华 销售方：（章）

洛山阳光假日酒店有限公司
71635273679644387Y
发票专用章

第二联：发票联 购买方记账凭证

税总函【XXXX】XXX号 XXXXXXXX公司

1-1-1-4

收款收据

现金收讫

NO. 0012072

2017年01月01日

今收到 公司总经理洪庆山

交来：预借出差费用余款

金额（大写） 零佰 零拾 零万 壹仟 零佰 零拾 零元 零角 零分

¥ 1000.00 ☑现金 ☐支票 ☐信用卡 ☐其他 收款单位（盖章）

核准 会计 记账 出纳 毛小薇 经手人 洪庆山

第三联交财务

【业务2】

1-2-1

ICBC 中国工商银行 （贷方） ZJ

收账通知

处理　方向：已入账
业务　代码：　　　凭证号码：3900039472
收款人账号：1208030100100033335
收款人户名：郑京我爱会计服饰有限公司
付款人账号：1100076170087705250 38
付款人户名：洛山靓丽服装有限公司
金额(大写)：伍万元整
金额(小写)：¥50000.00　　　提　回　行：
提　回　行：　　　汇出行行号：
收报行行号：　　　发报行行号：
用　　途：货款　　　打印次数：1
开票日期：2017-01-03　　入账日期：2017-01-03　　打印日期：2017-01-03

2017.01.03
核算用章（03）
陈大云

记账：　　　复核：

【业务3】

1-3-1

中国工商银行
现金支票存根
10209812
22956888
附加信息

出票日期 2017年 01月 05日
收款人：我爱会计服饰
金　额：¥10000.00
用　途：备用金
单位主管　　会计

上海金达证券印制有限公司·2011年印制

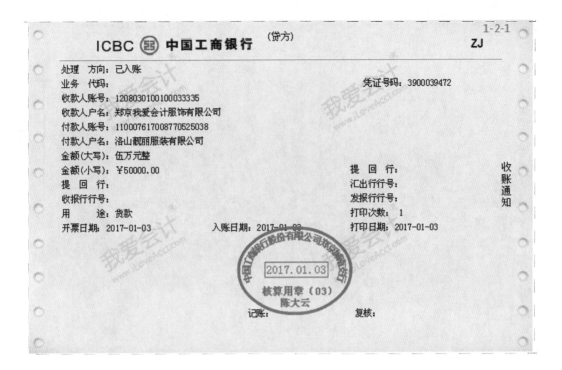

【业务 4】

1-4-1

报 销 单 现金付讫

填报日期：2017年 01 月 05 日　　单据及附件共 1 张

姓名	罗雅君	所属部门	行政部	报销形式	现金
				支票号码	

报销项目	摘要	金额	备注：
租金	办公场地租金	4200.00	
合	计	¥4200.00	
金额大写：零 拾 零 万 肆 仟 贰 佰 零 拾 零 元 零 角 零 分		原借款：　元	应退款：　元 应补款：　元

总经理：洪庆山　财务经理：张亮亮　会计：冯青青　出纳：毛小薇　部门经理：李顺娇　领款人：罗雅君

1-4-1-1

郑京增值税专用发票

5362151810　　№ 00794793　　5362151810　00794793

发 票 联

开票日期：2017年01月05日

购买方	名　　称：郑京我爱会计服饰有限公司 纳税人识别号：80536259796098815B 地 址、电 话：郑京市城南区创新路23号 0937-87667898 开户行及账号：中国工商银行郑京城南支行 120803010010003335	密码区	6/04566030509>0+4/70<196/5> 90/856>>231/2*>*>89>2312/02 98+45+664041+8>11763><0+/1> >1209888<<2121) 121-12221-08

货物或应税劳务、服务名称	规格型号	单位	数量	单价	金额	税率	税额
办公场地租金（2017年1月份）			1	3783.7837838	3783.78	11%	416.22
合　计					¥3783.78		¥416.22
价税合计（大写）	⊗肆仟贰佰元整				（小写）¥4200.00		

销售方	名　　称：郑京庆达物业管理有限公司 纳税人识别号：80536259722227451A 地 址、电 话：郑京市城南区美仁路23号 0937-87608770 开户行及账号：中国工商银行郑京城南支行 120803010010003909	备注	郑京庆达物业管理有限公司 80536259722227451A 发票专用章

收款人：　复核：　开票人：章文海　销售方：（章）

第三联：发票联　购买方记账凭证

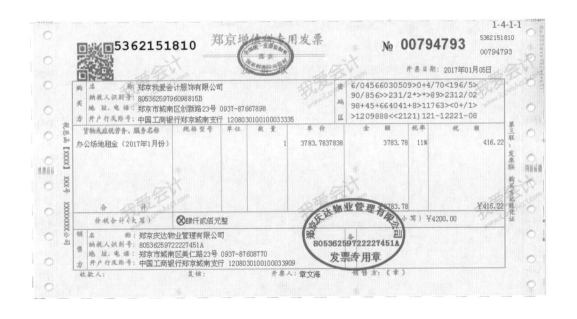

【业务 5】

1-5-1

6352131132　洛山增值税专用发票　№ 67389531

6352131132
67389531

发票联　　　　开票日期：2017年01月08日

购买方		密码区
名　　称：郑京我爱会计服饰有限公司 纳税人识别号：80536259796098815B 地址、电话：郑京市城南区创新路23号 0937-87667898 开户行及账号：中国工商银行郑京城南支行 1208030100100033335		6/04566030509>0+4/70<196/5> 90/856>>231/2*>*>89>9312/02 98+45+664041+8>11763><0+/1> >1209888<<2121)121-12221-08

货物或应税劳务、服务名称	规格型号	单位	数量	单价	金额	税率	税额
男式衬衫	170/92	件	1500	25.00	37500.00	17%	6375.00
男式衬衫	175/100	件	750	30.00	22500.00	17%	3825.00
女式衬衫	160/38	件	1000	20.00	20000.00	17%	3400.00
合　计					¥80000.00		¥13600.00
价税合计（大写）	⊗玖万叁仟陆佰元整				（小写）¥93600.00		

销售方	备注
名　　称：洛山华衣服饰有限公司 纳税人识别号：71635273845933498A 地址、电话：洛山市高新区科技路88号 030-89882390 开户行及账号：交通银行洛山高新支行 110007611087679181809	洛山华衣服饰有限公司 71635273845933498A 发票专用章

收款人：　　复核：　　开票人：黄婷婷　　销售方：（章）

第三联：发票联　购买方记账凭证

1-5-2

洛山华衣服饰有限公司

销　售　单

NO. 2504056

地址：洛山市高新区科技路88号
电话：030-89882390

客户名称：郑京我爱会计服饰有限公司
地址电话：郑京市城南区创新路23号 0937-87667898　　　　日期 2017年01月08日

编码	产品名称	规格	单位	单价	数量	金额	备注
02	男式衬衫	170/92	件	29.25	1500.00	43875.00	
03	男式衬衫	175/100	件	35.10	750.00	26325.00	
05	女式衬衫	160/38	件	23.40	1000.00	23400.00	
合计	人民币(大写)：玖万叁仟陆佰元整					¥93600.00	

业务联

销售经理：刘宗林　　会计：黄婷婷　　经办人：林红　　仓管：赵文海　　签收人：董继超

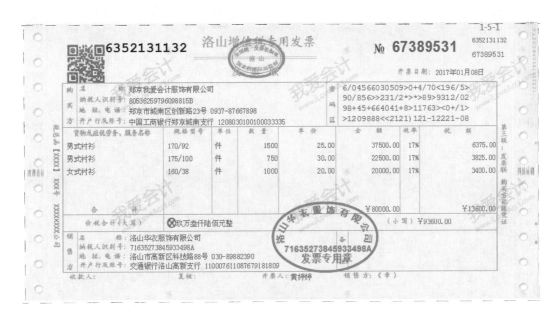

【业务 6】

1-6-1

ICBC 中国工商银行

业务委托书 回执

郑B00265926

委托人全称 Name of Principal	郑京我爱会计服饰有限公司
委托人账号 A/C of Principal	1208030100100033335
收款人全称 Name of Payee	洛山华衣服饰有限公司
收款人账号 A/C of Payee	1100076111087679181809
金额 Amount	¥152100.00

中国工商银行股份有限公司郑京城南支行 2017.01.10 核算用章（03） 陈大云

【业务 7】

1-7-1

ICBC 中国工商银行　　收费　　凭证

（记账联）

付款日期：2017年01月10日
付款账号：1208030100100033335
付款名称：郑京我爱会计服饰有限公司
付款行：中国工商银行郑京城南支行
币种：人民币
合计实收金额(大写)：人民币壹拾伍元伍角整
合计实收金额(小写)：　　RMB15.50
合计应收金额：　　RMB15.50
付款方式：转账
产品名称：
服务项目名称：电汇手续费
摘要：
费用发生日：2017-01-10　　业务发生日：2017-01-10

经办：02884　　复核：

中国工商银行股份有限公司郑京城南支行 2017.01.10 核算用章（03） 陈大云

【业务 8】

请参照“原始凭证业务 3”填制的原始凭证，填制记账凭证。

【业务 9】

1-9-1

ICBC 中国工商银行 凭 证

中国工商银行电子缴税付款凭证 No

转账日期：2017 年 01 月 12 日　　　　凭证号码：2017011234335742

纳税人全称及纳税人识别号：郑京我爱会计服饰有限公司 80536259796098815B

付款人全称：郑京我爱会计服饰有限公司

付款人账号：1208030100100033335　　　　征收机关名称：郑京市国家税务局城南分局

付款人开户银行：中国工商银行郑京城南支行　　　　收款国库（银行）名称：国家金库郑京市城南区支库

小写（合计）金额：￥12100.00　　　　缴款书交易流水号：WX0000088956

大写（合计）金额：壹万贰仟壹佰元整　　　　税票号码：WX0000088956

税（费）种名称	所属日期	实缴金额
增值税	20161201-20161231	￥12100.00

（印章：中国工商银行股份有限公司郑京城南支行 2017.01.12 核算用章（03） 陈大云）

第1次打印　　　　打印时间：2017 年 01 月 12 日 15 时 20 分

（1405公分×21公分）第二联 作付款回单 （无银行收讫章无效）　　复核：　　记账：

【业务 10】

1-10-1

ICBC 中国工商银行 凭 证

中国工商银行电子缴税付款凭证 No

转账日期：2017 年 01 月 12 日　　　　凭证号码：2017011234335912

纳税人全称及纳税人识别号：郑京我爱会计服饰有限公司 80536259796098815B

付款人全称：郑京我爱会计服饰有限公司

付款人账号：1208030100100033335　　　　征收机关名称：郑京市地方税务局城南分局

付款人开户银行：中国工商银行郑京城南支行　　　　收款国库（银行）名称：国家金库郑京市城南区支库

小写（合计）金额：￥1453.30　　　　缴款书交易流水号：WX0000089652

大写（合计）金额：壹仟肆佰伍拾叁元叁角整　　　　税票号码：WX0000089652

税（费）种名称	所属日期	实缴金额
个人所得税-工资薪金所得	20161201-20161231	￥1453.30

（印章：中国工商银行股份有限公司郑京城南支行 2017.01.12 核算用章（03） 陈大云）

第1次打印　　　　打印时间：2017 年 01 月 12 日 11 时 27 分

（1405公分×21公分）第二联 作付款回单 （无银行收讫章无效）　　复核：　　记账：

【业务 11】

1-11-1

ICBC 中国工商银行 凭证

中国工商银行电子缴税付款凭证 No

转账日期：2017年 01 月 12 日　　　　凭证号码：2017011234336015

纳税人全称及纳税人识别号：郑京我爱会计服饰有限公司 805362597960988158

付款人全称：郑京我爱会计服饰有限公司

付款人账号：1208030100100033335　　　征收机关名称：郑京市地方税务局城南分局

付款人开户银行：中国工商银行郑京城南支行　　　收款国库（银行）名称：国家金库郑京市城南区支库

小写（合计）金额：￥1452.00　　　缴款书交易流水号：WX0000089653

大写（合计）金额：壹仟肆佰伍拾贰元整　　　税票号码：WX0000089653

税（费）种名称	所属日期	实缴金额
城建税-城市市区（增值税）	20161201-20161231	￥847.00
教育费附加（增值税）	20161201-20161231	￥363.00
地方教育附加（增值税）	20161201-20161231	￥242.00

（印章：中国工商银行股份有限公司郑京城南支行 2017.01.12 核算用章（03） 陈大云）

第1次打印　　　　打印时间：2017 年 01 月 12 日 10 时 45 分

（1405公分×21公分）第二联 作付款回单 （无银行收讫章无效）　　复核：　　记账：

【业务 12】

1-12-1

付款申请书

日期：2017年01月12日

<table>
<tr><td rowspan="2">用途及情况</td><td colspan="11" rowspan="2">金额</td><td colspan="2">收款单位（人）：中国电信股份有限公司郑京分公司</td></tr>
<tr></tr>
<tr><td rowspan="3">支付通信费</td><td>亿</td><td>千</td><td>百</td><td>十</td><td>万</td><td>千</td><td>百</td><td>十</td><td>元</td><td>角</td><td>分</td><td colspan="2">账号：1208030100100033998</td></tr>
<tr><td rowspan="2"></td><td rowspan="2"></td><td rowspan="2"></td><td rowspan="2"></td><td rowspan="2"></td><td rowspan="2">¥</td><td rowspan="2">4</td><td rowspan="2">2</td><td rowspan="2">0</td><td rowspan="2">2</td><td rowspan="2">0</td><td colspan="2">开户行：中国工商银行郑京城南支行</td></tr>
<tr></tr>
<tr><td>金额大写（合计）</td><td colspan="11">人民币肆佰贰拾元贰角整</td><td colspan="2">电汇：☐ 转账：☑ 汇票：☐ 其他：☐</td></tr>
</table>

总经理	洪庆山	财务部门	经理	张亮亮	申请部门	经理	李顺娇
			会计	冯青青		经办人	罗雅君

1-12-2

中国工商银行
转账支票存根

10209820
22957033

附加信息

出票日期 2017 年 01 月 12 日

收款人：中国电信股份有限公司郑京分公司

金　额：¥420.20

用　途：支付通信费

单位主管　　会计

上海金达证券印刷有限公司·2011年印制

1-12-3

ICBC 中国工商银行　　进账单（回　单）2

2017 年 01 月 12 日　　№ 01361210

出票人	全　称	郑京我爱会计服饰有限公司	收款人	全　称	中国电信股份有限公司郑京分公司
	账　号	1208030100100033335		账　号	1208030100100033998
	开户银行	中国工商银行郑京城南支行		开户银行	中国工商银行郑京城南支行
金额	人民币（大写）	肆佰贰拾元贰角整		亿千百十万千百十元角分	¥42020
票据种类		票据张数			
票据号码					
备注：				开户银行签章	

复核：　　记账：

（印章：中国工商银行股份有限公司郑京城南支行 2017.01.12 核算用章（03）陈大云）

175*85mm GH06001

此联是开户银行交给（持）出票人的回单

1-12-4

5362153320　　郑京增值税普通发票　　№ 01372102

5362153320
01372102

机器编号 870065922890　　开票日期：2017年01月12日

购买方	名　称：郑京我爱会计服饰有限公司 纳税人识别号：80536259796098815B 地址、电话：郑京市城南区创新路23号 0937-87667898 开户行及账号：中国工商银行郑京城南支行 1208030100100033335	密码区	8/04566130509>0+4/70<196/5> 90/850>>231/2*>*>89>2312/0* 98+45+664041+8>11763><0+/1> >1209888<<21214121/22221-08

货物或应税劳务、服务名称	规格型号	单位	数量	单价	金额	税率	税额
电信基础服务			1	378.56	378.56	11%	41.64
合　计					¥378.56		¥41.64
价税合计（大写）	⊗肆佰贰拾元贰角整				（小写）¥420.20		

销售方	名　称：中国电信股份有限公司郑京分公司 纳税人识别号：80536259178667987T 地址、电话：郑京市城南区创新路25号 0937-87667109 开户行及账号：中国工商银行郑京城南支行 1208030100100033998	备注	校验码 01789 90234 67862 12322

收款人：　　复核：　　开票人：黄小虎　　销售方：（章）

（印章：中国电信股份有限公司郑京分公司 80536259178667987T 发票专用章）

第二联：发票联　购买方记账凭证

【业务 13】

1-13-1

ICBC 中国工商银行 凭 证

中国工商银行电子缴税付款凭证 No

转账日期：2017 年 01 月 12 日　　　　凭证号码：2017011234336853

纳税人全称及纳税人识别号：郑京我爱会计服饰有限公司 80536259796098815B

付款人全称：郑京我爱会计服饰有限公司

付款人账号：120803010010003335　　　　征收机关名称：郑京市国家税务局城南分局

付款人开户银行：中国工商银行郑京城南支行　　　　收款国库（银行）名称：国家金库郑京市城南区支库

小写（合计）金额：￥14401.74　　　　缴款书交易流水号：WX0000089655

大写（合计）金额：壹万肆仟肆佰零壹元柒角肆分　　　　税票号码：WX0000089655

税（费）种名称	所属日期	实缴金额
企业所得税	20161001-20161231	￥14401.74

中国工商银行股份有限公司郑京城南支行 2017.01.12 核算用章（03） 陈大云

第1次打印　　　　打印时间：2017 年 01 月 12 日 10 时 51 分

（1405公分×21公分）第二联 作付款回单（无银行收讫章无效）　　复核：　　记账：

【业务 14】

1-14-1

工资汇总表

编制单位：郑京我爱会计服饰有限公司　　2016年12月31日　　单位：元

部　门	应付工资	个人缴纳社保费	个人缴纳公积金	个人缴纳所得税	实发工资	单位缴纳社保费	单位缴纳公积金	单位总支出	
总经办	14400.00	516.00	600.00	677.66	12606.34	1605.00	600.00	16605.00	
行政部	7000.00	516.00	600.00	10.26	5873.74	1605.00	600.00	9205.00	
财务部	20300.00	1032.00	1200.00	343.46	17724.54	3210.00	1200.00	24710.00	
销售部	18100.00	774.00	900.00	362.72	16063.28	2407.50	900.00	21407.50	
采购部	12600.00	774.00	900.00	59.20	10866.80	2407.50	900.00	15907.50	
仓库部	9700.00	774.00	900.00	0.00	8026.00	2407.50	900.00	13007.50	
合　计	￥82100.00	￥4386.00	￥5100.00	￥1453.30	￥71160.70	￥13642.50	￥5100.00	￥100842.50	

审核：张亮亮　　制表：冯青青

2016年12月工资表

编制单位：郑京我爱会计服饰有限公司　　　　2016 年 12 月 31 日　　　　单位：元

部门	职位	姓名	基本工资	清勤奖励	应付工资	个人缴纳养老保险	个人缴纳医疗保险	个人缴纳失业保险	个人缴纳公积金	税前合计	个人所得税	实发工资	单位缴纳养老保险	单位缴交医疗保险	单位缴纳失业保险	单位缴纳公积金	工伤保险	生育保险	单位缴交合计	单位总支出	员工签字
总经办	总经理	洪庆山	10000.00	200.00	10200.00	200.00	53.00	5.00	300.00	9642.00	673.40	8968.60	500.00	250.00	25.00	300.00	7.50	20.00	1102.50	11302.50	
总经办	经理助理	陈慧姗	4000.00	200.00	4200.00	200.00	53.00	5.00	300.00	3642.00	4.26	3637.74	500.00	250.00	25.00	300.00	7.50	20.00	1102.50	5302.50	
行政部	行政经理	李畹妍	4200.00	200.00	4400.00	200.00	53.00	5.00	300.00	3842.00	10.26	3831.74	500.00	250.00	25.00	300.00	7.50	20.00	1102.50	5502.50	
行政部	行政人员	罗雅君	2400.00	200.00	2600.00	200.00	53.00	5.00	300.00	2042.00	0.00	2042.00	500.00	250.00	25.00	300.00	7.50	20.00	1102.50	3702.50	
财务部	财务经理	张亮亮	8000.00	200.00	8200.00	200.00	53.00	5.00	300.00	7642.00	309.20	7332.80	500.00	250.00	25.00	300.00	7.50	20.00	1102.50	9302.50	
财务部	会计	冯青青	5000.00	200.00	5200.00	200.00	53.00	5.00	300.00	4642.00	34.26	4607.74	500.00	250.00	25.00	300.00	7.50	20.00	1102.50	6302.50	
财务部	出纳	毛小薇	3500.00	200.00	3700.00	200.00	53.00	5.00	300.00	3142.00	0.00	3142.00	500.00	250.00	25.00	300.00	7.50	20.00	1102.50	4802.50	
财务部	收银员	刘聆玲	3000.00	200.00	3200.00	200.00	53.00	5.00	300.00	2642.00	0.00	2642.00	500.00	250.00	25.00	300.00	7.50	20.00	1102.50	4302.50	
销售部	销售经理	林成彬	8000.00	200.00	8200.00	200.00	53.00	5.00	300.00	7642.00	309.20	7332.80	500.00	250.00	25.00	300.00	7.50	20.00	1102.50	9302.50	
销售部	销售人员	孙大奇	5000.00	200.00	5200.00	200.00	53.00	5.00	300.00	4642.00	34.26	4607.74	500.00	250.00	25.00	300.00	7.50	20.00	1102.50	6302.50	
销售部	销售人员	郭顺本	4500.00	200.00	4700.00	200.00	53.00	5.00	300.00	4142.00	19.26	4122.74	500.00	250.00	25.00	300.00	7.50	20.00	1102.50	5802.50	
采购部	采购经理	范志艺	5500.00	200.00	5700.00	200.00	53.00	5.00	300.00	5142.00	59.20	5082.80	500.00	250.00	25.00	300.00	7.50	20.00	1102.50	6802.50	
采购部	采购人员	董继超	3500.00	200.00	3700.00	200.00	53.00	5.00	300.00	3142.00	0.00	3142.00	500.00	250.00	25.00	300.00	7.50	20.00	1102.50	4802.50	
采购部	采购人员	吴萍萧	3000.00	200.00	3200.00	200.00	53.00	5.00	300.00	2642.00	0.00	2642.00	500.00	250.00	25.00	300.00	7.50	20.00	1102.50	4302.50	
仓库部	仓库主管	高建军	3800.00	200.00	4000.00	200.00	53.00	5.00	300.00	3442.00	0.00	3442.00	500.00	250.00	25.00	300.00	7.50	20.00	1102.50	5102.50	
仓库部	仓库人员	陈玉玲	2800.00	200.00	3000.00	200.00	53.00	5.00	300.00	2442.00	0.00	2442.00	500.00	250.00	25.00	300.00	7.50	20.00	1102.50	4102.50	
仓库部	仓库人员	陈小茹	2500.00	200.00	2700.00	200.00	53.00	5.00	300.00	2142.00	0.00	2142.00	500.00	250.00	25.00	300.00	7.50	20.00	1102.50	3802.50	
合　计			¥78700.00	¥3400.00	¥82100.00	¥3400.00	¥901.00	¥85.00	¥5100.00	¥72614.00	¥1453.30	¥71160.70	¥8500.00	¥4250.00	¥425.00	¥5100.00	¥127.50	¥340.00	¥18742.50	¥100842.50	

总经理：洪庆山　　　　财务审核：张亮亮　　　　制表人：冯青青

1-14-3

中国工商银行
转账支票存根

10209820
22957034

附加信息

出票日期2017年01月15日

收款人：我爱会计服饰

金　额：¥71160.70

用　途：支付工资

单位主管　　会计

上海金达证券印制有限公司·2011年印制

1-14-4

ICBC 中国工商银行　　进账单(回　单)　2

2017 年 01 月 15 日　　№ 01361440

出票人	全　称	郑京我爱会计服饰有限公司	收款人	全　称	郑京我爱会计服饰有限公司
	账　号	1208030100100033335		账　号	1208030100100033289
	开户银行	中国工商银行郑京城南支行		开户银行	中国工商银行郑京城南支行

金额	人民币(大写) 柒万壹仟壹佰陆拾元柒角整	亿	千	百	十	万	千	百	十	元	角	分
					¥	7	1	1	6	0	7	0

票据种类		票据张数	
票据号码			

备注:

复核:　　记账:

中国工商银行股份有限公司郑京城南支行 2017.01.15 核算用章（03） 陈大云

开户银行签章

此联是开户银行交给(持)出票人的回单

175*85mm GH066011

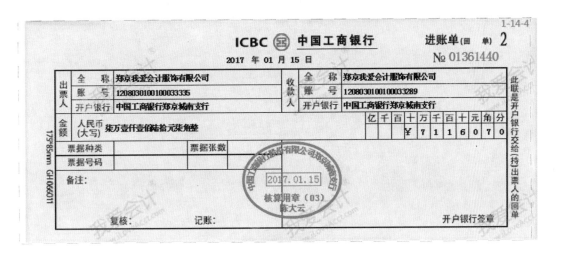

【业务 15】

1-15-1

ICBC 中国工商银行 （贷方） ZJ

收账通知

处理　方向：已入账
业务　代码：　　　　　　　　　　　　凭证　号码：3900039246
收款人账号：1208030100100033335
收款人户名：郑京我爱会计服饰有限公司
付款人账号：1208736884200000238
付款人户名：郑京才子佳人服装有限公司
金额(大写)：壹拾贰万元整
金额(小写)：￥120000.00　　　　　　提　回　行：
提　回　行：　　　　　　　　　　　　汇出行行号：
收报行行号：　　　　　　　　　　　　发报行行号：
用　　　途：货款　　　　　　　　　　打印　次数：1
开票日期：2017-01-16　　入账日期：2017-01-16　　打印　日期：2017-01-16

（印章：中国工商银行股份有限公司郑京城南支行 2017.01.16 核算用章（03））

记账：陈大云　　　　复核：

【业务 16】

1-16-1

ICBC 中国工商银行 凭 证

中国工商银行电子缴税付款凭证 No

转账日期：2017年 01 月 16 日　　　　凭证号码：2017011634336912

纳税人全称及纳税人识别号：郑京我爱会计服饰有限公司 805362597960988158

付款人全称：郑京我爱会计服饰有限公司
付款人账号：1208030100100033335　　　　征收机关名称：郑京市地方税务局城南分局
付款人开户银行：中国工商银行郑京城南支行　　收款国库（银行）名称：国家金库郑京市城南区支库
小写（合计）金额：￥18028.50　　　　　缴款书交易流水号：WX0000089689
大写（合计）金额：壹万捌仟零贰拾捌元伍角整　　税票号码：WX0000089689

税（费）种名称	所属日期	实缴金额
社保费-工伤	20170101-20170131	￥127.50
社保费-生育	20170101-20170131	￥340.00
社保费-失业	20170101-20170131	￥510.00
社保费-养老	20170101-20170131	￥11900.00
社保费-医疗	20170101-20170131	￥5151.00

（印章：中国工商银行股份有限公司郑京城南支行 2017.01.16 核算用章（03） 陈大云）

第1次打印　　　　　　　　打印时间：2017 年 01 月16 日　11 时 24 分

（1405公分×21公分）第二联 作付款回单（无银行收讫章无效）　　复核：　　记账：

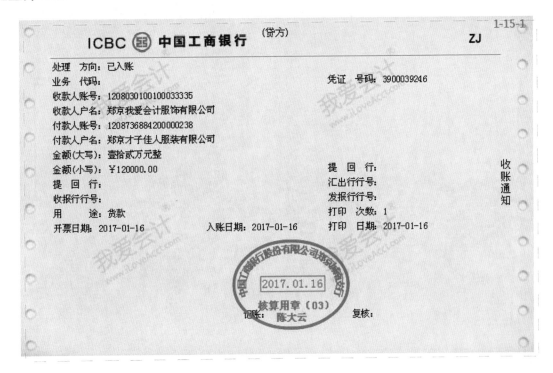

1-16-2

社保费明细表

编制单位：郑京我爱会计服饰有限公司　　　　费款所属期：2017年01月　　　　单位：元

部门	名称	个人医保	单位医保	医保小计	个人养老保险	单位养老保险	养老保险小计	个人失业险	单位失业险	失业险小计	单位工伤险	单位生育险	合计		
总经办	洪庆山	53.00	250.00	303.00	200.00	500.00	700.00	5.00	25.00	30.00	7.50	20.00	1060.50		
总经办	陈慧姗	53.00	250.00	303.00	200.00	500.00	700.00	5.00	25.00	30.00	7.50	20.00	1060.50		
行政部	李顺娇	53.00	250.00	303.00	200.00	500.00	700.00	5.00	25.00	30.00	7.50	20.00	1060.50		
行政部	罗雅君	53.00	250.00	303.00	200.00	500.00	700.00	5.00	25.00	30.00	7.50	20.00	1060.50		
财务部	张亮亮	53.00	250.00	303.00	200.00	500.00	700.00	5.00	25.00	30.00	7.50	20.00	1060.50		
财务部	冯青青	53.00	250.00	303.00	200.00	500.00	700.00	5.00	25.00	30.00	7.50	20.00	1060.50		
财务部	毛小薇	53.00	250.00	303.00	200.00	500.00	700.00	5.00	25.00	30.00	7.50	20.00	1060.50		
财务部	刘玲玲	53.00	250.00	303.00	200.00	500.00	700.00	5.00	25.00	30.00	7.50	20.00	1060.50		
销售部	林成彬	53.00	250.00	303.00	200.00	500.00	700.00	5.00	25.00	30.00	7.50	20.00	1060.50		
销售部	孙大奇	53.00	250.00	303.00	200.00	500.00	700.00	5.00	25.00	30.00	7.50	20.00	1060.50		
销售部	郭顺本	53.00	250.00	303.00	200.00	500.00	700.00	5.00	25.00	30.00	7.50	20.00	1060.50		
采购部	范志艺	53.00	250.00	303.00	200.00	500.00	700.00	5.00	25.00	30.00	7.50	20.00	1060.50		
采购部	董继超	53.00	250.00	303.00	200.00	500.00	700.00	5.00	25.00	30.00	7.50	20.00	1060.50		
采购部	吴萍菊	53.00	250.00	303.00	200.00	500.00	700.00	5.00	25.00	30.00	7.50	20.00	1060.50		
仓库部	高建军	53.00	250.00	303.00	200.00	500.00	700.00	5.00	25.00	30.00	7.50	20.00	1060.50		
仓库部	陈玉玲	53.00	250.00	303.00	200.00	500.00	700.00	5.00	25.00	30.00	7.50	20.00	1060.50		
仓库部	陈小茹	53.00	250.00	303.00	200.00	500.00	700.00	5.00	25.00	30.00	7.50	20.00	1060.50		
合 计		￥901.00	￥4250.00	￥5151.00	￥3400.00	￥8500.00	￥11900.00	￥85.00	￥425.00	￥510.00	￥127.50	￥340.00	￥18028.50		

复核人：洪庆山　　　　审核人：张亮亮　　　　制表人：冯青青

【业务 17】

1-17-1

报 销 单

填报日期：2017年 01 月 18 日　　　　单据及附件共 1 张

姓名	罗雅君	所属部门	行政部	报销形式	现金
				支票号码	

报销项目	摘要	金额	备注：
水电费	报销水电费	2000.00	
		现金付讫	
合计		¥2000.00	
金额大写：零拾零万贰仟零佰零拾零元零角零分		原借款：　元	应退款：　元 应补款：　元

总经理：洪庆山　财务经理：张亮亮　会计：冯青青　出纳：毛小薇　部门经理：李顺娇　领款人：罗雅君

1-17-1-1

5362151810　　郑京增值税专用发票　　№ 00904190　　5362151810　00904190

发票联

开票日期：2017年01月15日

购买方	名称：郑京我爱会计服饰有限公司 纳税人识别号：80536259796098815B 地址、电话：郑京市城南区创新路23号 0937-87667898 开户行及账号：中国工商银行郑京城南支行 1208030100100033335	密码区	6/04566030509>2+4/70<196/5> 90/856>>231/2*>*>89>2312/02 98+45+664041+8>11763><0+/1> >1209888<<2121)121-12221-08

货物或应税劳务、服务名称	规格型号	单位	数量	单价	金额	税率	税额
电费			1	1709.4017094	1709.40	17%	290.60
合计					¥1709.40		¥290.60
价税合计（大写）	⊗贰仟元整				（小写）¥2000.00		

销售方	名称：郑京市电力集团有限公司 纳税人识别号：805362597222274580 地址、电话：郑京市城南区美仁路23号 0937-87608779 开户行及账号：中国工商银行郑京城南支行 1208030100100033910	备注	郑京市电力集团有限公司 805362597222274580 发票专用章

收款人：　复核：　开票人：窦小梅　销售方：（章）

第三联：发票联　购买方记账凭证

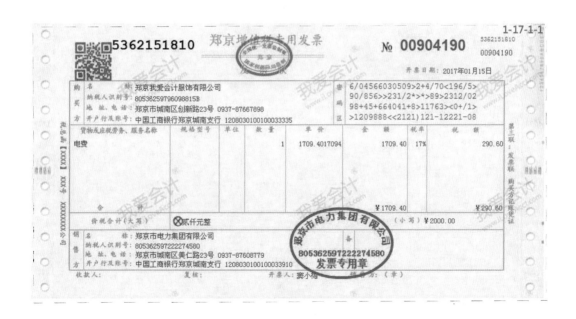

【业务 18】

1-18-1

昌阳增值税专用发票

3628134832　　　　№ 27183920　　　　3628134832 27183920

发 票 联

开票日期：2017年01月20日

购买方	
名　　称：	郑京我爱会计服饰有限公司
纳税人识别号：	80536259796098815B
地 址、电 话：	郑京市城南区创新路23号 0937-87667898
开户行及账号：	中国工商银行郑京城南支行 120803010010003335

密码区：6/04566030509>0+4/70<196/5>90/856>>231/2*>*>89>2312/0298+45+664041+8>11763><0+/1>>1209899<<2121)121-12221-08

货物或应税劳务、服务名称	规格型号	单位	数量	单价	金额	税率	税额
男式衬衫	170/92	件	1000	25.00	25000.00	17%	4250.00
女式衬衫	155/35	件	1000	15.00	15000.00	17%	2550.00
女式衬衫	160/38	件	500	20.00	10000.00	17%	1700.00
合　　计					¥50000.00		¥8500.00
价税合计（大写）	⊗伍万捌仟伍佰元整				（小写）¥58500.00		

销售方	
名　　称：	昌阳金诺帝服装有限公司
纳税人识别号：	30362830527834267A
地 址、电 话：	昌阳市旧城区嘉禾路223号 1751-88786921
开户行及账号：	交通银行昌阳旧城支行 110007611020985304021

备注

收款人：　　复核：　　开票人：陈可芸　　销售方：（章）

（印章：昌阳金诺帝服装有限公司 30362830527834267A 发票专用章）

第三联：发票联 购买方记账凭证

1-18-2

昌阳金诺帝服装有限公司

销　售　单

NO. 1106362

地址：昌阳市旧城区嘉禾路223号

电话：1751-88786921

客户名称：**郑京我爱会计服饰有限公司**

地址电话：**郑京市城南区创新路23号 0937-87667898**　　　　日期 **2017年01月20日**

编码	产品名称	规格	单位	单价	数量	金额	备注
002	男式衬衫	170/92	件	29.25	1000.00	29250.00	
004	女式衬衫	155/35	件	17.55	1000.00	17550.00	
005	女式衬衫	160/38	件	23.40	500.00	11700.00	
合计	人民币(大写)：伍万捌仟伍佰元整					¥58500.00	

业务联

销售经理：**张朝阳**　　会计：**陈可芸**　　经办人：**洪浩**　　仓管：**徐盛文**　　签收人：**吴萍菊**

【业务 19】

1-19-1

借 款 单

2017 年 01 月 20 日　现金付讫

借款部门	销售部	姓名	林成彬	事由	预借招待费		
借款金额（大写）	零 万 叁 仟 零 佰 零 拾 零 元 零 角 零 分　¥ 3000.00						
领导审批	洪庆山	财务审批	张亮亮	财务复核	冯青青	部门审批	林成彬
出纳付款	毛小薇			借款人	林成彬		

【业务 20】

1-20-1

报 销 单　现金付讫

填报日期：2017年 01 月 21 日　　单据及附件共 1 张

姓名	罗雅君	所属部门	行政部	报销形式	现金
				支票号码	
报 销 项 目	摘 要	金 额	备注：		
办公费	购买办公用品	1185.00			
合 计		¥1185.00			
金额大写：零 拾 零 万 壹 仟 壹 佰 捌 拾 伍 元 零 角 零 分		原借款：　元	应退款：　元 应补款：　元		

总经理：洪庆山　财务经理：张亮亮　会计：冯青青　出纳：毛小薇　部门经理：李顺娇　领款人：罗雅君

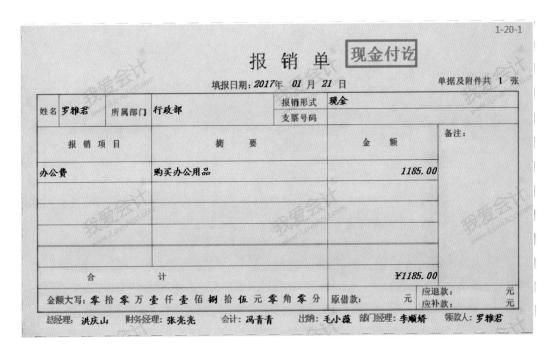

1-20-1-1

5362153320　郑京增值税普通发票　№ 12794098

5362153320
12794098

机器编号 879065922140　　　　开票日期：2017年01月21日

购买方		密码区
名　　称：郑京我爱会计服饰有限公司		8/04566030509>0+4/70<196/5>
纳税人识别号：80536259796098815B		90/856>>231/2*>*>89>2312/02
地 址、电 话：郑京市城南区创新路23号 0937-87667898		98+45+664041+8>11763><0+/1>
开户行及账号：中国工商银行郑京城南支行 120803010010003335		>1209888<<2121)121-12221-08

货物或应税劳务、服务名称	规格型号	单位	数量	单价	金额	税率	税额
A4纸		箱	2	291.2621359	582.52	3%	17.48
多功能计算器		个	10	29.1262136	291.26	3%	8.74
签字笔		支	50	2.9126214	145.63	3%	4.37
笔记本		本	30	4.3689320	131.07	3%	3.93
合　计					¥1150.48	3%	¥34.52
价税合计（大写）	⊗壹仟壹佰捌拾伍元整				（小写）¥1185.00		

销售方	备注
名　　称：郑京博通办公用品有限公司	校验码 01559 90444 67782 45698
纳税人识别号：80536259762675838Y	
地 址、电 话：郑京市城南区创美东路19号 0937-87667110	
开户行及账号：中国工商银行郑京城南支行 120803010010003305	

收款人：　　复核：　　开票人：李思成　　销售方：（章）

第二联：发票联 购买方记账凭证

税总函【XXXX】XXX号 XXXXXXXX公司

（印章：郑京博通办公用品有限公司 80536259762675838Y 发票专用章）

【业务 21】

请参照"原始凭证业务 5"填制的原始凭证，填制记账凭证。

【业务 22】

1-22-1

ICBC 中国工商银行　　进账单（回　单）2

2017 年 01 月 23 日　　　　№ 10398923

出票人	全　称	郑京我爱会计服饰有限公司	收款人	全　称	郑京暮然服饰有限公司
	账　号	120803010010003335		账　号	1208030470705253012
	开户银行	中国工商银行郑京城南支行		开户银行	中国工商银行郑京城北支行
金额	人民币（大写）	肆万陆仟捌佰元整		亿千百十万千百十元角分	¥ 4 6 8 0 0 0 0
票据种类		票据张数			
票据号码					
备注：					
复核：　　记账：				开户银行签章	

（印章：中国工商银行股份有限公司郑京城南支行 2017.01.23 核算用章（03） 陈大云）

此联是开户银行交给（持）出票人的回单

175*85mm GH 066011

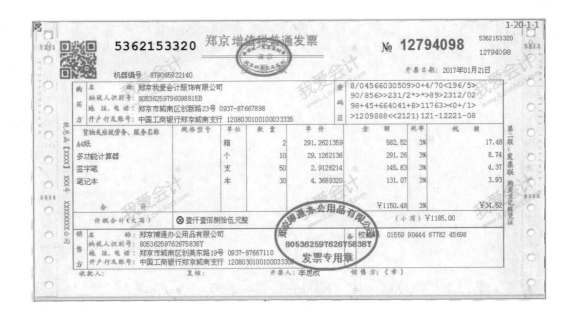

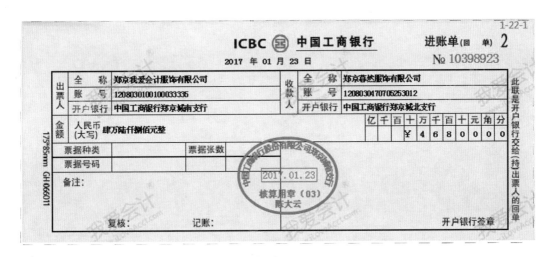

1-22-2

中国工商银行
转账支票存根

10209820
22958729

附加信息

出票日期 2017 年 01 月 23 日

收款人：蓉然服饰

金 额：¥46800.00

用 途：支付货款

单位主管 会计

上海金达证券印制有限公司·2011年印制

【业务 23】

1-23-1

付款申请书

日期：2017年01月24日

用途及情况	金额											收款单位（人）：郑京我爱会计服饰有限公司
缴纳住房公积金	亿	千	百	十	万	千	百	十	元	角	分	账号：120821198517006155O
				¥	1	0	2	0	0	0	0	开户行：中国工商银行郑京城南支行
金额大写（合计）	人民币壹万零贰佰元整											电汇：☐ 转账：☑ 汇票：☐ 其他：☐

总经理	洪庆山	财务部门	经 理	张亮亮	申请部门	经 理	张亮亮
			会 计	冯青青		经 办 人	冯青青

1-23-2

中国工商银行
转账支票存根

10209820
22957036

附加信息

出票日期 2017 年 01 月 24 日

收款人：我爱会计服饰

金 额：¥10200.00

用 途：支付住房公积金

单位主管 会计

上海金达证券印制有限公司·2011年印制

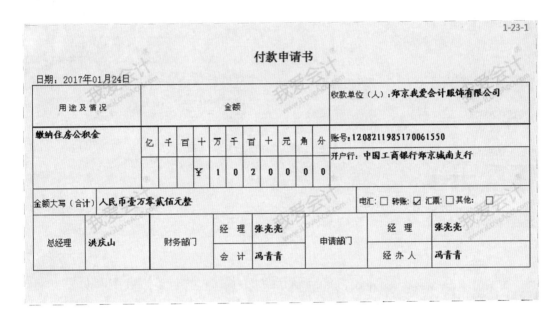

1-23-3

住房公积金汇（补）缴书　　No 0283161

2017 年 01 月 24 日　　附：缴存变更清册　　页

缴款单位	单位名称	郑京我爱会计服饰有限公司		收款单位	单位名称	郑京我爱会计服饰有限公司	
	单位账号	1208030100100033335			公积金账号	1208211985170061550	
	开户银行	中国工商银行郑京城南支行			开户银行	中国工商银行郑京城南支行	
缴款类型	☑汇缴　□补缴			补缴原因			
缴款人数	17	缴款时间	2017年 01月 01日至 2017 年 01月 31 日			月数	1
缴款方式	□ 现金 ☑ 转账					百十万千百十元角分	
金额（大写）	人民币壹万零贰佰元整					¥ 1 0 2 0 0 0 0	
上次汇缴		本次增加汇缴		本次减少汇缴		本次汇（补）缴	
人数	金额	人数	金额	人数	金额	人数	金额
						17	¥10200.00

上述款项已划转至市住房公积金管理中心住房公积金存款户内。（银行盖章）

复核：　　经办：　　2017 年 01 月 24 日

第一联：缴款单位开户行给缴款单位的回单

【业务 24】

1-24-1

报　销　单　　现金付讫

填报日期：2017年 01 月 27 日　　单据及附件共 1 张

姓名 董继超	所属部门 采购部	报销形式	现金	
		支票号码		
报销项目	摘要	金额		备注：
运输费	报销本月运输费	8000.00		
合	计	¥8000.00		
金额大写：零 拾 零 万 捌 仟 零 佰 零 拾 零 元 零 角 零 分		原借款：　元	应退款：　元 应补款：　元	

总经理：洪庆山　财务经理：张亮亮　会计：冯青青　出纳：毛小薇　部门经理：范志艺　领款人：董继超

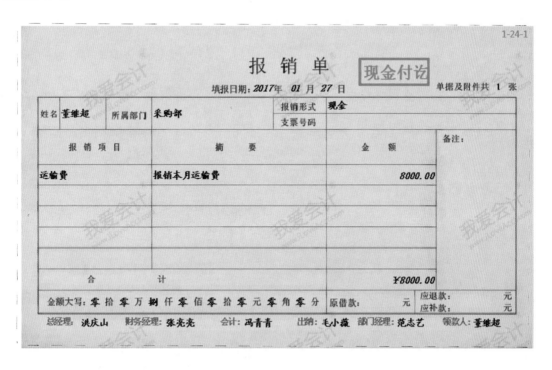

1-24-1-1

郑京增值税专用发票

5362151810　　　　№ 54632105　　5362151810　54632105

发 票 联　　　　开票日期：2017年01月27日

购买方		密码区
名　　称：郑京我爱会计服饰有限公司 纳税人识别号：80536259796098815B 地 址、电 话：郑京市城南区创新路23号 0937-87667898 开户行及账号：中国工商银行郑京城南支行 1208030100100033335		6/04566030509>0+4/70<196/5> 90/856>>231/2*>*>89>2312/02 91+45+664041+8>11763><0+/1> >1209888<<2121)121-12221-08

货物或应税劳务、服务名称	规格型号	单位	数量	单价	金额	税率	税额
运输费			1	7207.2072072	7207.21	11%	792.79
合　　计					￥7207.21		￥792.79
价税合计（大写）	⊗捌仟元整				（小写）￥8000.00		

销售方		备注
名　　称：郑京莱昌物流有限公司 纳税人识别号：80536259258732456l 地 址、电 话：郑京市城南区美仁路23号 0937-87608500 开户行及账号：中国工商银行郑京城南支行 1208030100100033100		

收款人：　　复核：　　开票人：张大达　　销售方：（章）

第三联：发票联　购买方记账凭证

（印章：郑京莱昌物流有限公司　80536259258732456l　发票专用章）

【业务25】

1-25-1

ICBC 中国工商银行　业务委托书　回执

郑B00265945

委托人全称 Name of Principal	郑京我爱会计服饰有限公司
委托人账号 A/C of Principal	12080301001000333335
收款人全称 Name of Payee	昌阳金诺帝服装有限公司
收款人账号 A/C of Payee	110007611020985304021
金额 Amount	￥[illegible]0.00
委托日期 Date	2017-01-27

此联为银行受理回单，若委托人申请汇票或本票，凭此联领取汇票或本票。

This paper is the bank acceptance voucher. For draft or promissory note application, please retrieve this paper.

（印章：中国工商银行郑京城南支行　2017.01.27　业务用章（03）　陈大云）

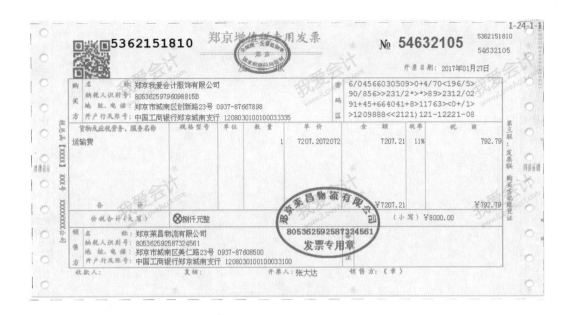

【业务 26】

1-26-1

ICBC 中国工商银行　　收费　　凭证
（记账联）

付款日期：2017年01月27日
付款账号：1208030100100033335
付款名称：郑京我爱会计服饰有限公司
付款行：中国工商银行郑京城南支行
币种：人民币
合计实收金额(大写)：人民币壹拾元整
合计实收金额(小写)：　　RMB10.00
合计应收金额：　　RMB10.00
付款方式：转账
产品名称：
服务项目名称：电汇手续费
摘要：
费用发生日：2017-01-27　　业务发生日：2017-01-27

中国工商银行股份有限公司郑京城南支行
2017.01.27
核算用章（03）
陈大云

经办:02886　　复核：

【业务 27】

1-27-1

产品成本计算表

编制单位：郑京我爱会计服饰有限公司　　编制时间：2017-01-31　　单位：元

商品名称	规格	期初数量	单价	期初结存金额	本期购入数量	本期购入金额	本期发出数量	本期发出金额	期末结存数量	单价	期末结存金额
男式衬衫	170/92	1900.00	25.00	47500.00							
男式衬衫	175/100	1000.00	30.00	30000.00							
女式衬衫	155/35	1200.00	15.00	18000.00							
女式衬衫	160/38	1800.00	20.00	36000.00							
合　计		5900.00		￥131500.00							

审核：　　制表：

【业务28】

1-28-1

固定资产折旧明细表

编制单位：郑京我爱会计服饰有限公司　　编制日期：2017 年 01月 31 日　　单位：元

固定资产名称	固定资产类别	使用部门	入账时间	可使用年限	原值	残值率%	净残值	折旧方法	月折旧额	累计折旧	净值
笔记本电脑	电子设备	行政部	2016-08-11	3年	12000.00	5%	600.00	年限平均法			
笔记本电脑	电子设备	财务部	2016-10-25	3年	11729.00	5%	586.45	年限平均法			
传真机	电子设备	财务部	2016-11-17	3年	2811.15	5%	140.56	年限平均法			
台式电脑	电子设备	销售部	2016-10-13	3年	16000.00	5%	800.00	年限平均法			
台式电脑	电子设备	采购部	2016-12-17	3年	15000.00	5%	750.00	年限平均法			
					￥57540.15		￥2877.01				

制表：

【业务 29】

1-29-1

工资汇总表

编制单位：郑京我爱会计服饰有限公司　　2017年01月31日　　单位：元

部　门	应付工资	个人缴纳社保费	个人缴纳公积金	个人缴纳所得税	实发工资	单位缴纳社保费	单位缴纳公积金	单位总支出	
总经办	14400.00	516.00	600.00	677.66	12606.34	1605.00	600.00	16605.00	
行政部	7000.00	516.00	600.00	10.26	5873.74	1605.00	600.000	9205.00	
财务部	20300.00	1032.00	1200.00	343.46	17724.54	3210.00	1200.00	24710.00	
销售部	18100.00	774.00	900.00	362.72	16063.28	2407.50	900.00	21407.50	
采购部	12600.00	774.00	900.00	59.20	10866.80	2407.50	900.00	15907.50	
仓库部	9700.00	774.00	900.00	0.00	8026.00	2407.50	900.00	13007.50	
合　计	￥82100.00	￥4386.00	￥5100.00	￥1453.30	￥71160.70	￥13642.50	￥5100.00	￥100842.50	

审核：张亮亮　　制表：冯青青

1-29-2

2017年1月工资表

编制单位：郑京我爱会计服饰有限公司　　　　2017 年 01 月 31 日　　　　单位：元

部门	职位	姓名	基本工资	清勤奖励	应付工资	个人缴纳养老保险	个人缴纳医疗保险	个人缴纳失业保险	个人缴纳公积金	税前合计	个人所得税	实发工资	单位缴纳养老保险	单位缴交医疗保险	单位缴纳失业保险	单位缴纳公积金	工伤保险	生育保险	单位缴交合计	单位总支出	员工签字
总经办	总经理	洪庆山	10000.00	200.00	10200.00	200.00	53.00	5.00	300.00	9642.00	673.40	8968.60	500.00	250.00	25.00	300.00	7.50	20.00	1102.50	11302.50	
总经办	经理助理	陈慧姗	4000.00	200.00	4200.00	200.00	53.00	5.00	300.00	3642.00	4.26	3637.74	500.00	250.00	25.00	300.00	7.50	20.00	1102.50	5302.50	
行政部	行政经理	李顺娇	4200.00	200.00	4400.00	200.00	53.00	5.00	300.00	3842.00	10.26	3831.74	500.00	250.00	25.00	300.00	7.50	20.00	1102.50	5502.50	
行政部	行政人员	罗雅君	2400.00	200.00	2600.00	200.00	53.00	5.00	300.00	2042.00	0.00	2042.00	500.00	250.00	25.00	300.00	7.50	20.00	1102.50	3702.50	
财务部	财务经理	张亮亮	8000.00	200.00	8200.00	200.00	53.00	5.00	300.00	7642.00	309.20	7332.80	500.00	250.00	25.00	300.00	7.50	20.00	1102.50	9302.50	
财务部	会计	冯青青	5000.00	200.00	5200.00	200.00	53.00	5.00	300.00	4642.00	34.26	4607.74	500.00	250.00	25.00	300.00	7.50	20.00	1102.50	6302.50	
财务部	出纳	毛小薇	3500.00	200.00	3700.00	200.00	53.00	5.00	300.00	3142.00	0.00	3142.00	500.00	250.00	25.00	300.00	7.50	20.00	1102.50	4802.50	
财务部	收银员	刘玲玲	3000.00	200.00	3200.00	200.00	53.00	5.00	300.00	2642.00	0.00	2642.00	500.00	250.00	25.00	300.00	7.50	20.00	1102.50	4302.50	
销售部	销售经理	林成彬	8000.00	200.00	8200.00	200.00	53.00	5.00	300.00	7642.00	309.20	7332.80	500.00	250.00	25.00	300.00	7.50	20.00	1102.50	9302.50	
销售部	销售人员	孙大奇	5000.00	200.00	5200.00	200.00	53.00	5.00	300.00	4642.00	34.26	4607.74	500.00	250.00	25.00	300.00	7.50	20.00	1102.50	6302.50	
销售部	销售人员	郭顺本	4500.00	200.00	4700.00	200.00	53.00	5.00	300.00	4142.00	19.26	4122.74	500.00	250.00	25.00	300.00	7.50	20.00	1102.50	5802.50	
采购部	采购经理	范志艺	5500.00	200.00	5700.00	200.00	53.00	5.00	300.00	5142.00	59.20	5082.80	500.00	250.00	25.00	300.00	7.50	20.00	1102.50	6802.50	
采购部	采购人员	董继超	3500.00	200.00	3700.00	200.00	53.00	5.00	300.00	3142.00	0.00	3142.00	500.00	250.00	25.00	300.00	7.50	20.00	1102.50	4802.50	
采购部	采购人员	吴萍菊	3000.00	200.00	3200.00	200.00	53.00	5.00	300.00	2642.00	0.00	2642.00	500.00	250.00	25.00	300.00	7.50	20.00	1102.50	4302.50	
仓库部	仓库主管	高建军	3800.00	200.00	4000.00	200.00	53.00	5.00	300.00	3442.00	0.00	3442.00	500.00	250.00	25.00	300.00	7.50	20.00	1102.50	5102.50	
仓库部	仓库人员	陈玉玲	2800.00	200.00	3000.00	200.00	53.00	5.00	300.00	2442.00	0.00	2442.00	500.00	250.00	25.00	300.00	7.50	20.00	1102.50	4102.50	
仓库部	仓库人员	陈小茹	2500.00	200.00	2700.00	200.00	53.00	5.00	300.00	2142.00	0.00	2142.00	500.00	250.00	25.00	300.00	7.50	20.00	1102.50	3802.50	
	合计		¥78700.00	¥3400.00	¥82100.00	¥3400.00	¥901.00	¥85.00	¥5100.00	¥72614.00	¥1453.30	¥71160.70	¥8500.00	¥4250.00	¥425.00	¥5100.00	¥127.50	¥340.00	¥18742.50	¥100842.50	

总经理：洪庆山　　　　财务审核：张亮亮　　　　制表人：冯青青

【业务30】

1-30-1

未交增值税计算表

郑京我爱会计服饰有限公司　　2017年01月31日

项　　目	金　　额（元）
1. 应交增值税明细账期初余额	
2. 应交增值税明细账进项税额专栏本月发生额	
3. 应交增值税明细账进项税额转出专栏本月发生额	
4. 应交增值税明细账销项税额专栏本月发生额	
5. 本月应交增值税额（5=4+3-2-1）	

制表人：

【业务31】

1-31-1

附加税计算表

郑京我爱会计服饰有限公司　　2017年01月31日　　单位：元

应交税费明细项目	计算依据	金额	税率	应纳税额	备注
城市维护建设税					
教育费附加					
地方教育费附加					
合　计					

制表人：

【业务 32】

1-32-1

企业所得税计算表

所属日期：自 2017 年 01 月 01 日至 2017 年 01 月 31 日

项　目	行　次	金　额（元）
收入总额	1	
成本费用总额	2	
利润总额	3	
适用税率	4	
应纳所得税额(5=3×4)	5	

制表人：

【业务 33】

无

【业务 34】

无

郑京我爱会计服饰有限公司(2017 年 2 月)原始单据

【业务 1】

2-1-1

中国工商银行
现金支票存根

10209812
22956889

附加信息

出票日期 2017 年 02 月 01 日

收款人：我爱会计服饰公司

金 额：￥5000.00

用 途：备用金

单位主管　　会计

上海金达证券印制有限公司・2011年印制

【业务 2】

2-2-1

报 销 单

现金付讫

填报日期：2017年 02 月 01 日　　　　单据及附件共 1 张

姓名	张亮亮	所属部门	财务部	报销形式	现金
				支票号码	

报销项目	摘要	金额	备注：
聚餐费	部门聚餐	6500.00	
合计		￥6500.00	
金额大写：零 拾 零 万 陆 仟 伍 佰 零 拾 零 元 零 角 零 分		原借款：　　元	应退款：　　元 应补款：　　元

总经理：洪庆山　财务经理：张亮亮　会计：冯青青　出纳：毛小薇　部门经理：张亮亮　领款人：张亮亮

2-2-1-1

5362153320 郑京增值税普通发票 № 12794300

5362153320
12794300

机器编号 879065348886　　　　开票日期：2017年02月01日

购买方	名　　称：郑京我爱会计服饰有限公司 纳税人识别号：80536259796098815B 地址、电话：郑京市城南区创新路23号 0937-87667898 开户行及账号：中国工商银行郑京城南支行 1208030100100033335	密码区	8/04566030509>0+4/70<196/5> 90/856>>131/2*>*>89>2312/02 98+45+664041+8>11763><0+/1> >1209888<<2121)121-12221-08

货物或应税劳务、服务名称	规格型号	单位	数量	单价	金额	税率	税额
餐费			1	6132.0754717	6132.08	6%	367.92
合　　计					¥6132.08		¥367.92
价税合计（大写）	⊗陆仟伍佰元整				（小写）¥6500.00		

销售方	名　　称：郑京好再来餐饮有限公司 纳税人识别号：80536259826519232A 地址、电话：郑京市青浦区美日路88号 0937-80407878 开户行及账号：中国工商银行郑京城北支行 1208030100100039998	备注	校验码 0[illegible]9 90444 67782 45670

收款人：　　复核：　　开票人：吴美美　　销售方：（章）

（印章：郑京好再来餐饮有限公司 80536259826519232A 发票专用章）

第二联：发票联 购买方记账凭证

【业务 3】

2-3-1

ICBC 中国工商银行 （贷方）　　ZJ

处理　方向：已入账
业务　代码：　　　　凭证号码：3900039721
收款人账号：1208030100100033335
收款人户名：郑京我爱会计服饰有限公司
付款人账号：1208030498740042120
付款人户名：昆泽华衣服装有限公司
金额(大写)：柒万陆仟零伍拾元整
金额(小写)：¥76050.00　　　　提　回　行：
提　回　行：　　　　汇出行行号：
收报行行号：　　　　发报行行号：
用　　途：货款　　　　打印次数：1
开票日期：2017-02-03　　入账日期：2017-02-03　　打印日期：2017-02-03

（印章：中国工商银行股份有限公司郑京城南支行 2017.02.03 核算用章（03））

陈大记账：　　　　复核：

收账通知

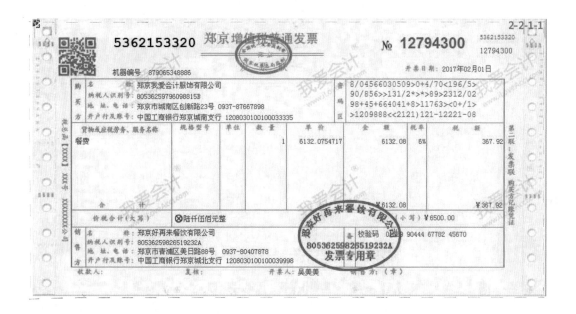

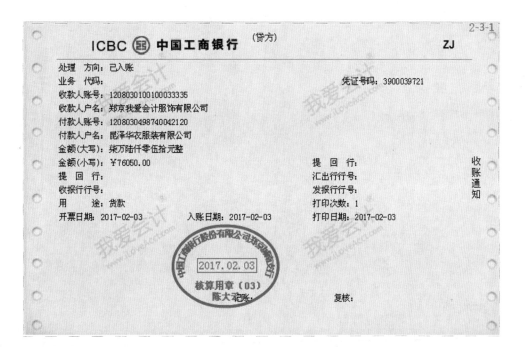

【业务 4】

2-4-1

5362151810　**郑京增值税专用发票**　№ 00794192　5362151810 00794192

此联不作报销、扣税凭证使用　开票日期：2017年02月03日

购买方	名　　称：洛山靓丽服装有限公司 纳税人识别号：71635273692166778B 地址、电话：洛山市城北区大方路50号 030-89950376 开户行及账号：交通银行洛山城北支行 110007617008770525038				密码区	6/04566030509>0+4/70<196/5>90/156>>231/2*>*>89>2312/0298+45+664041+8>11763><0+/1>>1209888<<2121)121-12221-08		
货物或应税劳务、服务名称	规格型号	单位	数量	单价		金额	税率	税额
男式衬衫	170/92	件	1600	50.00		80000.00	17%	13600.00
女式衬衫	155/35	件	500	40.00		20000.00	17%	3400.00
合　　计						¥100000.00		¥17000.00
价税合计（大写）	⊗壹拾壹万柒仟元整					（小写）¥117000.00		
销售方	名　　称：郑京我爱会计服饰有限公司 纳税人识别号：80536259796098815B 地址、电话：郑京市城南区创新路23号 0937-87667898 开户行及账号：中国工商银行郑京城南支行 1208030100100033335				备注			

收款人：　　复核：　　开票人：冯青青　　销售方：（章）

税总函【XXXX】XXX号 XXXXXXX公司

第一联：记账联　销售方记账凭证

2-4-2

郑京我爱会计服饰有限公司

销　售　单

NO. 1100005

地址：郑京市城南区创新路23号

电话：0937-87667898

客户名称：洛山靓丽服装有限公司

地址电话：洛山市城北区大方路50号 030-89950376　　日期 2017年02月03日

编码	产品名称	规格	单位	单价	数量	金额	备注
140001	男式衬衫	170/92	件	58.50	1600.00	93600.00	
140003	女式衬衫	155/35	件	46.80	500.00	23400.00	
合计	人民币(大写)：壹拾壹万柒仟元整					¥117000.00	

会计联

销售经理：林成彬　　会计：冯青青　　经办人：孙大奇　　仓库人员：陈玉玲　　签收人：李元福

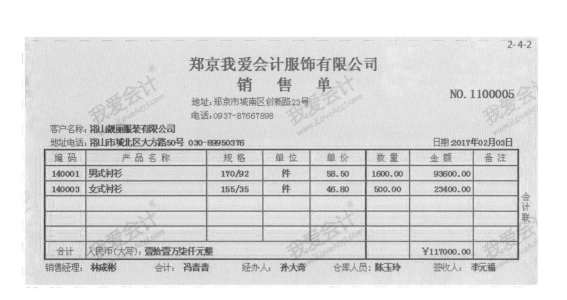

【业务5】

2-5-1

中国工商银行借款凭证 ① No.0007441

2017 年 02 月 05 日

借款人	郑京我爱会计服饰有限公司	贷款账号	1208030100100487708	存款账号	1208030100100033335
贷款金额	人民币伍拾万元整			亿千百十万千百十元角分	￥50000000
用途	流动资金借款	期限	约定还款日期	2017年08月04日	
		6个月	贷款利率 4.35%	借款合同号码	16080310-20170205200号

上列贷款已转入借款人指定的账户。

郑京我爱会计服饰有限公司 财务专用章　山洪印庆

中国工商银行股份有限公司郑京城南支行 2017.02.05 核算用章（03） 陈大云

复核　　记账

第一联 回单

CH 087912

【业务6】

2-6-1

6352131132　**洛山增值税专用发票**　№ 67389562　6352131132 67389562

发票联

开票日期：2017年02月07日

购买方	名称：郑京我爱会计服饰有限公司 纳税人识别号：80536259796098815B 地址、电话：郑京市城南区创新路23号 0937-87667898 开户行及账号：中国工商银行郑京城南支行 1208030100100033335	密码区	6/14566030509>0+4/70<196/5> 90/856>>231/2*>*>89>9312/02 98+45+664041+8>11763><0+/1> >1209888<<2121)121-12221-08				
货物或应税劳务、服务名称	规格型号	单位	数量	单价	金额	税率	税额
男式衬衫	170/92	件	5840	25.00	146000.00	17%	24820.00
男式衬衫	175/100	件	1500	30.00	45000.00	17%	7650.00
女式衬衫	160/38	件	2000	20.00	40000.00	17%	6800.00
合计					￥231000.00		￥39270.00
价税合计（大写）	⊗贰拾柒万零贰佰柒拾元整				（小写）￥270270.00		
销售方	名称：洛山华衣服饰有限公司 纳税人识别号：71635273845933498A 地址、电话：洛山市高新区科技路88号 030-89882390 开户行及账号：交通银行洛山高新支行 110007611087679181809	备注	洛山华衣服饰有限公司 71635273845933498A 发票专用章				

收款人：　复核：　开票人：黄婷婷　销售方：（章）

第三联：发票联 购买方记账凭证

2-6-2

洛山华衣服饰有限公司

销　售　单

NO. 2504083

地址：洛山市高新区科技路88号

电话：030-89882390

客户名称：郑京我爱会计服饰有限公司

地址电话：郑京市城南区创新路23号 0937-87667898

日期 2017年02月07日

编码	产品名称	规格	单位	单价	数量	金额	备注
02	男式衬衫	170/92	件	29.25	5840.00	170820.00	
03	男式衬衫	175/100	件	35.10	1500.00	52650.00	
05	女式衬衫	160/38	件	23.40	2000.00	46800.00	
合计	人民币(大写)：贰拾柒万零贰佰柒拾元整					¥270270.00	

业务联

销售经理：刘宗林　会计：黄婷婷　经办人：林红　仓管：赵文海　签收人：董继超

2-6-3

入　库　单

2017 年 02 月 07 日　　单号 020112

交来单位及部门	洛山华衣服饰有限公司	验收仓库	仓库	入库日期	2017年02月07日	

编号	名称及规格	单位	数量		实际价格	
			交库	实收	单价	金额
140001	男式衬衫（170/92）	件	5840.00	5840.00		
140002	男式衬衫（175/100）	件	1500.00	1500.00		
140004	女式衬衫（160/38）	件	2000.00	2000.00		
	合　计					

财务联

部门经理：范志艺　会计：冯青青　仓库主管：高建军　经办人：董继超

【业务 7】

2-7-1

报销单

填报日期：2017年 02 月 08 日　　　　单据及附件共 2 张

姓名	林成彬	所属部门	销售部	报销形式	现金	
				支票号码		
报销项目		摘要		金额		备注：
业务招待费		报销业务招待费		2500.00		
合计				¥2500.00		
金额大写：零 拾 零 万 贰 仟 伍 佰 零 拾 零 元 零 角 零 分				原借款¥3000.00元	应退款：¥500.00元 应补款：元	

总经理：洪庆山　财务经理：张亮亮　会计：冯青青　出纳：毛小薇　部门经理：林成彬　领款人：林成彬

2-7-1-1

5362153320　**郑京增值税普通发票**　№ 12794190　5362153320　12794190

发票联

机器编号 879065348886　　开票日期：2017年02月08日

购买方	名称：郑京我爱会计服饰有限公司 纳税人识别号：80536259796098815B 地址、电话：郑京市城南区创新路23号 0937-87667898 开户行及账号：中国工商银行郑京城南支行 1208030100100033335	密码区	8/04566430509>0+4/70<196/5> 90/856>>231/2*>*>89>2312/02 98+45+664041+8>11763><0+/1> >1209888<<2121)121-12221-08

货物或应税劳务、服务名称	规格型号	单位	数量	单价	金额	税率	税额
餐费			1	2358.4905660	2358.49	6%	141.51
合计					¥2358.49		¥141.51
价税合计（大写）	⊗贰仟伍佰元整				（小写）¥2500.00		

销售方	名称：郑京好再来餐饮有限公司 纳税人识别号：80536259826519232A 地址、电话：郑京市青浦区美日路88号 0937-80407878 开户行及账号：中国工商银行郑京城北支行 1208030100100039998	备注	校验码 11559 90444 67782 45900

收款人：　复核：　开票人：吴美美　销售方：（章）

郑京好再来餐饮有限公司 80536259826519232A 发票专用章

第二联：发票联 购买方记账凭证

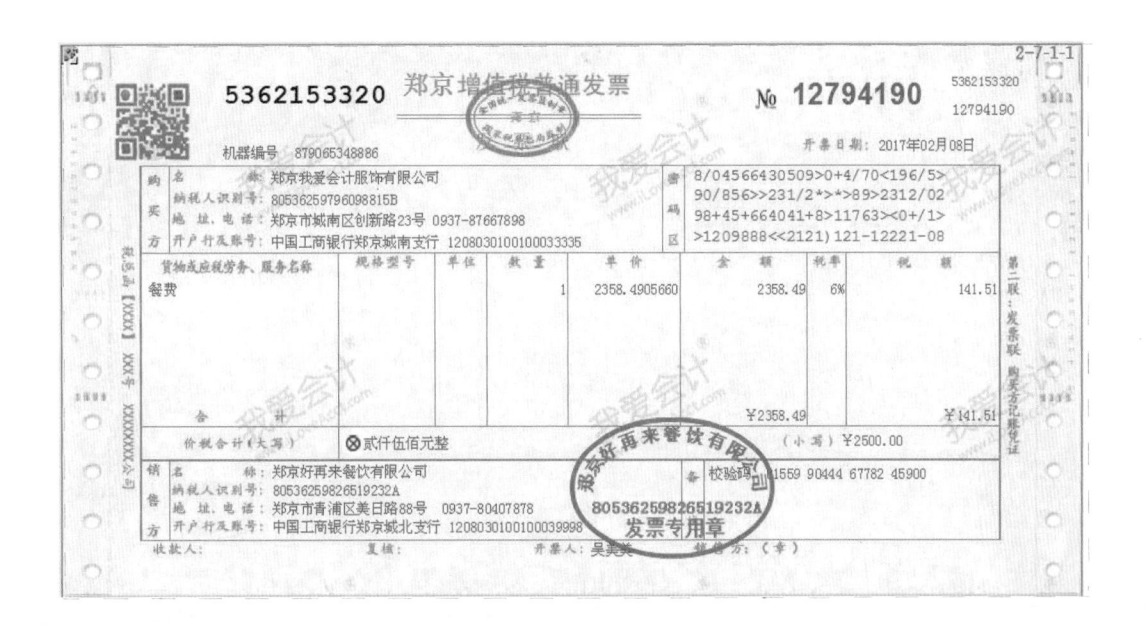

2-7-1-2

现金收讫

收款收据

NO. 0012073

2017年02月08日

今收到 林成彬

交来：预借款余款

金额（大写） 零佰 零拾 零万 零仟 伍佰 零拾 零元 零角 零分

¥ 500.00 ☑现金 ☐支票 ☐信用卡 ☐其他 收款单位（盖章）

第三联交财务

核准 会计 记账 出纳 毛小薇 经手人 林成彬

【业务 8】

2-8-1

付款申请书

日期：2017年02月10日

用途及情况	金额											收款单位（人）：中国人民财产保险股份有限公司郑京分公司
支付财产保险费	亿	千	百	十	万	千	百	十	元	角	分	账号：1208032101255543214
				¥	2	3	5	0	0	0	0	开户行：中国工商银行郑京城南支行
金额大写（合计）	人民币贰万叁仟伍佰元整											电汇：☐ 转账：☑ 汇票：☐ 其他：☐

总经理	洪庆山	财务部门	经理	张亮亮	申请部门	经理	李顺娇
			会计	冯青青		经办人	罗雅君

2-8-1-1

5362151810 郑京增值税专用发票 № 00794890

5362151810
00794890

开票日期：2017年02月10日

购买方	名称：郑京我爱会计服饰有限公司 纳税人识别号：80536259796098815B 地址、电话：郑京市城南区创新路23号 0937-87667898 开户行及账号：中国工商银行郑京城南支行 1208030100100033335	密码区	6/04566030509>0+4/70<196/5> 90/856>>231/2*>*>89>2312/00 98+45+664041+8>11763><0+/1> >1209888<<2121)121-12221-08

货物或应税劳务、服务名称	规格型号	单位	数量	单价	金额	税率	税额
财产保险费			1	22169.8113207	22169.81	6%	1330.19
合计					¥22169.81		¥1330.19
价税合计（大写）	⊗贰万叁仟伍佰元整				（小写）¥23500.00		

销售方	名称：中国人民财产保险股份有限公司郑京分公司 纳税人识别号：80536259720931120A 地址、电话：郑京市城南区美仁路78号 0937-87608119 开户行及账号：中国工商银行郑京城南支行 120803210125554321	备注	

收款人： 复核： 开票人：陈 销售方：（章）

第三联：发票联 购买方记账凭证

（印章：中国人民财产保险股份有限公司郑京分公司 80536259720931120A 发票专用章）

2-8-2

中国工商银行
转账支票存根
10209820
22958730

附加信息

出票日期 2017 年 02 月 10 日

收款人：中国人民财产保险股份有限公司郑京分公司

金额：¥23500.00

用途：支付财产保险费

单位主管 会计

上海金达证券印制有限公司·2011年印制

2-8-3

ICBC 中国工商银行 进账单（回 单） 2

2017 年 02 月 10 日 № 01362621

出票人	全称	郑京我爱会计服饰有限公司	收款人	全称	中国人民财产保险股份有限公司郑京分公司
	账号	1208030100100033335		账号	120803210125554321 4
	开户银行	中国工商银行郑京城南支行		开户银行	中国工商银行郑京城南支行
金额	人民币（大写）	贰万叁仟伍佰元整		亿千百十万千百十元角分	¥ 2 3 5 0 0 0 0
票据种类		票据张数			
票据号码					
备注：					
	复核：	记账：			开户银行签章

（印章：中国工商银行股份有限公司郑京城南支行 2017.02.10 核算用章（03） 陈大云）

此联是开户银行交给（持）出票人的回单

175*85mm GH 066011

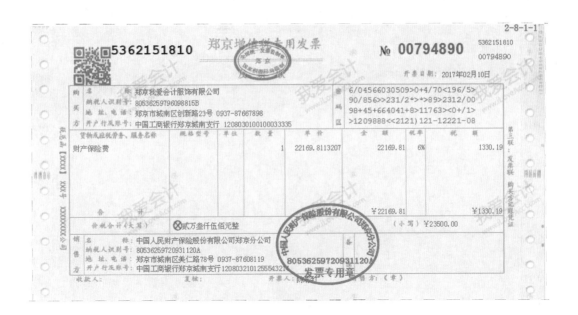

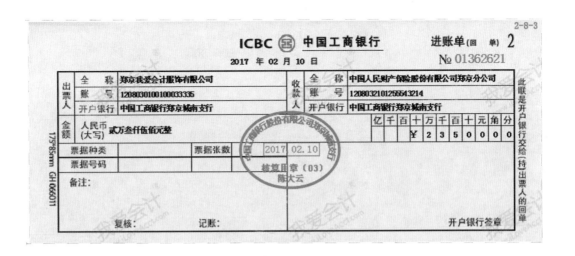

【业务 9】

2-9-1

报 销 单

填报日期：2017年 02 月 11 日　　　　单据及附件共 2 张

姓名	郭顺本	所属部门	销售部	报销形式	现金	
				支票号码		
报 销 项 目		摘　　要		金　　额		备注：
招待客人费用		业务招待费		2000.00		
合　　　　计				¥2000.00		
金额大写：零 拾 零 万 贰 仟 零 佰 零 拾 零 元 零 角 零 分				原借款：　　元		应退款：　　元 应补款：　　元

现金付讫

总经理：洪庆山　财务经理：张亮亮　会计：冯青青　出纳：毛小薇　部门经理：林成彬　领款人：郭顺本

2-9-1-1

5362153320　**郑京增值税普通发票**　№ 12794320　5362153320　12794320

机器编号　879065348886　　　　开票日期：2017年02月11日

购买方	名　　称：郑京我爱会计服饰有限公司 纳税人识别号：80536259796098815B 地 址、电 话：郑京市城南区创新路23号 0937-87667898 开户行及账号：中国工商银行郑京城南支行 120803010010033335	密码区	8/04566030509>0+4/70<196/5> 10/856>>231/2*>*>89>2312/02 98+45+664041+8>11763><0+/1> >1209888<<2121)121-12221-08

货物或应税劳务、服务名称	规格型号	单位	数量	单价	金额	税率	税额
餐费			1	1886.7924528	1886.79	6%	113.21
合　　计					¥1886.79		¥113.21
价税合计（大写）	⊗贰仟元整				（小写）¥2000.00		

销售方	名　　称：郑京好再来餐饮有限公司 纳税人识别号：80536259826519232A 地 址、电 话：郑京市青浦区美日路88号　0937-80407878 开户行及账号：中国工商银行郑京城北支行 120803010010039998	备注	校验码 01559 90444 67782 45998

收款人：　　　复核：　　　开票人：吴美美　　　销售方：（章）

郑京好再来餐饮有限公司 80536259826519232A 发票专用章

第二联：发票联　购买方记账凭证

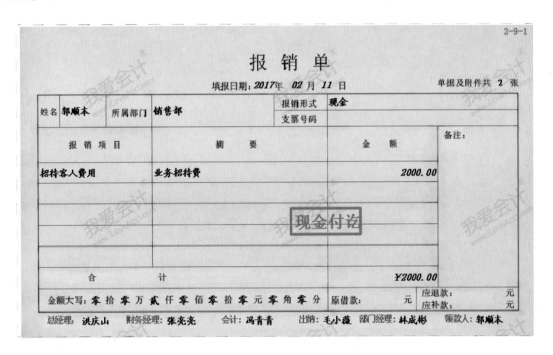

【业务 10】

2-10-1

ICBC 中国工商银行 凭 证

中国工商银行电子缴税付款凭证 No

转账日期：2017 年 02 月 12 日 凭证号码：2017021234335432

纳税人全称及纳税人识别号：郑京我爱会计服饰有限公司 80536259796098815B

付款人全称：郑京我爱会计服饰有限公司

付款人账号：120803010010003335 征收机关名称：郑京市国家税务局城南分局

付款人开户银行：中国工商银行郑京城南支行 收款国库（银行）名称：国家金库郑京市城南区支库

小写（合计）金额：¥26040.39 缴款书交易流水号：WX0000089236

大写（合计）金额：贰万陆仟零肆拾元叁角玖分

税票号码：WX0000089236

税（费）种名称	所属日期	实缴金额
增值税	20170101-20170131	¥26040.39

中国工商银行股份有限公司郑京城南支行 2017.02.12 核算用章（03） 陈大云

第1次打印 打印时间：2017 年 02 月 12 日 15 时 20 分

（1405公分×21公分）第二联 作付款回单 （无银行收讫章无效） 复核： 记账：

【业务 11】

2-11-1

ICBC 中国工商银行 凭 证

中国工商银行电子缴税付款凭证 No

转账日期：2017 年 02 月 12 日 凭证号码：2017021234336580

纳税人全称及纳税人识别号：郑京我爱会计服饰有限公司 80536259796098815B

付款人全称：郑京我爱会计服饰有限公司

付款人账号：120803010010003335 征收机关名称：郑京市地方税务局城南分局

付款人开户银行：中国工商银行郑京城南支行 收款国库（银行）名称：国家金库郑京市城南区支库

小写（合计）金额：¥3124.85 缴款书交易流水号：WX0000089760

大写（合计）金额：叁仟壹佰贰拾肆元捌角伍分

税票号码：WX0000089760

税（费）种名称	所属日期	实缴金额
城建税-城市市区（增值税）	20170101-20170131	¥1822.83
教育费附加（增值税）	20170101-20170131	¥781.21
地方教育附加（增值税）	20170101-20130131	¥520.81

中国工商银行股份有限公司郑京城南支行 2017.02.12 核算用章（03） 陈大云

第1次打印 打印时间：2017 年 02 月 12 日 10 时 45 分

（1405公分×21公分）第二联 作付款回单 （无银行收讫章无效） 复核： 记账：

【业务 12】

2-12-1

付款申请书

日期：2017年02月12日

用途及情况	金额											收款单位（人）：中国电信股份有限公司郑京分公司
支付通信费	亿	千	百	十	万	千	百	十	元	角	分	账号：1208030100100033998
						¥	2	6	9	6	0	开户行：中国工商银行郑京城南支行

金额大写（合计）	人民币贰佰陆拾玖元陆角整	电汇：☐ 转账：☑ 汇票：☐ 其他：☐

总经理	洪庆山	财务部门	经理	张亮亮	申请部门	经理	李顺娇
			会计	冯青青		经办人	罗雅君

2-12-2

ICBC 中国工商银行 进账单（回单） 2

2017 年 02 月 12 日 № 01361298

出票人			收款人		
全称	郑京我爱会计服饰有限公司		全称	中国电信股份有限公司郑京分公司	
账号	1208030100100033335		账号	中国工商银行郑京城南支行	
开户银行	中国工商银行郑京城南支行		开户银行	1208030100100033998	

金额	人民币（大写）贰佰陆拾玖元陆角整	亿	千	百	十	万	千	百	十	元	角	分
							¥	2	6	9	6	0

票据种类		票据张数	
票据号码			

备注：

复核： 记账：

中国工商银行股份有限公司郑京城南支行 2017.02.12 核算用章（03） 陈大云

开户银行签章

此联是开户银行交给（持）出票人的回单

175*85mm GH 066011

2-12-3

中国工商银行
转账支票存根

10209820
22958731

附加信息

出票日期2017年02月12日

收款人：中国电信股份有限公司郑京分公司

金 额：¥269.60

用 途：支付电话费

单位主管 会计

上海金达证券印制有限公司·2011年印制

2-12-4

5362153320 郑京增值税普通发票 № 01372189

5362153320
01372189

机器编号 870065922890

开票日期：2017年02月12日

购买方
名 称：郑京我爱会计服饰有限公司
纳税人识别号：80536259796098815B
地 址、电 话：郑京市城南区创新路23号 0937-87667898
开户行及账号：中国工商银行郑京城南支行 1208030100100033335

密码区
8/04566130509>0+4/70<196/5>
90/850>>231/2*>*>89>2312/0*
98+45+664041+8>11763><0+/1>
>1209888<<21214121/22221-08

货物或应税劳务、服务名称	规格型号	单位	数量	单价	金额	税率	税额
电信基础服务			1	242.88	242.88	11%	26.72
合 计					¥242.88		¥26.72
价税合计（大写）	⊗贰佰陆拾玖元陆角整				（小写）¥269.60		

销售方
名 称：中国电信股份有限公司郑京分公司
纳税人识别号：80536259178667987T
地 址、电 话：郑京市城南区创新路25号 0937-87667109
开户行及账号：中国工商银行郑京城南支行 1208030100100033998

备注 校验码 01789 90234 67862 12329

收款人： 复核： 开票人：黄小虎 销售方：（章）

第二联：发票联 购买方记账凭证

（印章：中国电信股份有限公司郑京分公司 80536259178667987T 发票专用章）

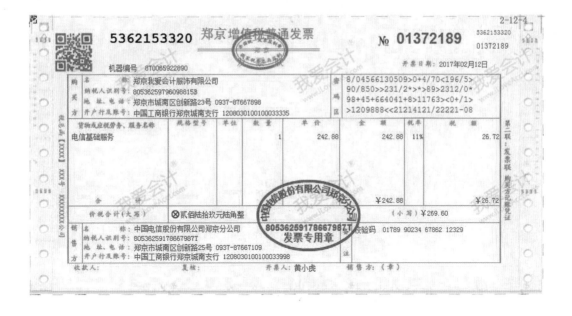

【业务 13】

2-13-1

ICBC 中国工商银行 凭 证

中国工商银行电子缴税付款凭证

No

转账日期：2017 年 02 月 12 日　　　　凭证号码：2017021234336672

纳税人全称及纳税人识别号：郑京我爱会计服饰有限公司 80536259796098815B

付款人全称：郑京我爱会计服饰有限公司

付款人账号：1208030100100033335　　　　征收机关名称：郑京市地方税务局城南分局

付款人开户银行：中国工商银行郑京城南支行　　　　收款国库（银行）名称：国家金库郑京市城南区支库

小写（合计）金额：￥1453.30　　　　缴款书交易流水号：WX0000089762

大写（合计）金额：壹仟肆佰伍拾叁元叁角整

税票号码：WX0000089762

税（费）种名称	所属日期	实缴金额
个人所得税-工资薪金所得	20170101-20170131	￥1453.30

中国工商银行股份有限公司郑京城南支行
2017.02.12
核算用章（03）
陈大云

第1次打印　　　　打印时间：2017 年 02 月 12 日 10 时 55分

（1405公分×21公分）第二联 作付款回单 （无银行收讫章无效）　　复核：　　记账：

【业务 14】

2-14-1

工资汇总表

编制单位：郑京我爱会计服饰有限公司　　2017年01月31日　　单位：元

部　门	应付工资	个人缴纳社保费	个人缴纳公积金	个人缴纳所得税	实发工资	单位缴纳社保费	单位缴纳公积金	单位总支出	
总经办	14400.00	516.00	600.00	677.66	12606.34	1605.00	600.00	16605.00	
行政部	7000.00	516.00	600.00	10.26	5873.74	1605.00	600.00	9205.00	
财务部	20300.00	1032.00	1200.00	343.46	17724.54	3210.00	1200.00	24710.00	
销售部	18100.00	774.00	900.00	362.72	16063.28	2407.50	900.00	21407.50	
采购部	12600.00	774.00	900.00	59.20	10866.80	2407.50	900.00	15907.50	
仓库部	9700.00	774.00	900.00	0.00	8026.00	2407.50	900.00	13007.50	
合　计	￥82100.00	￥4386.00	￥5100.00	￥1453.30	￥71160.70	￥13642.50	￥5100.00	￥100842.50	

审核：张亮亮　　制表：冯青青

2017年1月工资表

编制单位：郑京我爱会计服饰有限公司　　　　2017 年 01 月 31 日　　　　单位：元

部门	职位	姓名	基本工资	满勤奖励	应付工资	个人缴纳养老保险	个人缴纳医疗保险	个人缴纳失业保险	个人缴纳公积金	税前合计	个人所得税	实发工资	单位缴纳养老保险	单位缴交医疗保险	单位缴纳失业保险	单位缴纳公积金	工伤保险	生育保险	单位缴交合计	单位总支出	单位总支出
总经办	总经理	洪庆山	10000.00	200.00	10200.00	200.00	53.00	5.00	300.00	9642.00	673.40	8968.60	500.00	250.00	25.00	300.00	7.50	20.00	1102.50	11302.50	
总经办	经理助理	陈慧姗	4000.00	200.00	4200.00	200.00	53.00	5.00	300.00	3642.00	4.26	3637.74	500.00	250.00	25.00	300.00	7.50	20.00	1102.50	5302.50	
行政部	行政经理	李顺娇	4200.00	200.00	4400.00	200.00	53.00	5.00	300.00	3842.00	10.26	3831.74	500.00	250.00	25.00	300.00	7.50	20.00	1102.50	5502.50	
行政部	行政人员	罗雅君	2400.00	200.00	2600.00	200.00	53.00	5.00	300.00	2042.00	0.00	2042.00	500.00	250.00	25.00	300.00	7.50	20.00	1102.50	3702.50	
财务部	财务经理	张亮亮	8000.00	200.00	8200.00	200.00	53.00	5.00	300.00	7642.00	309.20	7332.80	500.00	250.00	25.00	300.00	7.50	20.00	1102.50	9302.50	
财务部	会计	冯青青	5000.00	200.00	5200.00	200.00	53.00	5.00	300.00	4642.00	34.26	4607.74	500.00	250.00	25.00	300.00	7.50	20.00	1102.50	6302.50	
财务部	出纳	毛小薇	3500.00	200.00	3700.00	200.00	53.00	5.00	300.00	3142.00	0.00	3142.00	500.00	250.00	25.00	300.00	7.50	20.00	1102.50	4802.50	
财务部	收银员	刘聆玲	3000.00	200.00	3200.00	200.00	53.00	5.00	300.00	2642.00	0.00	2642.00	500.00	250.00	25.00	300.00	7.50	20.00	1102.50	4302.50	
销售部	销售经理	林成彬	8000.00	200.00	8200.00	200.00	53.00	5.00	300.00	7642.00	309.20	7332.80	500.00	250.00	25.00	300.00	7.50	20.00	1102.50	9302.50	
销售部	销售人员	孙大奇	5000.00	200.0	5200.00	200.00	53.00	5.00	300.00	4642.00	34.26	4607.74	500.00	250.00	25.00	300.00	7.50	20.00	1102.50	6302.50	
销售部	销售人员	郭顺本	4500.00	200.00	4700.00	200.00	53.00	5.00	300.00	4142.00	19.26	4122.74	500.00	250.00	25.00	300.00	7.50	20.00	1102.50	5802.50	
采购部	采购经理	范志艺	5500.00	200.00	5700.00	200.00	53.00	5.00	300.00	5142.00	59.20	5082.80	500.00	250.00	25.00	300.00	7.50	20.00	1102.50	6802.50	
采购部	采购人员	董继超	3500.00	200.00	3700.00	200.00	53.00	5.00	300.00	3142.00	0.00	3142.00	500.00	250.00	25.00	300.00	7.50	20.00	1102.50	4802.50	
采购部	采购人员	吴萍萧	3000.00	200.00	3200.00	200.00	53.00	5.00	300.00	2642.00	0.00	2642.00	500.00	250.00	25.00	300.00	7.50	20.00	1102.50	4302.50	
仓库部	仓库主管	高建军	3800.00	200.00	4000.00	200.00	53.00	5.00	300.00	3442.00	0.00	3442.00	500.00	250.00	25.00	300.00	7.50	20.00	1102.50	5102.50	
仓库部	仓库人员	陈玉玲	2800.00	200.00	3000.00	200.00	53.00	5.00	300.00	2442.00	0.00	2442.00	500.00	250.00	25.00	300.00	7.50	20.00	1102.50	4102.50	
仓库部	仓库人员	陈小茹	2500.00	200.00	2700.00	200.00	53.00	5.00	300.00	2142.00	0.00	2142.00	500.00	250.00	25.00	300.00	7.50	20.00	1102.50	3802.50	
	合计		￥78700.00	￥3400.00	￥82100.00	￥3400.00	￥901.00	￥85.00	￥5100.00	￥72614.00	￥1453.30	￥71160.70	￥8500.00	￥4250.00	￥425.00	￥5100.00	￥127.50	￥340.00	￥18742.50	￥100842.50	

总经理：洪庆山　　　　财务审核：张亮亮　　　　制表人：冯青青

2-14-3

中国工商银行
转账支票存根

10209820
22958732

附加信息

出票日期 2017年 02 月 15 日

收款人：我爱会计服饰

金 额：¥71160.70

用 途：支付工资

单位主管　　会计

上海金达证券印刷有限公司·2011年印制

2-14-4

ICBC 中国工商银行　　进账单（回　单）2

2017 年 02 月 15 日　　№ 01362805

出票人	全　称	郑京我爱会计服饰有限公司	收款人	全　称	郑京我爱会计服饰有限公司
	账　号	1208030100100033335		账　号	1208030100100033289
	开户银行	中国工商银行郑京城南支行		开户银行	中国工商银行郑京城南支行
金额	人民币（大写）	柒万壹仟壹佰陆拾元柒角整		亿千百十万千百十元角分	¥ 7 1 1 6 0 7 0
票据种类		票据张数			
票据号码					
备注：					
复核：		记账：		开户银行签章	

中国工商银行股份有限公司郑京城南支行 2017.02.15 核算用章（03） 陈大云

此联是开户银行交给（持）出票人的回单

175*85mm GH066011

【业务 15】

2-15-1

5362151810　　郑京增值税专用发票　　№ 00794193　　5362151810 00794193

此联不作报销、扣税凭证使用　　开票日期：2017年02月15日

购买方	名　　称：郑京才子佳人服装有限公司 纳税人识别号：80536259983278782M 地 址、电 话：郑京市城南区中山路22号 0937-87346722 开户行及账号：中国工商银行郑京城南支行 1208736884200000238			密码区	6/04566030509>0+4/70<196/5> 30/856>>231/2*>*>89>2312/02 98+45+664041+8>11763><0+/1> >1209888<<2121)121-12221-08		
货物或应税劳务、服务名称	规格型号	单位	数量	单价	金额	税率	税额
男式衬衫	170/92	件	3180	50.00	159000.00	17%	27030.00
男式衬衫	175/100	件	1500	60.00	90000.00	17%	15300.00
女式衬衫	160/38	件	1800	45.00	81000.00	17%	13770.00
合　　计					¥330000.00		¥56100.00
价税合计（大写）	⊗叁拾捌万陆仟壹佰元整				（小写）¥386100.00		
销售方	名　　称：郑京我爱会计服饰有限公司 纳税人识别号：80536259796098815B 地 址、电 话：郑京市城南区创新路23号 0937-87667898 开户行及账号：中国工商银行郑京城南支行 1208030100100033335			备注			

收款人：　　复核：　　开票人：冯吉吉　　销售方：（章）

第一联：记账联　销售方记账凭证

税总函[XXXX]XXX号 XXXXXXXX公司

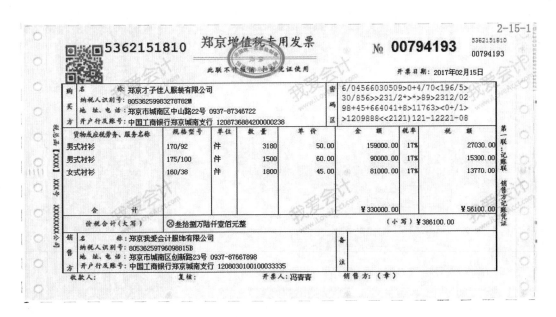

2-15-2

郑京我爱会计服饰有限公司

销　售　单

NO. 1100006

地址：郑京市城南区创新路23号

电话：0937-87667898

客户名称：郑京才子佳人服装有限公司

地址电话：郑京市城南区中山路22号 0937-87346722　　　　日期 2017年02月15日

编码	产品名称	规格	单位	单价	数量	金额	备注
140001	男式衬衫	170/92	件	58.50	3180.00	186030.00	
140002	男式衬衫	175/100	件	70.20	1500.00	105300.00	
140004	女式衬衫	160/38	件	52.65	1800.00	94770.00	
合计	人民币(大写)：叁拾捌万陆仟壹佰元整					¥386100.00	

会计联

销售经理：林成彬　　会计：冯青青　　经办人：郭顺本　　仓库人员：陈玉玲　　签收人：孙俊哲

【业务16】

2-16-1

ICBC 中国工商银行　凭证

中国工商银行电子缴税付款凭证　No

转账日期：2017 年 02 月 16 日　　　　凭证号码：201702163433687З

纳税人全称及纳税人识别号：郑京我爱会计服饰有限公司 80536259796098815B

付款人全称：郑京我爱会计服饰有限公司

付款人账号：1208030100100033335　　征收机关名称：郑京市地方税务局城南分局

付款人开户银行：中国工商银行郑京城南支行　　收款国库（银行）名称：国家金库郑京市城南区支库

小写（合计）金额：¥18028.50　　缴款书交易流水号：WX0000089789

大写（合计）金额：壹万捌仟零贰拾捌元伍角整

税票号码：WX0000089789

税（费）种名称	所属日期	实缴金额
社保费-工伤	20170201-20170228	¥127.50
社保费-生育	20170201-20170228	¥340.00
社保费-失业	20170201-20170228	¥510.00
社保费-养老	20170201-20170228	¥11900.00
社保费-医疗	20170201-20170228	¥5151.00

中国工商银行股份有限公司郑京城南支行 2017.02.16 核算用章（03） 陈大云

第1次打印　　打印时间：2017 年 02 月 16 日　11 时 24 分

（1405公分×21公分）第二联 作付款回单（无银行收讫章无效）　复核：　记账：

2-16-2

社保费明细表

编制单位：郑京我爱会计服饰有限公司　　费款所属期：　2017年02月　　单位：元

部　门	名　称	个人医保	单位医保	医保小计	个人养老保险	单位养老保险	养老保险小计	个人失业险	单位失业险	失业险小计	单位工伤险	单位生育险	合计		
总经办	洪庆山	53.00	250.00	303.00	200.00	500.00	700.00	5.00	25.00	30.00	7.50	20.00	1060.50		
总经办	陈慧姗	53.00	250.00	303.00	200.00	500.00	700.00	5.00	25.00	30.00	7.50	20.00	1060.50		
行政部	李顺娇	53.00	250.00	303.00	200.00	500.00	700.00	5.00	25.00	30.00	7.50	20.00	1060.50		
行政部	罗雅君	53.00	250.00	303.00	200.00	500.00	700.00	5.00	25.00	30.00	7.50	20.00	1060.50		
财务部	张亮亮	53.00	250.00	303.00	200.00	500.00	700.00	5.00	25.00	30.00	7.50	20.00	1060.50		
财务部	冯青青	53.00	250.00	303.00	200.00	500.00	700.00	5.00	25.00	30.00	7.50	20.00	1060.50		
财务部	毛小薇	53.00	250.00	303.00	200.00	500.00	700.00	5.00	25.00	30.00	7.50	20.00	1060.50		
财务部	刘玲玲	53.00	250.00	303.00	200.00	500.00	700.00	5.00	25.00	30.00	7.50	20.00	1060.50		
销售部	林成彬	53.00	250.00	303.00	200.00	500.00	700.00	5.00	25.00	30.00	7.50	20.00	1060.50		
销售部	孙大奇	53.00	250.00	303.00	200.00	500.00	700.00	5.00	25.00	30.00	7.50	20.00	1060.50		
销售部	郭顺本	53.00	250.00	303.00	200.00	500.00	700.00	5.00	25.00	30.00	7.50	20.00	1060.50		
采购部	范志艺	53.00	250.00	303.00	200.00	500.00	700.00	5.00	25.00	30.00	7.50	20.00	1060.50		
采购部	董继超	53.00	250.00	303.00	200.00	500.00	700.00	5.00	25.00	30.00	7.50	20.00	1060.50		
采购部	吴萍菊	53.00	250.00	303.00	200.00	500.00	700.00	5.00	25.00	30.00	7.50	20.00	1060.50		
仓库部	高建军	53.00	250.00	303.00	200.00	500.00	700.00	5.00	25.00	30.00	7.50	20.00	1060.50		
仓库部	陈玉玲	53.00	250.00	303.00	200.00	500.00	700.00	5.00	25.00	30.00	7.50	20.00	1060.50		
仓库部	陈小茹	53.00	250.00	303.00	200.00	500.00	700.00	5.00	25.00	30.00	7.50	20.00	1060.50		
合　计		￥901.00	￥4250.00	￥5151.00	￥3400.00	￥8500.00	￥11900.00	￥85.00	￥425.00	￥510.00	￥127.50	￥340.00	￥18028.50		

复核人：洪庆山　　审核人：张亮亮　　制表人：冯青青

【业务 17】

2-17-1

付款申请书

日期：2017年02月16日

用途及情况	金额											收款单位（人）：洛山华衣服饰有限公司
支付供应商货款	亿	千	百	十	万	千	百	十	元	角	分	账号：110007611087679181809
				¥	9	3	6	0	0	0	0	开户行：交通银行洛山高新支行

金额大写（合计）	人民币玖万叁仟陆百元整	电汇：☑ 转账：☐ 汇票：☐ 其他：☐

总经理	洪庆山	财务部门	经理	张亮亮	申请部门	经理	范志艺
			会计	冯青青		经办人	吴萍菊

2-17-2

ICBC 中国工商银行

业务委托书 回执

APPLICATION FOR MONEY TRANSFERS

郑B00265930

委托人全称 Name of Principal	郑京我爱会计服饰有限公司
委托人账号 A/C of Principal	1208030101000033335
收款人全称 Name of Payee	洛山华衣服饰有限公司
收款人账号 A/C of Payee	110007611087679181809
金额 Amount	¥93600.00

中国工商银行股份有限公司郑京城南支行

2017-02-16

2017.02.16

核算用章（03）

陈大云

【业务 18】

2-18-1

ICBC 中国工商银行 收费 凭证

（记账联）

付款日期：2017年02月16日
付款账号：1208030100100033335
付款名称：郑京我爱会计服饰有限公司
付款行：中国工商银行郑京城南支行
币种：人民币
合计实收金额(大写)：人民币壹拾元整
合计实收金额(小写)： RMB10.00
合计应收金额： RMB10.00
付款方式：转账
产品名称：
服务项目名称：电汇手续费
摘要：
费用发生日：2017-02-16 业务发生日：2017-02-16
经办：02884 复核：

中国工商银行股份有限公司郑京城南支行 2017.02.16 核算用章（03） 陈大云

【业务 19】

2-19-1

差旅费报销单 现金付讫

2017年 02月 17日

所属部门				销售部	姓名	郭顺本	出差事由	开拓市场	
出发		到达		起止地点		交通费	住宿费	伙食费	其他
月	日	月	日						
02	15	02	15	郑京—昌阳		350.00			
02	15	02	16	昌阳—昌阳			300.00	1500.00	
02	16	02	16	昌阳—郑京		350.00			
合计	大写金额：贰仟伍佰元整			￥2500.00	预支旅费			退回金额	
								补付金额	

总经理：洪庆山 财务经理：张亮亮 会计：冯青青 出纳：毛小薇 部门经理：林成彬 报销人：郭顺本

A021580　检票口09　2-19-1-1

郑京 站 ZhengJing　D2201次　昌阳 站 ChangYang

2017年02月15日11:46开　12车19号

¥350.00元　网　二等座

限乘当日当次车

7710251983****1101 郭顺本

买票请到12306 发货请到95306
中国铁路祝您旅途愉快

10001001010108910A22010 郑京售

A058200　检票口11　2-19-1-2

昌阳 站 ChangYang　D3020次　郑京 站 ZhengJing

2017年02月16日18:57开　17车02号

¥350.00元　网　二等座

限乘当日当次车

7710251983****1101 郭顺本

买票请到12306 发货请到95306
中国铁路祝您旅途愉快

10001001010421C210010 昌阳售

2-19-1-3

3628153120　**昌阳增值税普通发票**　№ 12976190　3628153120　12976190

机器编号：879065347646　开票日期：2017年02月16日

购买方	名称：郑京我爱会计服饰有限公司 纳税人识别号：80536259796098815B 地址、电话：郑京市城南区创新路23号 0937-87667898 开户行及账号：中国工商银行郑京城南支行 1208030100100033335	密码区	1/04566030509>0+4/70<196/5> 90/856>>231/2*>*>89>2312/02 98+45+664041+8>11763><0+/1> >1209888<<2121) 121-12221-08

货物或应税劳务、服务名称	规格型号	单位	数量	单价	金额	税率	税额
餐费			1	1415.0943396	1415.09	6%	84.91
住宿服务费		天	1	283.0188679	283.02	6%	16.98
合计					¥1698.11		¥101.89
价税合计（大写）	⊗壹仟捌佰元整				（小写）¥1800.00		

销售方	名称：昌阳百祥酒店有限公司 纳税人识别号：30362830487612086M 地址、电话：昌阳市旧城区嘉禾路29号 1751-88786930 开户行及账号：交通银行昌阳旧城支行 1100076110209853040	备注	校验码 01559 90444 67782 51123

收款人：　复核：　开票人：陈小琳　销售方：（章）

第二联：发票联 购买方记账凭证

【业务 20】

2-20-1

报 销 单

填报日期：2017年 02 月 18 日　　　　单据及附件共 1 张

姓名	罗雅君	所属部门	行政部	报销形式	现金	
				支票号码		
报 销 项 目		摘　要		金　额		备注：
办公费		购买凭证打印纸		1146.00		
				现金付讫		
合		计		¥1146.00		
金额大写：零 拾 零 万 壹 仟 壹 佰 肆 拾 陆 元 零 角 零 分				原借款：　元		应退款：　元 应补款：　元

总经理：洪庆山　财务经理：张亮亮　会计：冯青青　出纳：毛小薇　部门经理：李顺娇　领款人：罗雅君

2-20-1-1

5362153320　**郑京增值税普通发票**　№ 01794078　5362153320 01794078

机器编号 879065922140　　　　开票日期：2017年02月18日

购买方	名称：郑京我爱会计服饰有限公司 纳税人识别号：80536259796098815B 地址、电话：郑京市城南区创新路23号 0937-87667898 开户行及账号：中国工商银行郑京城南支行 120803010010003335	密码区	5/04566#30509>0+4/70<196/2> 90/856>>231/2*>*>89>2312/0* 98+45+664041+8>11763><0+/1> >1209888<<2121)121@#2221-88

货物或应税劳务、服务名称	规格型号	单位	数量	单价	金额	税率	税额
凭证打印纸	500张/包	包	30	37.0873786	1112.62	3%	33.38
合　计					¥1112.62		¥33.38
价税合计（大写）	⊗壹仟壹佰肆拾陆元整				（小写）¥1146.00		

销售方	名称：郑京博通办公用品有限公司 纳税人识别号：80536259762675838Y 地址、电话：郑京市城南区创美东路19号 0937-87667110 开户行及账号：中国工商银行郑京城南支行 120803010010003309	备注	校验码 01720 90234 67862 45881

收款人：　　复核：　　开票人：李思成　　销售方：（章）

第二联：发票联 购买方记账凭证

（郑京博通办公用品有限公司 80536259762675838Y 发票专用章）

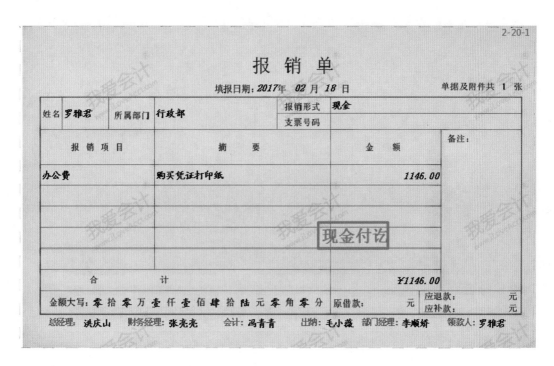

【业务 21】

2-21-1

报 销 单

现金付讫

填报日期：2017年 02 月 18 日　　　　单据及附件共 1 张

姓名	罗雅君	所属部门	行政部	报销形式	现金
				支票号码	

报销项目	摘要	金额	备注：
租金	办公场地租金	4200.00	
合计		¥4200.00	

金额大写：零 拾 零 万 肆 仟 贰 佰 零 拾 零 元 零 角 零 分　原借款： 元　应退款： 元　应补款： 元

总经理：洪庆山　财务经理：张亮亮　会计：冯青青　出纳：毛小薇　部门经理：李顺娇　领款人：罗雅君

2-21-1-1

郑京增值税专用发票

5362151810　　　№ 00794790　　　5362151810 00794790

开票日期：2017年02月18日

购买方	
名称	郑京我爱会计服饰有限公司
纳税人识别号	80536259796098815B
地址、电话	郑京市城南区创新路23号 0937-87667898
开户行及账号	中国工商银行郑京城南支行 120803010010003335

密码区：
6/04566030509>0+4/70<196/5>
80/856>>231/2*>*>89>2312/02
98+45+664041+8>11763><0+/1>
>1209888<<2121)121-12221-08

货物或应税劳务、服务名称	规格型号	单位	数量	单价	金额	税率	税额
办公场地租金（2017年2月份）			1	3783.7837838	3783.78	11%	416.22
合计					¥3783.78		¥416.22

价税合计（大写）：⊗肆仟贰佰元整　（小写）¥4200.00

销售方	
名称	郑京庆达物业管理有限公司
纳税人识别号	80536259722227451A
地址、电话	郑京市城南区美仁路23号 0937-87608770
开户行及账号	中国工商银行郑京城南支行 120803010010033909

备注：郑京庆达物业管理有限公司 80536259722227451A 发票专用章

收款人：　复核：　开票人：章文海　销售方：（章）

第三联：发票联 购买方记账凭证

【业务 22】

2-22-1

付款申请书

日期：2017年02月18日

用途及情况	金额											收款单位（人）：昌阳金诺帝服装有限公司
支付供应商货款	亿	千	百	十	万	千	百	十	元	角	分	账号：110007611020985304021
				¥	5	8	5	0	0	0	0	开户行：交通银行昌阳旧城支行

金额大写（合计）	人民币伍万捌仟伍佰元整	电汇：☑ 转账：☐ 汇票：☐ 其他：☐

总经理	洪庆山	财务部门	经　理	张亮亮	申请部门	经　理	范志艺
			会　计	冯青青		经办人	董继超

2-22-2

ICBC 中国工商银行

业务委托书 回执

郑B00266982

委托人全称 Name of Principal	郑京我爱会计服饰有限公司
委托人账号 A/C of Principal	1208030100100033335
收款人全称 Name of Payee	昌阳金诺帝服装有限公司
收款人账号 A/C of Payee	110007611020985304021
	¥58500.00
日期 Date	2017-02-18

中国工商银行股份有限公司郑京市南支行 2017.02.18 业务用章（03）

【业务23】

2-23-1

ICBC 中国工商银行 收费 凭证

（记账联）

付款日期：2017年02月18日

付款账号：1208030100100033335

付款名称：郑京我爱会计服饰有限公司

付款行：中国工商银行郑京城南支行

币种：人民币

合计实收金额(大写)：人民币陆元伍角整

合计实收金额(小写)： RMB6.50

合计应收金额： RMB6.50

付款方式：转账

产品名称：

服务项目名称：电汇手续费

摘要：

费用发生日：2017-02-18 业务发生日期：2017-02-18

经办： 复核：

中国工商银行股份有限公司郑京城南支行 2017.02.18 核算用章（03） 陈大云

【业务24】

2-24-1

ICBC 中国工商银行 收费 凭证

（回单联）

付款日期：2017-02-19

付款账号：1208030100100033335

付款名称：郑京我爱会计服饰有限公司

付款行：中国工商银行郑京城南支行

币种：RMB

合计实收金额(小写)： RMB600.00

合计实收金额(大写)：人民币陆佰元整

合计应收金额： RMB600.00

付款方式：网银缴款

产品名称：手续费（网上银行转账）

服务项目名称：银行账户管理费

摘要：

费用明细：网上银行转账手续费500.00元

银行账户管理费100.00元

经办：陈大云 复核：

中国工商银行股份有限公司郑京城南支行 2017.02.19 核算用章（03） 陈大云

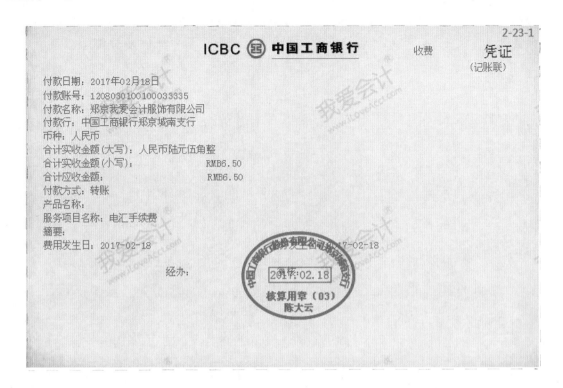

【业务 25】

2-25-1

付款申请书

日期：2017年02月20日

用途及情况	金额											收款单位（人）：郑京我爱会计服饰有限公司
缴纳住房公积金	亿	千	百	十	万	千	百	十	元	角	分	账号：1208211985170061550
				¥	1	0	2	0	0	0	0	开户行：中国工商银行郑京城南支行
金额大写（合计）	人民币壹万零贰佰元整											电汇：☐ 转账：☑ 汇票：☐ 其他：☐

总经理	洪庆山	财务部门	经　理	张亮亮	申请部门	经　理	张亮亮
			会　计	冯青青		经办人	冯青青

2-25-2

中国工商银行
转账支票存根

10209820
22957038

附加信息

出票日期 2017年 02 月 20 日

收款人：我爱会计服饰

金　额：¥10200.00

用　途：缴纳住房公积金

单位主管　　会计

上海会达证券印制有限公司・2011年印制

2-25-3

住房公积金汇（补）缴书

No 0283161

2017 年 02 月 20 日　　　　附：缴存变更清册　　　页

缴款单位	单位名称	郑京我爱会计服饰有限公司	收款单位	单位名称	郑京我爱会计服饰有限公司
	单位账号	120803010010003335		公积金账号	120821198517006155O
	开户银行	中国工商银行郑京城南支行		开户银行	中国工商银行郑京城南支行

缴款类型	☑汇缴　□补缴			补缴原因			
缴款人数	17	缴款时间	2017年 02月 01日至 2017 年 02月 28 日			月数	1
缴款方式	□ 现金 ☑ 转账					百十万千百十元角分	
金额（大写）	人民币壹万零贰佰元整					¥1020000	
上次汇缴		本次增加汇缴		本次减少汇缴		本次汇（补）缴	
人数	金额	人数	金额	人数	金额	人数	金额
						17	¥10200.00

上述款项已划转至市住房公积金管理中心住房公积金存款户内。（银行盖章）

中国工商银行股份有限公司郑京城南支行　2017.02.20　核算用章（03）　陈大云

复核：　　　经办：　　　2017 年 02 月 20 日

第一联：缴款单位开户行给缴款单位的回单

【业务 26】

2-26-1

郑京增值税专用发票

5362151810　　No 00794194　　5362151810　00794194

此联不作报销、扣税凭证使用

开票日期：2017年02月20日

购买方	名　　称：昆泽华衣服装有限公司 纳税人识别号：362736783433621 地 址、电 话：昆泽市新城区阳光路37号 080-88890273 开户行及账号：中国工商银行昆泽新城支行 120803049874004212O	密码区：6/04566030509>0+4/70<196/5> 90/756>>231/2*>*>89>2312/02 98+45+664041+8>11763><0+/1> >1209888<<2121)121-12221-08

货物或应税劳务、服务名称	规格型号	单位	数量	单价	金额	税率	税额
男式衬衫	170/92	件	1050	50.00	52500.00	17%	8925.00
女式衬衫	160/38	件	1500	45.00	67500.00	17%	11475.00
合　计					¥120000.00		¥20400.00
价税合计（大写）	⊗壹拾肆万零肆佰元整				（小写）¥140400.00		

销售方	名　　称：郑京我爱会计服饰有限公司 纳税人识别号：80536259796098815B 地 址、电 话：郑京市城南区创新路23号 0937-87667898 开户行及账号：中国工商银行郑京城南支行 120803010010003335	备注

收款人：　　复核：　　开票人：冯青青　　销售方：（章）

第一联：记账联　销售方记账凭证

税总函【XXXX】XXX号 XXXXXXXX公司

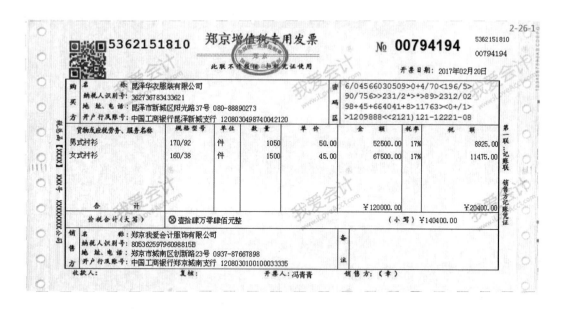

2-26-2

郑京我爱会计服饰有限公司

销 售 单

地址：郑京市城南区创新路23号

电话：0937-87667898

NO. 1100007

客户名称：昆泽华衣服装有限公司

地址电话：昆泽市新城区阳光路37号 080-88890273　　日期 2017年02月20日

编码	产品名称	规格	单位	单价	数量	金额	备注
140001	男式衬衫	170/92	件	58.50	1050.00	61425.00	
140004	女式衬衫	160/38	件	52.65	1500.00	78975.00	
合计	人民币(大写)：壹拾肆万零肆佰元整					¥140400.00	

会计联

销售经理：林成彬　会计：冯青青　经办人：孙大奇　仓库人员：陈小茹　签收人：张顺安

【业务 27】

2-27-1

报 销 单　现金付讫

填报日期：2017年 02 月 21 日　　单据及附件共 2 张

姓名	罗雅君	所属部门	行政部	报销形式	现金
				支票号码	

报销项目	摘要	金额	备注：
水电费	报销水电费	2300.00	
合计		¥2300.00	
金额大写：零 拾 零 万 贰 仟 叁 佰 零 拾 零 元 零 角 零 分		原借款：元	应退款：元 应补款：元

总经理：洪庆山　财务经理：张亮亮　会计：冯青青　出纳：毛小薇　部门经理：李顺娇　领款人：罗雅君

2-27-1-1

5362151810

郑京增值税专用发票

№ 00904520

5362151810

00904520

开票日期：2017年02月21日

购买方	名　　称：郑京我爱会计服饰有限公司 纳税人识别号：80536259796098815B 地 址、电 话：郑京市城南区创新路23号 0937-87667898 开户行及账号：中国工商银行郑京城南支行 1208030100100033335	密码区	6/01566030509>2+4/70<196/5> 90/856>>231/2*>*>89>2312/02 98+45+664041+8>11763><0+/1> >1209888<<2121)121-12221-08

货物或应税劳务、服务名称	规格型号	单位	数量	单价	金额	税率	税额
电费			1	1965.8119658	1965.81	17%	334.19
合　　计					￥1965.81		￥334.19
价税合计（大写）	⊗贰仟叁佰元整				（小写）￥2300.00		

销售方	名　　称：郑京市电力集团有限公司 纳税人识别号：80536259722274580 地 址、电 话：郑京市城南区美仁路23号 0937-87608779 开户行及账号：中国工商银行郑京城南支行 1208030100100033910	备注	

收款人：　　复核：　　开票人：窦小梅　　销售方：（章）

第三联：发票联　购买方记账凭证

（印章：郑京市电力集团有限公司 80536259722274580 发票专用章）

【业务28】

2-28-1

ICBC 中国工商银行　（贷方）　ZJ

处理　方向：已入账

业务　代码：　　　　凭证号码：3900040410

收款人账号：1208030100100033335

收款人户名：郑京我爱会计服饰有限公司

付款人账号：1208736884200000238

付款人户名：郑京才子佳人服装有限公司

金额(大写)：壹拾万柒仟陆佰肆拾元整

金额(小写)：￥107640.00　　　　提　回　行：

提　回　行：　　　　汇出行行号：

收报行行号：　　　　发报行行号：

用　　途：货款　　　　打印次数：1

开票日期：2017-02-22　　入账日期：2017-02-22　　打印日期：2017-02-22

收账通知

（印章：中国工商银行股份有限公司郑京城南支行 2017.02.22 核算用章（03））

记账：陈大云　　复核：

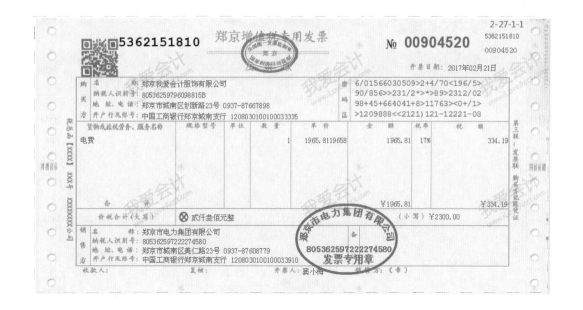

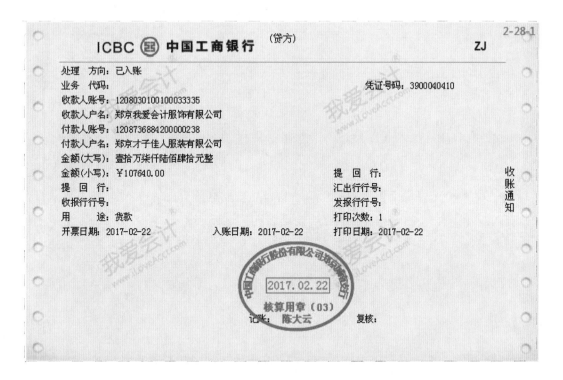

【业务 29】

2-29-1

郑京增值税专用发票

5362131132　　№ 52794691　　5362131132 52794691

开票日期：2017年02月22日

购买方	名称：郑京我爱会计服饰有限公司 纳税人识别号：80536259796098815B 地址、电话：郑京市城南区创新路23号 0937-87667898 开户行及账号：中国工商银行郑京城南支行 120803010010003335				密码区	6/99566030509>0+4/70<196/5> 90/856>>231/2*>*>89>9312/02 98+45+664041+8>11763><0+/1> >1209888<<2121)121-12221-08	
货物或应税劳务、服务名称	规格型号	单位	数量	单价	金额	税率	税额
男式衬衫	170/92	件	7200	25.00	180000.00	17%	30600.00
合计					¥180000.00		¥30600.00
价税合计（大写）	⊗贰拾壹万零陆佰元整				（小写）¥210600.00		
销售方	名称：郑京暮然服饰有限公司 纳税人识别号：80536259178667921G 地址、电话：郑京市城北区金山路58号 0937-38883400 开户行及账号：中国工商银行郑京城北支行 1208030470705253012				备注		

收款人：　　复核：　　开票人：陈丽娜　　销售方：（章）

第三联：发票联　购买方记账凭证

2-29-2

郑京暮然服饰有限公司

销　售　单

NO. 2600328

地址：郑京市城北区金山路58号

电话：0937-38883400

客户名称：**郑京我爱会计服饰有限公司**

地址电话：**郑京市城南区创新路23号 0937-87667898**　　日期2017年02月22日

编码	产品名称	规格	单位	单价	数量	金额	备注
02	男式衬衫	170/92	件	29.25	7200.00	210600.00	
合计	人民币(大写)：贰拾壹万零陆佰元整					¥210600.00	

业务联

销售经理：王明　　会计：陈丽娜　　经办人：刘超斌　　仓管：王军　　签收人：董维超

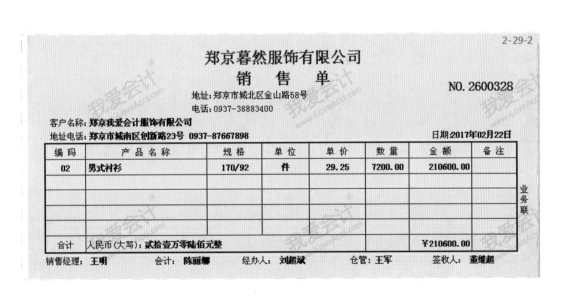

2-29-3

入　库　单

2017 年　02 月　22 日　　　　单号 020113

交来单位及部门	郑京慕然服饰有限公司	验收仓库	仓库	入库日期	2017年02月22日

编号	名称及规格	单位	数量		实际价格	
			交库	实收	单价	金额
140001	男式衬衫（170/92）	件	7200.00	7200.00		
合计						

财务联

部门经理：范志艺　　会计：冯青青　　仓库主管：高建军　　经办人：董继超

【业务 30】

2-30-1

付款申请书

日期：2017年02月24日

用途及情况	金额											收款单位（人）：郑京莱昌物流有限公司
支付本月运输费	亿	千	百	十	万	千	百	十	元	角	分	账号：120803040069460901 2
				¥	1	1	1	0	0	0	0	开户行：中国工商银行郑京城北支行
金额大写（合计）	壹万壹仟壹佰元整											电汇：☐ 转账：☑ 汇票：☐ 其他：☐

总经理	洪庆山	财务部门	经理	张亮亮	申请部门	经理	林成彬
			会计	冯青青		经办人	郭顺本

2-30-1-1

郑京增值税专用发票

5362151810 №54632550

5362151810
54632550

开票日期：2017年02月24日

购买方	名称：郑京我爱会计服饰有限公司 纳税人识别号：805362597960988158 地址、电话：郑京市城南区创新路23号 0937-87667898 开户行及账号：中国工商银行郑京城南支行 1208030100100033335			密码区	6/04568030509>0+4/70<196/5> 90/856>>231/2*>*>89>2312/02 91+45+664041+8>11763><0+/1> >1209888<<2121)121-12221-08	

货物或应税劳务、服务名称	规格型号	单位	数量	单价	金额	税率	税额
运输费			1	10000.00	10000.00	11%	1100.00
合计					¥10000.00		¥1100.00
价税合计（大写）	⊗壹万壹仟壹佰元整				（小写）¥11100.00		

销售方	名称：郑京莱昌物流有限公司 纳税人识别号：805362592587324561 地址、电话：郑京市城北区美仁路23号 0937-87608500 开户行及账号：中国工商银行郑京城北支行 1208030400694609012	备注	

收款人： 复核： 开票人：张大达 销售方：（章）

第三联：发票联 购买方记账凭证

（印章：郑京莱昌物流有限公司 805362592587324561 发票专用章）

2-30-2

中国工商银行
转账支票存根
10209820
22958733

附加信息

出票日期 2017 年 02 月 24 日

收款人：莱昌物流
金　额：¥11100.00
用　途：支付运输费

单位主管　　会计

上海金达证券印刷有限公司・2011年印制

2-30-3

ICBC 中国工商银行 进账单（回　单）

2017 年 02 月 24 日 №10389721

出票人	全称	郑京我爱会计服饰有限公司	收款人	全称	郑京莱昌物流有限公司
	账号	1208030100100033335		账号	1208030400694609012
	开户银行	中国工商银行郑京城南支行		开户银行	中国工商银行郑京城北支行
金额	人民币（大写）	壹万壹仟壹佰元整		亿千百十万千百十元角分	¥ 1 1 1 0 0 0 0
票据种类		票据张数			
票据号码					

备注：

（印章：中国工商银行股份有限公司郑京城南支行 2017.02.24 核算用章（03） 陈大云）

复核：　　记账：　　开户银行签章

此联是开户银行交给（持）出票人的回单

175*85mm GH066011

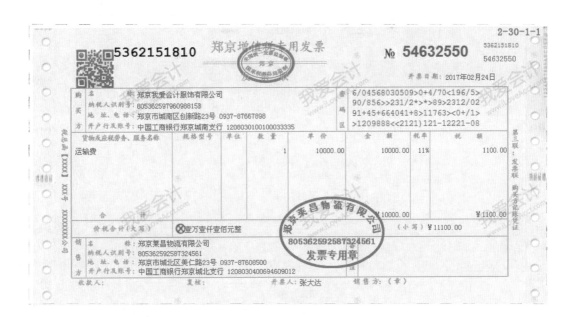

【业务 31】

2-31-1

报 销 单

现金付讫

填报日期：2017年 02 月 26 日　　　　单据及附件共 1 张

姓名	罗雅君	所属部门	行政部	报销形式	现金
				支票号码	

报 销 项 目	摘 要	金 额	备注：
通信费	报销电话费	1200.00	
合 计		¥1200.00	
金额大写：零 拾 零 万 壹 仟 贰 佰 零 拾 零 元 零 角 零 分		原借款： 元	应退款： 元 应补款： 元

总经理：洪庆山　财务经理：张亮亮　会计：冯青青　出纳：毛小薇　部门经理：李顺娇　领款人：罗雅君

2-31-1-1

5362153320　**郑京增值税普通发票**　№ 01372420　5362153320 01372420

机器编号 870065922890　　　　开票日期：2017年02月26日

购买方	名 称：郑京我爱会计服饰有限公司 纳税人识别号：80536259796098815B 地 址、电 话：郑京市城南区创新路23号 0937-87667898 开户行及账号：中国工商银行郑京城南支行 1208030100100033335	密码区	8/34566#30509>0+4/70<196/2> 90/856>>231/2*>*>89>2312/0* 98+45+664041+8>11763><0+/1> >1209888<<2121)121@#2221-88

货物或应税劳务、服务名称	规格型号	单位	数量	单价	金额	税率	税额
电信基础服务			1	1081.0810811	1081.08	11%	118.92
合 计					¥1081.08		¥118.92
价税合计（大写）	⊗ 壹仟贰佰元整				（小写）¥1200.00		

销售方	名 称：中国电信股份有限公司郑京分公司 纳税人识别号：80536259178667987T 地 址、电 话：郑京市城南区创新路25号 0937-87667109 开户行及账号：中国工商银行郑京城南支行 1208030100100033998	备注	校验码 01789 90234 67862 12322

收款人：　　复核：　　开票人：黄小虎　　销售方：（章）

（印章：中国电信股份有限公司郑京分公司 80536259178667987T 发票专用章）

第二联：发票联 购买方记账凭证

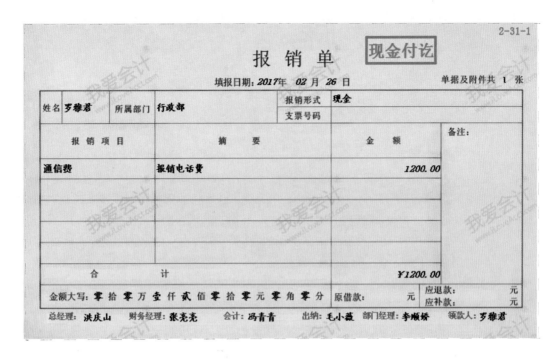

【业务32】

2-32-1

5362153320 郑京增值税普通发票 № 54294639

5362153320
54294639

机器编号 879065398771 开票日期：2017年02月27日

购买方	名称：郑京我爱会计服饰有限公司 纳税人识别号：80536259796098815B 地址、电话：郑京市城南区创新路23号 0937-87667898 开户行及账号：中国工商银行郑京城南支行 1208030100100033335	密码区	8/04566830509>0+4/70<196/5> 90/856>>231/2*>*>89>2312/02 98+45+664041+8>11763><0+/1> >1209888<<2121)121-12221-08

货物或应税劳务、服务名称	规格型号	单位	数量	单价	金额	税率	税额
男式衬衫	180/110		500	30.00	15000.00	17%	2550.00
合计					¥15000.00		¥2550.00
价税合计（大写）	⊗壹万柒仟伍佰伍拾元整				（小写）¥17550.00		

销售方	名称：郑京圣伊服饰有限公司 纳税人识别号：80536259873730688E 地址、电话：郑京市城南区和平路120号 0937- 开户行及账号：中国工商银行郑京城南支行 12080078	备注	校验码 01559 90444 67782 97663

收款人： 复核： 开票人：王成 销售方：（章）

第二联：发票联 购买方记账凭证

2-32-2

郑京圣伊服饰有限公司

销 售 单

NO. 1123002

地址：郑京市城南区和平路120号

电话：0937-36883412

客户名称：郑京我爱会计服饰有限公司

地址电话：郑京市城南区创新路23号 0937-87667898 日期：2017年02月27日

编码	产品名称	规格	单位	单价	数量	金额	备注
07	男式衬衫	180/110	件	35.10	500	17550.00	
合计	人民币(大写)：壹万柒仟伍佰伍拾元整					¥17550.00	

业务联

销售经理：张亚军 会计：王成 经办人：陈小海 仓管：刘明 签收人：董继超

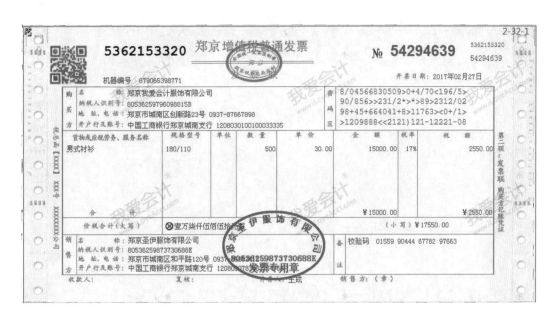

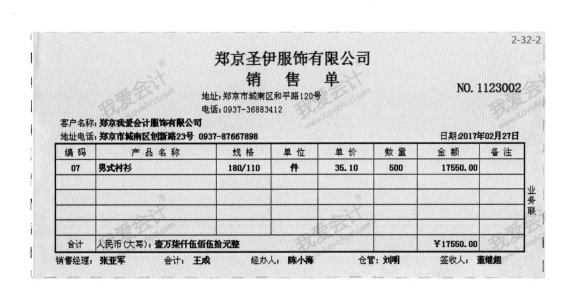

2-32-3

入 库 单

2017 年 02 月 27 日　　　　单号 020114

交来单位及部门	郑京圣伊服饰有限公司	验收仓库	仓库	入库日期	2017年02月27日

编号	名称及规格	单位	数量		实际价格	
			交库	实收	单价	金额
140007	男式衬衫（180/110）	件	500.00	500.00		
	合　计					

财务联

部门经理：范志艺　　会计：冯青青　　仓库主管：高建军　　经办人：董魅超

【业务 33】

2-33-1

产品成本计算表

编制单位：郑京我爱会计服饰有限公司　　编制时间：2017-02-28　　单位：元

商品名称	规　格	期初数量	单　价	期初结存金额	本期购入数量	本期购入金额	本期发出数量	本期发出金额	期末结存数量	单　价	期末结存金额
男式衬衫	170/92	2070.00	25.00	51750.00							
男式衬衫	175/100	500.00	30.00	15000.00							
男式衬衫	180/110	0.00	0.00	0.00							
女式衬衫	155/35	1150.00	15.00	17250.00							
女式衬衫	160/38	2000.00	20.00	40000.00							
合　计		5720.00		￥124000.00							

审核：　　制表：

2-33-2

出 库 单

出货单位：郑京我爱会计服饰有限公司　　2017 年 02 月 03 日　　单号：003451

提货单位或领货部门	销售部	销售单号	1100005	发出仓库	仓库部	出库日期	2017-02-03

编号	名称及规格	单位	数量		单价	金额	备注
			应发	实发			
140001	男式衬衫(170/92)	件	1600.00	1600.00			
140003	女式衬衫(155/35)	件	500.00	500.00			
	合计						

会计联

部门经理：高建军　　会计：冯青青　　仓库：陈玉玲　　经办人：孙大奇

2-33-3

出 库 单

出货单位：郑京我爱会计服饰有限公司　　2017 年 02 月 15 日　　单号：003452

提货单位或领货部门	销售部	销售单号	1100006	发出仓库	仓库部	出库日期	2017-02-15

编号	名称及规格	单位	数量		单价	金额	备注
			应发	实发			
140001	男式衬衫(170/92)	件	3180.00	3180.00			
140002	男式衬衫(175/100)	件	1500.00	1500.00			
140004	女式衬衫(160/38)	件	1800.00	1800.00			
	合计						

会计联

部门经理：高建军　　会计：冯青青　　仓库：陈玉玲　　经办人：郭顺本

2-33-4

出 库 单

出货单位：郑京我爱会计服饰有限公司　　2017 年 02 月 20 日　　单号：003453

提货单位或领货部门	销售部	销售单号	11D0007		发出仓库	仓库部	出库日期	2017-02-20
编号	名称及规格	单位	数量		单价	金额	备注	
			应发	实发				
140001	男式衬衫(170/92)	件	1050.00	1050.00				
140004	女式衬衫(160/38)	件	1500.00	1500.00				
	合计							

会计联

部门经理：高建军　　会计：冯青青　　仓库：陈小茹　　经办人：孙大奇

【业务 34】

2-34-1

2月份盘点表

日期：2017年02月28日

商品名称	规格	单位	账存数量	盘点数量	盘盈/亏	数量	单价	金额
男式衬衫	170/92	件	9280	9280		0	25.00	0
	175/100	件	500	500		0	30.00	0
	180/110	件	500	500		0	35.10	0
女式衬衫	155/35	件	650	656	盘盈	6	15.00	90.00
	160/38	件	700	723	盘盈	23	20.00	460.00
合计								¥550.00

主管：高建军　　保管人：陈玉玲

【业务 35】

2-35-1

商品盘盈处理报告（摘要）

处理时间：2017年02月28日
处理金额：550.00元
发生时间：2017年02月28日
业务性质：商品盘盈
业务原因：非管理引起的，但已无法查明原因。
业务情况：2月份已调整存货账面，现申请对其进行处理，
计入本期营业外收入。

申请：陈玉玲　　　　批准：洪庆山

【业务 36】

2-36-1

固定资产折旧明细表

编制单位：郑京我爱会计服饰有限公司　　编制日期：2017 年 02月 28 日　　单位：元

固定资产名称	固定资产类别	使用部门	入账时间	可使用年限	原　值	残值率%	净残值	折旧方法	月折旧额	累计折旧	净值
笔记本电脑	电子设备	行政部	2016-08-11	3年	12000.00	5%	600.00	年限平均法			
笔记本电脑	电子设备	财务部	2016-10-25	3年	11729.00	5%	586.45	年限平均法			
传真机	电子设备	财务部	2016-11-17	3年	2811.15	5%	140.56	年限平均法			
台式电脑	电子设备	销售部	2016-10-13	3年	16000.00	5%	800.00	年限平均法			
台式电脑	电子设备	采购部	2016-12-17	3年	15000.00	5%	750.00	年限平均法			
					￥57540.15		￥2877.01				

制表：

【业务 37】

2-37-1

工资汇总表

编制单位：郑京我爱会计服饰有限公司　　2017年02月28日　　单位：元

部门	应付工资	个人缴纳社保费	个人缴纳公积金	个人缴纳所得税	实发工资	单位缴纳社保费	单位缴纳公积金	单位总支出	
总经办	14400.00	516.00	600.00	677.66	12606.34	1605.00	600.00	16605.00	
行政部	6800.00	516.00	600.00	10.26	5673.74	1605.00	600.00	9005.00	
财务部	20300.00	1032.00	1200.00	343.46	17724.54	3210.00	1200.00	24710.00	
销售部	17900.00	774.00	900.00	356.72	15869.28	2407.50	900.00	21207.50	
采购部	12400.00	774.00	900.00	43.26	10682.74	2407.50	900.00	15707.50	
仓库部	9500.00	774.00	900.00	0.00	7826.00	2407.50	900.00	12807.50	
合计	￥81300.00	￥4386.00	￥5100.00	￥1431.36	￥70382.64	￥13642.50	￥5100.00	￥100042.50	

审核：张亮亮　　制表：冯青青

2-37-2

2017年2月工资表

编制单位：郑京我爱会计服饰有限公司　　　　2017 年 02 月 28 日　　　　单位：元

部门	职位	姓名	基本工资	满勤奖励	应付工资	个人缴纳养老保险	个人缴纳医疗保险	个人缴纳失业保险	个人缴纳公积金	税前合计	个人所得税	实发工资	单位缴纳养老保险	单位缴交医疗保险	单位缴纳失业保险	单位缴纳公积金	工伤保险	生育保险	单位缴交合计	单位总支出	员工签字
总经办	总经理	洪庆山	10000.00	200.00	10200.00	200.00	53.00	5.00	300.00	9642.00	673.40	8968.60	500.00	250.00	25.00	300.00	7.50	20.00	1102.50	11302.50	
总经办	经理助理	陈慧姗	4000.00	200.00	4200.00	200.00	53.00	5.00	300.00	3642.00	4.26	3637.74	500.00	250.00	25.00	300.00	7.50	20.00	1102.50	5302.50	
行政部	行政经理	李顺娇	4200.00	200.00	4400.00	200.00	53.00	5.00	300.00	3842.00	10.26	3831.74	500.00	250.00	25.00	300.00	7.50	20.00	1102.50	5502.50	
行政部	行政人员	罗雅君	2400.00	0.00	2400.00	200.00	53.00	5.00	300.00	1842.00	0.00	1842.00	500.00	250.00	25.00	300.00	7.50	20.00	1102.50	3502.50	
财务部	财务经理	张亮亮	8000.00	200.00	8200.00	200.00	53.00	5.00	300.00	7642.00	309.20	7332.80	500.00	250.00	25.00	300.00	7.50	20.00	1102.50	9302.50	
财务部	会计	冯青青	5000.00	200.00	5200.00	200.00	53.00	5.00	300.00	4642.00	34.26	4607.74	500.00	250.00	25.00	300.00	7.50	20.00	1102.50	6302.50	
财务部	出纳	毛小薇	3500.00	200.00	3700.00	200.00	53.00	5.00	300.00	3142.00	0.00	3142.00	500.00	250.00	25.00	300.00	7.50	20.00	1102.50	4802.50	
财务部	收银员	刘玲玲	3000.00	200.00	3200.00	200.00	53.00	5.00	300.00	2642.00	0.00	2642.00	500.00	250.00	25.00	300.00	7.50	20.00	1102.50	4302.50	
销售部	销售经理	林成彬	8000.00	200.00	8200.00	200.00	53.00	5.00	300.00	7642.00	309.20	7332.80	500.00	250.00	25.00	300.00	7.50	20.00	1102.50	9302.50	
销售部	销售人员	孙大奇	5000.00	0.00	5000.00	200.00	53.00	5.00	300.00	4442.00	28.26	4413.74	500.00	250.00	25.00	300.00	7.50	20.00	1102.50	6102.50	
销售部	销售人员	郭顺本	4500.00	200.00	4700.00	200.00	53.00	5.00	300.00	4142.00	19.26	4122.74	500.00	250.00	25.00	300.00	7.50	20.00	1102.50	5802.50	
采购部	采购经理	范志艺	5500.00	0.00	5500.00	200.00	53.00	5.00	300.00	4942.00	43.26	4898.74	500.00	250.00	25.00	300.00	7.50	20.00	1102.50	6602.50	
采购部	采购人员	董继超	3500.00	200.00	3700.00	200.00	53.00	5.00	300.00	3142.00	0.00	3142.00	500.00	250.00	25.00	300.00	7.50	20.00	1102.50	4802.50	
采购部	采购人员	吴萍菊	3000.00	200.00	3200.00	200.00	53.00	5.00	300.00	2642.00	0.00	2642.00	500.00	250.00	25.00	300.00	7.50	20.00	1102.50	4302.50	
仓库部	仓库主管	高建军	3800.00	0.00	3800.00	200.00	53.00	5.00	300.00	3242.00	0.00	3242.00	500.00	250.00	25.00	300.00	7.50	20.00	1102.50	4902.50	
仓库部	仓库人员	陈玉玲	2800.00	200.00	3000.00	200.00	53.00	5.00	300.00	2442.00	0.00	2442.00	500.00	250.00	25.00	300.00	7.50	20.00	1102.50	4102.50	
仓库部	仓库人员	陈小茹	2500.00	200.00	2700.00	200.00	53.00	5.00	300.00	21420	0.00	2142.00	500.00	250.00	25.00	300.00	7.50	20.00	1102.50	3802.50	
合计			￥78700.00	￥2600.00	￥81300.00	￥3400.00	￥901.00	￥85.00	￥5100.00	￥91092.00	￥1431.36	￥70382.64	￥8500.00	￥4250.00	￥425.00	￥5100.00	￥127.50	￥340.00	￥18742.50	￥100042.50	

总经理：洪庆山　　　　财务审核：张亮亮　　　　制表人：冯青青

【业务 38】

2-38-1

未交增值税计算表

郑京我爱会计服饰有限公司　　2017年02月28日

项　　目	金　　额（元）
1. 应交增值税明细账期初余额	
2. 应交增值税明细账进项税额专栏本月发生额	
3. 应交增值税明细账进项税额转出专栏本月发生额	
4. 应交增值税明细账销项税额专栏本月发生额	
5. 本月应交增值税额（5=4+3-2-1）	

制表人：

【业务 39】

2-39-1

附加税计算表

郑京我爱会计服饰有限公司　　2017年02月28日　　单位：元

应交税费明细项目	计算依据	金额	税率	应纳税额	备注
城市维护建设税					
教育费附加					
地方教育费附加					
合　计					

制表人：

【业务 40】

2-40-1

企业所得税计算表

所属日期：自 2017 年 02 月 01 日至 2017 年 02 月 28 日

项　　目	行　　次	金　　额（元）
收入总额	1	
成本费用总额	2	
利润总额	3	
适用税率	4	
应纳所得税额（5=3×4）	5	

制表人：

【业务 41】

无

【业务 42】

无

付款申请书

日期：

用途及情况	金额											收款单位（人）：
	亿	千	百	十	万	千	百	十	元	角	分	账号：
												开户行：
金额大写（合计）												电汇：☐ 转账：☐ 汇票：☐ 其他： ☐

总经理		财务部门	经 理		申请部门	经 理	
			会 计			经 办 人	

付款申请书

日期：

用途及情况	金额											收款单位（人）：
	亿	千	百	十	万	千	百	十	元	角	分	账号：
												开户行：
金额大写（合计）												电汇：☐ 转账：☐ 汇票：☐ 其他： ☐

总经理		财务部门	经 理		申请部门	经 理	
			会 计			经 办 人	

付款申请书

日期：

用途及情况	金额											收款单位（人）：
	亿	千	百	十	万	千	百	十	元	角	分	账号：
												开户行：

金额大写（合计）		电汇：☐ 转账：☐ 汇票：☐ 其他：☐

总经理		财务部门	经　理		申请部门	经　理	
			会　计			经 办 人	

付款申请书

日期：

用途及情况	金额											收款单位（人）：
	亿	千	百	十	万	千	百	十	元	角	分	账号：
												开户行：

金额大写（合计）		电汇：☐ 转账：☐ 汇票：☐ 其他：☐

总经理		财务部门	经　理		申请部门	经　理	
			会　计			经 办 人	

付款申请书

日期：

<table>
<tr><td>用途及情况</td><td colspan="11">金额</td><td>收款单位（人）：</td></tr>
<tr><td rowspan="2"></td><td>亿</td><td>千</td><td>百</td><td>十</td><td>万</td><td>千</td><td>百</td><td>十</td><td>元</td><td>角</td><td>分</td><td>账号：</td></tr>
<tr><td></td><td></td><td></td><td></td><td></td><td></td><td></td><td></td><td></td><td></td><td></td><td>开户行：</td></tr>
<tr><td>金额大写（合计）</td><td colspan="11"></td><td>电汇：☐ 转账：☐ 汇票：☐其他：☐</td></tr>
</table>

<table>
<tr><td rowspan="2">总经理</td><td rowspan="2"></td><td rowspan="2">财务部门</td><td>经 理</td><td></td><td rowspan="2">申请部门</td><td>经 理</td><td></td></tr>
<tr><td>会 计</td><td></td><td>经 办 人</td><td></td></tr>
</table>

付款申请书

日期：

<table>
<tr><td>用途及情况</td><td colspan="11">金额</td><td>收款单位（人）：</td></tr>
<tr><td rowspan="2"></td><td>亿</td><td>千</td><td>百</td><td>十</td><td>万</td><td>千</td><td>百</td><td>十</td><td>元</td><td>角</td><td>分</td><td>账号：</td></tr>
<tr><td></td><td></td><td></td><td></td><td></td><td></td><td></td><td></td><td></td><td></td><td></td><td>开户行：</td></tr>
<tr><td>金额大写（合计）</td><td colspan="11"></td><td>电汇：☐ 转账：☐ 汇票：☐其他：☐</td></tr>
</table>

<table>
<tr><td rowspan="2">总经理</td><td rowspan="2"></td><td rowspan="2">财务部门</td><td>经 理</td><td></td><td rowspan="2">申请部门</td><td>经 理</td><td></td></tr>
<tr><td>会 计</td><td></td><td>经 办 人</td><td></td></tr>
</table>

壹元面值

贰元面值

伍元面值

拾元面值

账簿启用及交接表

机构名称		印鉴
账簿名称	（第　　册）	
账簿编号		
账簿页数	本账簿共计　　页（本账簿页数 检点人盖章　　）	
启用日期	公元　　年　　月　　日	

经管人员	负责人		主办会计		复核		记账	
	姓名	盖章	姓名	盖章	姓名	盖章	姓名	盖章

接交记录	经管人员		接管				交出			
	职别	姓名	年	月	日	盖章	年	月	日	盖章

备注	

账簿目录表

账户名称	账号	总页码	账户名称	账号	总页码	账户名称	账号	总页码

库存现金日记账

第______页

年		凭证		票据号码	摘要	借方											贷方											余额											核对
月	日	种类	号数			亿	千	百	十	万	千	百	十	元	角	分	亿	千	百	十	万	千	百	十	元	角	分	亿	千	百	十	万	千	百	十	元	角	分	
																																							☐
																																							☐
																																							☐
																																							☐
																																							☐
																																							☐
																																							☐
																																							☐
																																							☐
																																							☐
																																							☐
																																							☐
																																							☐
																																							☐
																																							☐
																																							☐
																																							☐
																																							☐
																																							☐
																																							☐

库存现金日记账

第　　　页

年		凭证		票据号码	摘要	借方											贷方											余额											核对
月	日	种类	号数			亿	千	百	十	万	千	百	十	元	角	分	亿	千	百	十	万	千	百	十	元	角	分	亿	千	百	十	万	千	百	十	元	角	分	
																																							☐
																																							☐
																																							☐
																																							☐
																																							☐
																																							☐
																																							☐
																																							☐
																																							☐
																																							☐
																																							☐
																																							☐
																																							☐
																																							☐
																																							☐
																																							☐
																																							☐
																																							☐
																																							☐
																																							☐

库存现金日记账

第＿＿＿＿页

年		凭证		票据号码	摘要	借方											贷方											余额											核对
月	日	种类	号数			亿	千	百	十	万	千	百	十	元	角	分	亿	千	百	十	万	千	百	十	元	角	分	亿	千	百	十	万	千	百	十	元	角	分	

库存现金日记账

第＿＿＿页

年		凭证		票据号码	摘要	借方											贷方											余额											核对
月	日	种类	号数			亿	千	百	十	万	千	百	十	元	角	分	亿	千	百	十	万	千	百	十	元	角	分	亿	千	百	十	万	千	百	十	元	角	分	
																																							☐
																																							☐
																																							☐
																																							☐
																																							☐
																																							☐
																																							☐
																																							☐
																																							☐
																																							☐
																																							☐
																																							☐
																																							☐
																																							☐
																																							☐
																																							☐
																																							☐
																																							☐
																																							☐
																																							☐

库存现金日记账

第　　　页

年		凭证		票据号码	摘要	借方											贷方											余额											核对
月	日	种类	号数			亿	千	百	十	万	千	百	十	元	角	分	亿	千	百	十	万	千	百	十	元	角	分	亿	千	百	十	万	千	百	十	元	角	分	
																																							□
																																							□
																																							□
																																							□
																																							□
																																							□
																																							□
																																							□
																																							□
																																							□
																																							□
																																							□
																																							□
																																							□
																																							□
																																							□
																																							□
																																							□
																																							□
																																							□

库存现金日记账

第　　　页

年		凭证		票据号码	摘要	借方											贷方											余额											核对
月	日	种类	号数			亿	千	百	十	万	千	百	十	元	角	分	亿	千	百	十	万	千	百	十	元	角	分	亿	千	百	十	万	千	百	十	元	角	分	
																																							□
																																							□
																																							□
																																							□
																																							□
																																							□
																																							□
																																							□
																																							□
																																							□
																																							□
																																							□
																																							□
																																							□
																																							□
																																							□
																																							□
																																							□
																																							□
																																							□

账簿启用及交接表

		印鉴
机构名称		
账簿名称	（第　　册）	
账簿编号		
账簿页数	本账簿共计　　页（本账簿页数 检点人盖章　　）	
启用日期	公元　　年　　月　　日	

经管人员	负责人		主办会计		复核		记账	
	姓名	盖章	姓名	盖章	姓名	盖章	姓名	盖章

接交记录	经管人员		接管				交出			
	职别	姓名	年	月	日	盖章	年	月	日	盖章

备注	

账簿目录表

账户名称	账号	总页码	账户名称	账号	总页码	账户名称	账号	总页码

第______页

银行存款日记账

开户行：

账　号：

年		凭证		摘要	借方											贷方											余额											核对
月	日	种类	号数		亿	千	百	十	万	千	百	十	元	角	分	亿	千	百	十	万	千	百	十	元	角	分	亿	千	百	十	万	千	百	十	元	角	分	
																																						□
																																						□
																																						□
																																						□
																																						□
																																						□
																																						□
																																						□
																																						□
																																						□
																																						□
																																						□
																																						□
																																						□
																																						□
																																						□
																																						□
																																						□
																																						□
																																						□

银行存款日记账

开户行：

账　号：

年		凭证		摘要	借方											贷方											余额											核对
月	日	种类	号数		亿	千	百	十	万	千	百	十	元	角	分	亿	千	百	十	万	千	百	十	元	角	分	亿	千	百	十	万	千	百	十	元	角	分	

第______页

银行存款日记账

开户行：

账　号：

年		凭证		摘要	借方											贷方											余额											核对
月	日	种类	号数		亿	千	百	十	万	千	百	十	元	角	分	亿	千	百	十	万	千	百	十	元	角	分	亿	千	百	十	万	千	百	十	元	角	分	
																																						☐
																																						☐
																																						☐
																																						☐
																																						☐
																																						☐
																																						☐
																																						☐
																																						☐
																																						☐
																																						☐
																																						☐
																																						☐
																																						☐
																																						☐
																																						☐
																																						☐
																																						☐
																																						☐
																																						☐

银行存款日记账

开户行：

账　号：

年		凭证		摘要	借方											贷方											余额											核对
月	日	种类	号数		亿	千	百	十	万	千	百	十	元	角	分	亿	千	百	十	万	千	百	十	元	角	分	亿	千	百	十	万	千	百	十	元	角	分	
																																						□
																																						□
																																						□
																																						□
																																						□
																																						□
																																						□
																																						□
																																						□
																																						□
																																						□
																																						□
																																						□
																																						□
																																						□
																																						□
																																						□
																																						□
																																						□
																																						□

第____页

银行存款日记账

开户行：

账　号：

年		凭证		摘要	借方											贷方											余额											核对
月	日	种类	号数		亿	千	百	十	万	千	百	十	元	角	分	亿	千	百	十	万	千	百	十	元	角	分	亿	千	百	十	万	千	百	十	元	角	分	

银行存款日记账

开户行：

账　号：

年		凭证		摘要	借方											贷方											余额											核对
月	日	种类	号数		亿	千	百	十	万	千	百	十	元	角	分	亿	千	百	十	万	千	百	十	元	角	分	亿	千	百	十	万	千	百	十	元	角	分	

账簿启用及交接表

机构名称		印鉴
账簿名称	（第　　册）	
账簿编号		
账簿页数	本账簿共计　　页（本账簿页数检点人盖章　　）	
启用日期	公元　　年　　月　　日	

经管人员	负责人		主办会计		复核		记账	
	姓名	盖章	姓名	盖章	姓名	盖章	姓名	盖章

接交记录	经管人员		接管				交出			
	职别	姓名	年	月	日	盖章	年	月	日	盖章

备注	

账簿目录表

账户名称	账号	总页码	账户名称	账号	总页码	账户名称	账号	总页码

明 细 账

分页：________ 总页：________

编号名称 ________ 存放地点 ________ 寄存放地点 ________ 计量单位 ________ 规格 ________ 类别 ________

年		凭证字号	摘要	收入													发出													结存												
				数量	单价	金额											数量	单价	金额											数量	单价	金额										
月	日					亿	千	百	十	万	千	百	十	元	角	分			亿	千	百	十	万	千	百	十	元	角	分			亿	千	百	十	万	千	百	十	元	角	分

明 细 账

编号名称________ 存放地点________ 寄存放地点________ 计量单位________ 规格________ 类别________

年		凭证字号	摘 要	收入													发出													结存												
				数量	单价	金额											数量	单价	金额											数量	单价	金额										
月	日					亿	千	百	十	万	千	百	十	元	角	分			亿	千	百	十	万	千	百	十	元	角	分			亿	千	百	十	万	千	百	十	元	角	分

分页：________ 总页：________

明 细 账

编号名称 ______________ 存放地点 ______________ 寄存放地点 ______________ 计量单位 ______________ 规格 ______________ 类别 ______________

年		凭证字号	摘要	收入													发出													结存												
月	日			数量	单价	金额											数量	单价	金额											数量	单价	金额										
						亿	千	百	十	万	千	百	十	元	角	分			亿	千	百	十	万	千	百	十	元	角	分			亿	千	百	十	万	千	百	十	元	角	分

明 细 账

分页:______ 总页:______

编号名称______ 存放地点______ 寄存放地点______ 计量单位______ 规格______ 类别______

年		凭证字号	摘要	收入													发出													结存												
				数量	单价	金额											数量	单价	金额											数量	单价	金额										
月	日					亿	千	百	十	万	千	百	十	元	角	分			亿	千	百	十	万	千	百	十	元	角	分			亿	千	百	十	万	千	百	十	元	角	分

明 细 账

分页：________ 总页：________

编号名称________ 存放地点________ 寄存放地点________ 计量单位________ 规格________ 类别________

年		凭证字号	摘要	收入													发出													结存												
				数量	单价	金额											数量	单价	金额											数量	单价	金额										
月	日					亿	千	百	十	万	千	百	十	元	角	分			亿	千	百	十	万	千	百	十	元	角	分			亿	千	百	十	万	千	百	十	元	角	分

明 细 账

分页:______ 总页:______

编号名称______ 存放地点______ 寄存放地点______ 计量单位______ 规格______ 类别______

年		凭证字号	摘要	收入													发出													结存												
月	日			数量	单价	金额											数量	单价	金额											数量	单价	金额										
						亿	千	百	十	万	千	百	十	元	角	分			亿	千	百	十	万	千	百	十	元	角	分			亿	千	百	十	万	千	百	十	元	角	分

账簿启用及交接表

机构名称		印　鉴
账簿名称	（第　　册）	
账簿编号		
账簿页数	本账簿共计　　页（本账簿页数 检点人盖章　　）	
启用日期	公元　　年　　月　　日	

经管人员	负责人		主办会计		复核		记账	
	姓名	盖章	姓名	盖章	姓名	盖章	姓名	盖章

接交记录	经管人员		接管				交出			
	职别	姓名	年	月	日	盖章	年	月	日	盖章
备注										

账 簿 目 录 表

账户名称	账号	总页码	账户名称	账号	总页码	账户名称	账号	总页码

应交税费-应交增值税明细账

分页:______ 总页:______

										贷方																																																													
转出未交增值税										合计										销项税额										出口退税										进项税额转出										转出多交增值税										借或贷	余额									
千	百	十	万	千	百	十	元	角	分	千	百	十	万	千	百	十	元	角	分	千	百	十	万	千	百	十	元	角	分	千	百	十	万	千	百	十	元	角	分	千	百	十	万	千	百	十	元	角	分	千	百	十	万	千	百	十	元	角	分		千	百	十	万	千	百	十	元	角	分

年		凭证		摘要	借方																																																	
					合计										进项税额										已交税金										减免税款										出口抵减内销应纳税额									
月	日	种类	号数		千	百	十	万	千	百	十	元	角	分	千	百	十	万	千	百	十	元	角	分	千	百	十	万	千	百	十	元	角	分	千	百	十	万	千	百	十	元	角	分	千	百	十	万	千	百	十	元	角	分

应交税费-应交增值税明细账

分页:______ 总页:______

										贷方																																																		借或贷	余额									
转出未交增值税										合计										销项税额										出口退税										进项税额转出										转出多交增值税																				
千	百	十	万	千	百	十	元	角	分	千	百	十	万	千	百	十	元	角	分	千	百	十	万	千	百	十	元	角	分	千	百	十	万	千	百	十	元	角	分	千	百	十	万	千	百	十	元	角	分	千	百	十	万	千	百	十	元	角	分		千	百	十	万	千	百	十	元	角	分

年		凭证		摘要	借方																																																	
					合计										进项税额										已交税金										减免税款										出口抵减内销应纳税额									
月	日	种类	号数		千	百	十	万	千	百	十	元	角	分	千	百	十	万	千	百	十	元	角	分	千	百	十	万	千	百	十	元	角	分	千	百	十	万	千	百	十	元	角	分	千	百	十	万	千	百	十	元	角	分

应交税费-应交增值税明细账

分页：______ 总页：______

贷方																																																												借或贷	余额									
转出未交增值税										合计										销项税额										出口退税										进项税额转出										转出多交增值税																				
千	百	十	万	千	百	十	元	角	分	千	百	十	万	千	百	十	元	角	分	千	百	十	万	千	百	十	元	角	分	千	百	十	万	千	百	十	元	角	分	千	百	十	万	千	百	十	元	角	分	千	百	十	万	千	百	十	元	角	分		千	百	十	万	千	百	十	元	角	分

应交税费-应交增值税明细账

分页:______ 总页:______

										贷方																																																		借或贷	余额									
转出未交增值税										合计										销项税额										出口退税										进项税额转出										转出多交增值税																				
千	百	十	万	千	百	十	元	角	分	千	百	十	万	千	百	十	元	角	分	千	百	十	万	千	百	十	元	角	分	千	百	十	万	千	百	十	元	角	分	千	百	十	万	千	百	十	元	角	分	千	百	十	万	千	百	十	元	角	分		千	百	十	万	千	百	十	元	角	分

账簿启用及交接表

机构名称		印鉴
账簿名称	（第 册）	
账簿编号		
账簿页数	本账簿共计 页（本账簿页数 检点人盖章 ）	
启用日期	公元 年 月 日	

	负责人		主办会计		复核		记账	
经管人员	姓名	盖章	姓名	盖章	姓名	盖章	姓名	盖章

	经管人员		接管				交出			
接交记录	职别	姓名	年	月	日	盖章	年	月	日	盖章

备注	

账簿目录表

账户名称	账号	总页码	账户名称	账号	总页码	账户名称	账号	总页码

明　细　账

分页：______　总页：______

（　　　　）方　项　目

亿千百十万千百十元角分	亿千百十万千百十元角分	亿千百十万千百十元角分	亿千百十万千百十元角分	亿千百十万千百十元角分	亿千百十万千百十元角分	亿千百十万千百十元角分	亿千百十万千百十元角分	亿千百十万千百十元角分	亿千百十万千百十元角分

______级科目________________________

年		凭证号数	摘　　要	借　　方	贷　　方	借或贷	余　　额			
月	日			亿千百十万千百十元角分	亿千百十万千百十元角分		亿千百十万千百十元角分	亿千百十万千百十元角分	亿千百十万千百十元角分	亿千百十万千百十元角分

明　细　账

分页:______ 总页:______

（　　　）方　项　目

亿	千	百	十	万	千	百	十	元	角	分	亿	千	百	十	万	千	百	十	元	角	分	亿	千	百	十	万	千	百	十	元	角	分	亿	千	百	十	万	千	百	十	元	角	分	亿	千	百	十	万	千	百	十	元	角	分	亿	千	百	十	万	千	百	十	元	角	分	亿	千	百	十	万	千	百	十	元	角	分	亿	千	百	十	万	千	百	十	元	角	分	亿	千	百	十	万	千	百	十	元	角	分	亿	千	百	十	万	千	百	十	元	角	分

级科目

年		凭证号数	摘要	借方	贷方	借或贷	余额			
月	日			亿千百十万千百十元角分	亿千百十万千百十元角分		亿千百十万千百十元角分	亿千百十万千百十元角分	亿千百十万千百十元角分	亿千百十万千百十元角分

明　细　账

分页:______　总页:______

（　　　）方　项　目

亿	千	百	十	万	千	百	十	元	角	分	亿	千	百	十	万	千	百	十	元	角	分	亿	千	百	十	万	千	百	十	元	角	分	亿	千	百	十	万	千	百	十	元	角	分	亿	千	百	十	万	千	百	十	元	角	分	亿	千	百	十	万	千	百	十	元	角	分	亿	千	百	十	万	千	百	十	元	角	分	亿	千	百	十	万	千	百	十	元	角	分	亿	千	百	十	万	千	百	十	元	角	分	亿	千	百	十	万	千	百	十	元	角	分

______级科目______________________

年 月	日	凭证号数	摘要	借方 亿千百十万千百十元角分	贷方 亿千百十万千百十元角分	借或贷	余额 亿千百十万千百十元角分	亿千百十万千百十元角分	亿千百十万千百十元角分	亿千百十万千百十元角分

明　　细　　账

分页:______ 总页:______

(　　　　) 方　项　目

亿千百十万千百十元角分	亿千百十万千百十元角分	亿千百十万千百十元角分	亿千百十万千百十元角分	亿千百十万千百十元角分	亿千百十万千百十元角分	亿千百十万千百十元角分	亿千百十万千百十元角分	亿千百十万千百十元角分	亿千百十万千百十元角分

______级科目______________________________

年		凭证号数	摘要	借方	贷方	借或贷	余额			
月	日			亿千百十万千百十元角分	亿千百十万千百十元角分		亿千百十万千百十元角分	亿千百十万千百十元角分	亿千百十万千百十元角分	亿千百十万千百十元角分

明　细　账

分页：______ 总页：______

（　　　）方　项　目

亿千百十万千百十元角分	亿千百十万千百十元角分	亿千百十万千百十元角分	亿千百十万千百十元角分	亿千百十万千百十元角分	亿千百十万千百十元角分	亿千百十万千百十元角分	亿千百十万千百十元角分	亿千百十万千百十元角分	亿千百十万千百十元角分

______级科目______________________

年		凭证号数	摘　　要	借　　方	贷　　方	借或贷	余　　额			
月	日			亿千百十万千百十元角分	亿千百十万千百十元角分		亿千百十万千百十元角分	亿千百十万千百十元角分	亿千百十万千百十元角分	亿千百十万千百十元角分

明　细　账

分页:______ 总页:______

（　　　）方　项　目

亿	千	百	十	万	千	百	十	元	角	分	亿	千	百	十	万	千	百	十	元	角	分	亿	千	百	十	万	千	百	十	元	角	分	亿	千	百	十	万	千	百	十	元	角	分	亿	千	百	十	万	千	百	十	元	角	分	亿	千	百	十	万	千	百	十	元	角	分	亿	千	百	十	万	千	百	十	元	角	分	亿	千	百	十	万	千	百	十	元	角	分	亿	千	百	十	万	千	百	十	元	角	分	亿	千	百	十	万	千	百	十	元	角	分

______级科目______________________

年		凭证号数	摘要	借方											贷方											借或贷	余额																																																	
月	日			亿	千	百	十	万	千	百	十	元	角	分	亿	千	百	十	万	千	百	十	元	角	分		亿	千	百	十	万	千	百	十	元	角	分	亿	千	百	十	万	千	百	十	元	角	分	亿	千	百	十	万	千	百	十	元	角	分	亿	千	百	十	万	千	百	十	元	角	分

明　细　账

分页:______ 总页:______

（　　　）方　项　目

亿	千	百	十	万	千	百	十	元	角	分	亿	千	百	十	万	千	百	十	元	角	分	亿	千	百	十	万	千	百	十	元	角	分	亿	千	百	十	万	千	百	十	元	角	分	亿	千	百	十	万	千	百	十	元	角	分	亿	千	百	十	万	千	百	十	元	角	分	亿	千	百	十	万	千	百	十	元	角	分	亿	千	百	十	万	千	百	十	元	角	分	亿	千	百	十	万	千	百	十	元	角	分	亿	千	百	十	万	千	百	十	元	角	分

____级科目________________

年		凭证号数	摘要	借方	贷方	借或贷	余额			
月	日			亿千百十万千百十元角分	亿千百十万千百十元角分		亿千百十万千百十元角分	亿千百十万千百十元角分	亿千百十万千百十元角分	亿千百十万千百十元角分

账簿启用及交接表

<table>
<tr><td>机构名称</td><td colspan="10"></td><td colspan="4">印鉴</td></tr>
<tr><td>账簿名称</td><td colspan="10">（第　　册）</td><td colspan="4" rowspan="4"></td></tr>
<tr><td>账簿编号</td><td colspan="10"></td></tr>
<tr><td>账簿页数</td><td colspan="10">本账簿共计　　页（本账簿页数
检点人盖章　　）</td></tr>
<tr><td>启用日期</td><td colspan="10">公元　　年　　月　　日</td></tr>
<tr><td rowspan="3">经管人员</td><td colspan="2">负责人</td><td colspan="2">主办会计</td><td colspan="5">复核</td><td colspan="5">记账</td></tr>
<tr><td>姓名</td><td>盖章</td><td>姓名</td><td>盖章</td><td colspan="4">姓名</td><td>盖章</td><td colspan="4">姓名</td><td>盖章</td></tr>
<tr><td></td><td></td><td></td><td></td><td colspan="4"></td><td></td><td colspan="4"></td><td></td></tr>
<tr><td rowspan="6">接交记录</td><td colspan="4">经管人员</td><td colspan="5">接管</td><td colspan="5">交出</td></tr>
<tr><td colspan="2">职别</td><td colspan="2">姓名</td><td>年</td><td>月</td><td>日</td><td colspan="2">盖章</td><td>年</td><td>月</td><td>日</td><td colspan="2">盖章</td></tr>
<tr><td colspan="2"></td><td colspan="2"></td><td></td><td></td><td></td><td colspan="2"></td><td></td><td></td><td></td><td colspan="2"></td></tr>
<tr><td colspan="2"></td><td colspan="2"></td><td></td><td></td><td></td><td colspan="2"></td><td></td><td></td><td></td><td colspan="2"></td></tr>
<tr><td colspan="2"></td><td colspan="2"></td><td></td><td></td><td></td><td colspan="2"></td><td></td><td></td><td></td><td colspan="2"></td></tr>
<tr><td colspan="2"></td><td colspan="2"></td><td></td><td></td><td></td><td colspan="2"></td><td></td><td></td><td></td><td colspan="2"></td></tr>
<tr><td>备注</td><td colspan="14"></td></tr>
</table>

账　簿　目　录　表

账户名称	账号	总页码	账户名称	账号	总页码	账户名称	账号	总页码

明细账

______级科目______________________________ ______级科目______________________________

年		凭证		摘要	√	借方											贷方											借或贷	余额										
月	日	种类	号数			亿	千	百	十	万	千	百	十	元	角	分	亿	千	百	十	万	千	百	十	元	角	分		亿	千	百	十	万	千	百	十	元	角	分

分页:________ 总页:________

明细账

______级科目______________________ ______级科目______________________

年		凭证		摘要	√	借方											贷方											借或贷	余额										
月	日	种类	号数			亿	千	百	十	万	千	百	十	元	角	分	亿	千	百	十	万	千	百	十	元	角	分		亿	千	百	十	万	千	百	十	元	角	分

明 细 账

分页：______ 总页：______

______级科目______________　　______级科目______________

年		凭证		摘要	√	借方											贷方											借或贷	余额										
月	日	种类	号数			亿	千	百	十	万	千	百	十	元	角	分	亿	千	百	十	万	千	百	十	元	角	分		亿	千	百	十	万	千	百	十	元	角	分

明 细 账

分页:________ 总页:________

______级科目______________________　　　　______级科目______________________

年		凭证		摘 要	√	借 方											贷 方											借或贷	余 额										
月	日	种类	号数			亿	千	百	十	万	千	百	十	元	角	分	亿	千	百	十	万	千	百	十	元	角	分		亿	千	百	十	万	千	百	十	元	角	分

明细账

分页:______ 总页:______

______级科目______________________ ______级科目______________________

年		凭证		摘要	√	借方											贷方											借或贷	余额										
月	日	种类	号数			亿	千	百	十	万	千	百	十	元	角	分	亿	千	百	十	万	千	百	十	元	角	分		亿	千	百	十	万	千	百	十	元	角	分

分页：________ 总页：________

明 细 账

______级科目______________________　　　　______级科目______________________

年		凭证		摘要	√	借方											贷方											借或贷	余额										
月	日	种类	号数			亿	千	百	十	万	千	百	十	元	角	分	亿	千	百	十	万	千	百	十	元	角	分		亿	千	百	十	万	千	百	十	元	角	分

明 细 账

分页：＿＿＿＿ 总页：＿＿＿＿

＿＿级科目＿＿＿＿＿＿＿＿＿＿ ＿＿级科目＿＿＿＿＿＿＿＿＿＿

年		凭证		摘要	√	借方											贷方											借或贷	余额										
月	日	种类	号数			亿	千	百	十	万	千	百	十	元	角	分	亿	千	百	十	万	千	百	十	元	角	分		亿	千	百	十	万	千	百	十	元	角	分

分页:________ 总页:________

明 细 账

______级科目______________________ ______级科目______________________

年		凭证		摘要	√	借方											贷方											借或贷	余额										
月	日	种类	号数			亿	千	百	十	万	千	百	十	元	角	分	亿	千	百	十	万	千	百	十	元	角	分		亿	千	百	十	万	千	百	十	元	角	分

明 细 账

分页：________ 总页：________

________级科目________________　　________级科目________________

年		凭证		摘要	√	借方											贷方											借或贷	余额										
月	日	种类	号数			亿	千	百	十	万	千	百	十	元	角	分	亿	千	百	十	万	千	百	十	元	角	分		亿	千	百	十	万	千	百	十	元	角	分

分页:________ 总页:________

明细账

______级科目______________________________ ______级科目______________________________

年		凭证		摘要	√	借方											贷方											借或贷	余额										
月	日	种类	号数			亿	千	百	十	万	千	百	十	元	角	分	亿	千	百	十	万	千	百	十	元	角	分		亿	千	百	十	万	千	百	十	元	角	分

明 细 账

分页:________ 总页:________

____级科目______________ ____级科目______________

年		凭证		摘　要	√	借方											贷方											借或贷	余额										
月	日	种类	号数			亿	千	百	十	万	千	百	十	元	角	分	亿	千	百	十	万	千	百	十	元	角	分		亿	千	百	十	万	千	百	十	元	角	分

分页:________ 总页:________

明 细 账

______级科目______________________________ ______级科目______________________________

年		凭证		摘要	√	借方											贷方											借或贷	余额										
月	日	种类	号数			亿	千	百	十	万	千	百	十	元	角	分	亿	千	百	十	万	千	百	十	元	角	分		亿	千	百	十	万	千	百	十	元	角	分

明 细 账

分页：________ 总页：________

______级科目______________________________ ______级科目______________________________

年		凭证		摘要	√	借方											贷方											借或贷	余额										
月	日	种类	号数			亿	千	百	十	万	千	百	十	元	角	分	亿	千	百	十	万	千	百	十	元	角	分		亿	千	百	十	万	千	百	十	元	角	分

明 细 账

______级科目______________________ ______级科目______________________

年		凭证		摘要	√	借方											贷方											借或贷	余额										
月	日	种类	号数			亿	千	百	十	万	千	百	十	元	角	分	亿	千	百	十	万	千	百	十	元	角	分		亿	千	百	十	万	千	百	十	元	角	分

明 细 账

分页:________ 总页:________

______级科目________________　　　　______级科目________________

年		凭证		摘要	√	借方											贷方											借或贷	余额										
月	日	种类	号数			亿	千	百	十	万	千	百	十	元	角	分	亿	千	百	十	万	千	百	十	元	角	分		亿	千	百	十	万	千	百	十	元	角	分

分页：________ 总页：________

明细账

______级科目________________________ ______级科目________________________

年		凭证		摘要	√	借方											贷方											借或贷	余额										
月	日	种类	号数			亿	千	百	十	万	千	百	十	元	角	分	亿	千	百	十	万	千	百	十	元	角	分		亿	千	百	十	万	千	百	十	元	角	分

明细账

分页:________ 总页:________

______级科目______________ ______级科目______________

年		凭证		摘要	√	借方											贷方											借或贷	余额										
月	日	种类	号数			亿	千	百	十	万	千	百	十	元	角	分	亿	千	百	十	万	千	百	十	元	角	分		亿	千	百	十	万	千	百	十	元	角	分

分页：________ 总页：________

明 细 账

______级科目______________________　　　　______级科目______________________

年		凭证		摘　要	√	借　方											贷　方											借或贷	余　额										
月	日	种类	号数			亿	千	百	十	万	千	百	十	元	角	分	亿	千	百	十	万	千	百	十	元	角	分		亿	千	百	十	万	千	百	十	元	角	分

明 细 账

分页:______ 总页:______

______级科目______________ ______级科目______________

年		凭证		摘要	√	借方											贷方											借或贷	余额										
月	日	种类	号数			亿	千	百	十	万	千	百	十	元	角	分	亿	千	百	十	万	千	百	十	元	角	分		亿	千	百	十	万	千	百	十	元	角	分

分页:________ 总页:________

明细账

______级科目______________________________ ______级科目______________________________

年		凭证		摘要	√	借方											贷方											借或贷	余额										
月	日	种类	号数			亿	千	百	十	万	千	百	十	元	角	分	亿	千	百	十	万	千	百	十	元	角	分		亿	千	百	十	万	千	百	十	元	角	分

明 细 账

分页:______ 总页:______

______级科目______ ______级科目______

年		凭证		摘要	√	借方											贷方											借或贷	余额										
月	日	种类	号数			亿	千	百	十	万	千	百	十	元	角	分	亿	千	百	十	万	千	百	十	元	角	分		亿	千	百	十	万	千	百	十	元	角	分

分页:________ 总页:________

明细账

________级科目________________ ________级科目________________

年		凭证		摘要	√	借方											贷方											借或贷	余额										
月	日	种类	号数			亿	千	百	十	万	千	百	十	元	角	分	亿	千	百	十	万	千	百	十	元	角	分		亿	千	百	十	万	千	百	十	元	角	分

明 细 账

分页:______ 总页:______

______级科目______________________ ______级科目______________________

年		凭证		摘要	√	借方											贷方											借或贷	余额										
月	日	种类	号数			亿	千	百	十	万	千	百	十	元	角	分	亿	千	百	十	万	千	百	十	元	角	分		亿	千	百	十	万	千	百	十	元	角	分

分页:________ 总页:________

明 细 账

______级科目______________________ ______级科目______________________

年		凭证		摘要	√	借方											贷方											借或贷	余额										
月	日	种类	号数			亿	千	百	十	万	千	百	十	元	角	分	亿	千	百	十	万	千	百	十	元	角	分		亿	千	百	十	万	千	百	十	元	角	分

明 细 账

分页:______ 总页:______

______级科目______________ ______级科目______________

年		凭证		摘要	√	借方											贷方											借或贷	余额										
月	日	种类	号数			亿	千	百	十	万	千	百	十	元	角	分	亿	千	百	十	万	千	百	十	元	角	分		亿	千	百	十	万	千	百	十	元	角	分

分页:________ 总页:________

明 细 账

______级科目______________________ ______级科目______________________

年		凭证		摘要	√	借方											贷方											借或贷	余额										
月	日	种类	号数			亿	千	百	十	万	千	百	十	元	角	分	亿	千	百	十	万	千	百	十	元	角	分		亿	千	百	十	万	千	百	十	元	角	分

明 细 账

分页：______ 总页：______

______级科目______________ ______级科目______________

年		凭证		摘要	√	借方											贷方											借或贷	余额										
月	日	种类	号数			亿	千	百	十	万	千	百	十	元	角	分	亿	千	百	十	万	千	百	十	元	角	分		亿	千	百	十	万	千	百	十	元	角	分

分页：______ 总页：______

明细账

______级科目______ ______级科目______

年		凭证		摘要	√	借方											贷方											借或贷	余额										
月	日	种类	号数			亿	千	百	十	万	千	百	十	元	角	分	亿	千	百	十	万	千	百	十	元	角	分		亿	千	百	十	万	千	百	十	元	角	分

明 细 账

分页：______ 总页：______

______级科目______________ ______级科目______________

年		凭证		摘要	√	借方											贷方											借或贷	余额										
月	日	种类	号数			亿	千	百	十	万	千	百	十	元	角	分	亿	千	百	十	万	千	百	十	元	角	分		亿	千	百	十	万	千	百	十	元	角	分

分页:________ 总页:________

明 细 账

________级科目________________　　________级科目________________

年		凭证		摘　要	√	借　方											贷　方											借或贷	余　额										
月	日	种类	号数			亿	千	百	十	万	千	百	十	元	角	分	亿	千	百	十	万	千	百	十	元	角	分		亿	千	百	十	万	千	百	十	元	角	分

明细账

分页:________ 总页:________

______级科目________________________ ______级科目________________________

年		凭证		摘要	√	借方											贷方											借或贷	余额										
月	日	种类	号数			亿	千	百	十	万	千	百	十	元	角	分	亿	千	百	十	万	千	百	十	元	角	分		亿	千	百	十	万	千	百	十	元	角	分

明细账

分页:______ 总页:______

______级科目______________ ______级科目______________

年		凭证		摘要	√	借方											贷方											借或贷	余额										
月	日	种类	号数			亿	千	百	十	万	千	百	十	元	角	分	亿	千	百	十	万	千	百	十	元	角	分		亿	千	百	十	万	千	百	十	元	角	分

明 细 账

分页：________ 总页：________

______级科目______________________　　　　______级科目______________________

年		凭证		摘要	√	借方											贷方											借或贷	余额										
月	日	种类	号数			亿	千	百	十	万	千	百	十	元	角	分	亿	千	百	十	万	千	百	十	元	角	分		亿	千	百	十	万	千	百	十	元	角	分

明 细 账

分页:________ 总页:________

______级科目______________ ______级科目______________

年		凭证		摘　要	√	借　方											贷　方											借或贷	余　额										
月	日	种类	号数			亿	千	百	十	万	千	百	十	元	角	分	亿	千	百	十	万	千	百	十	元	角	分		亿	千	百	十	万	千	百	十	元	角	分

明 细 账

分页：________ 总页：________

________级科目________________ ________级科目________________________

年		凭证		摘要	√	借方											贷方											借或贷	余额										
月	日	种类	号数			亿	千	百	十	万	千	百	十	元	角	分	亿	千	百	十	万	千	百	十	元	角	分		亿	千	百	十	万	千	百	十	元	角	分

明细账

分页：________ 总页：________

____级科目________________ ____级科目________________

年		凭证		摘要	√	借方											贷方											借或贷	余额										
月	日	种类	号数			亿	千	百	十	万	千	百	十	元	角	分	亿	千	百	十	万	千	百	十	元	角	分		亿	千	百	十	万	千	百	十	元	角	分

明 细 账

分页：________ 总页：________

______级科目______________________ ______级科目______________________

年		凭证		摘要	√	借方											贷方											借或贷	余额										
月	日	种类	号数			亿	千	百	十	万	千	百	十	元	角	分	亿	千	百	十	万	千	百	十	元	角	分		亿	千	百	十	万	千	百	十	元	角	分

分页:________ 总页:________

明 细 账

______级科目______________________ ______级科目______________________

年		凭证		摘要	√	借方											贷方											借或贷	余额										
月	日	种类	号数			亿	千	百	十	万	千	百	十	元	角	分	亿	千	百	十	万	千	百	十	元	角	分		亿	千	百	十	万	千	百	十	元	角	分

明 细 账

分页:______ 总页:______

______级科目______________ ______级科目______________

年		凭证		摘　　要	√	借　方											贷　方											借或贷	余　额										
月	日	种类	号数			亿	千	百	十	万	千	百	十	元	角	分	亿	千	百	十	万	千	百	十	元	角	分		亿	千	百	十	万	千	百	十	元	角	分

分页:________ 总页:________

明细账

______级科目______________________ ______级科目______________________

年		凭证		摘要	√	借方											贷方											借或贷	余额										
月	日	种类	号数			亿	千	百	十	万	千	百	十	元	角	分	亿	千	百	十	万	千	百	十	元	角	分		亿	千	百	十	万	千	百	十	元	角	分

明细账

分页：________ 总页：________

______级科目______________________ ______级科目______________________

年		凭证		摘要	√	借方											贷方											借或贷	余额										
月	日	种类	号数			亿	千	百	十	万	千	百	十	元	角	分	亿	千	百	十	万	千	百	十	元	角	分		亿	千	百	十	万	千	百	十	元	角	分

明 细 账

分页：________ 总页：________

________级科目________________ ________级科目________________

年		凭证		摘要	√	借方											贷方											借或贷	余额										
月	日	种类	号数			亿	千	百	十	万	千	百	十	元	角	分	亿	千	百	十	万	千	百	十	元	角	分		亿	千	百	十	万	千	百	十	元	角	分

明 细 账

分页:________ 总页:________

______级科目______________________ ______级科目______________________

年		凭证		摘要	√	借方											贷方											借或贷	余额										
月	日	种类	号数			亿	千	百	十	万	千	百	十	元	角	分	亿	千	百	十	万	千	百	十	元	角	分		亿	千	百	十	万	千	百	十	元	角	分

分页:________ 总页:________

明细账

______级科目________________________ ______级科目________________________

年		凭证		摘要	√	借方											贷方											借或贷	余额										
月	日	种类	号数			亿	千	百	十	万	千	百	十	元	角	分	亿	千	百	十	万	千	百	十	元	角	分		亿	千	百	十	万	千	百	十	元	角	分

明细账

分页:______ 总页:______

______级科目______________________ ______级科目______________________

年		凭证		摘要	√	借方											贷方											借或贷	余额										
月	日	种类	号数			亿	千	百	十	万	千	百	十	元	角	分	亿	千	百	十	万	千	百	十	元	角	分		亿	千	百	十	万	千	百	十	元	角	分

明细账

分页:________ 总页:________

______级科目______________________ ______级科目______________________

年		凭证		摘要	√	借方											贷方											借或贷	余额										
月	日	种类	号数			亿	千	百	十	万	千	百	十	元	角	分	亿	千	百	十	万	千	百	十	元	角	分		亿	千	百	十	万	千	百	十	元	角	分

科目汇总表

年　　月　　日至　　月　　日

编号：　　　　附件共　　　　张

凭证号数				
	第	号至	号共	张
	第	号至	号共	张
	第	号至	号共	张

会计科目	总页	借方金额												贷方金额											
		十	亿	千	百	十	万	千	百	十	元	角	分	十	亿	千	百	十	万	千	百	十	元	角	分
合　　计																									

会计科目	总页	借方金额												贷方金额											
		十	亿	千	百	十	万	千	百	十	元	角	分	十	亿	千	百	十	万	千	百	十	元	角	分
合　　计																									

财会主管　　　　　　记账　　　　　　复核　　　　　　制表

科目汇总表

年 月 日至 月 日

凭证号数				
	第	号至	号共	张
	第	号至	号共	张
	第	号至	号共	张

会计科目	总页	借方金额												贷方金额											
		十	亿	千	百	十	万	千	百	十	元	角	分	十	亿	千	百	十	万	千	百	十	元	角	分
合计																									

会计科目	总页	借方金额												贷方金额											
		十	亿	千	百	十	万	千	百	十	元	角	分	十	亿	千	百	十	万	千	百	十	元	角	分
合计																									

财会主管　　　　记账　　　　复核　　　　制表

试算平衡表

年　　月　　　　　　　　　　　　　　　　单位：元

科目代码	科目名称	期初余额		本期发生		期末余额	
		借方	贷方	借方	贷方	借方	贷方
1001	库存现金						
1002	银行存款						
1122	应收账款						
1221	其他应收款						
1405	库存商品						
1601	固定资产						
1602	累计折旧						
1901	待处理财产损溢						
2001	短期借款						
2202	应付账款						
2211	应付职工薪酬						
2221	应交税费						
4001	实收资本						
4103	本年利润						
4104	利润分配						
6001	主营业务收入						
6301	营业外收入						
6401	主营业务成本						
6403	营业税金及附加						
6601	销售费用						
6602	管理费用						
6603	财务费用						
6801	所得税费用						
合　计							

复核：　　　　　　　　　　　　　制表：

试算平衡表

年　月　　　　　　　　单位：元

科目代码	科目名称	期初余额		本期发生		期末余额	
		借方	贷方	借方	贷方	借方	贷方
1001	库存现金						
1002	银行存款						
1122	应收账款						
1221	其他应收款						
1405	库存商品						
1601	固定资产						
1602	累计折旧						
1901	待处理财产损溢						
2001	短期借款						
2202	应付账款						
2211	应付职工薪酬						
2221	应交税费						
4001	实收资本						
4103	本年利润						
4104	利润分配						
6001	主营业务收入						
6301	营业外收入						
6401	主营业务成本						
6403	营业税金及附加						
6601	销售费用						
6602	管理费用						
6603	财务费用						
6801	所得税费用						
合　计							

复核：　　　　　　　　制表：

资产负债表

会企01表

编制单位: 年 月 日 单位:

资产	期末余额	年初余额	负责和所有者权益（或股东权益）	期末余额	年初余额
流动资产:			流动负债:		
货币资金			短期借款		
以公允价值计量且其变动计入当期损益的金融资产			以公允价值计量且其变动计入当期损益的金融负债		
应收票据			应付票据		
应收账款			应付账款		
预付款项			预收款项		
应收利息			应付职工薪酬		
应收股利			应交税费		
其他应收款			应付利息		
存货			应付股利		
一年内到期的非流动资产			其他应付款		
其他流动资产			一年内到期的非流动负债		
流动资产合计			其他流动负债		
非流动资产:			流动负债合计		
可供出售金融资产			非流动负债:		
持有至到期投资			长期借款		
长期应收款			应付债券		
长期股权投资			长期应付款		
投资性房地产			专项应付款		
固定资产			预计负债		
在建工程			递延收益		
工程物资			递延所得税负债		
固定资产清理			其他非流动负债		
生产性生物资产			非流动负债合计		
油气资产			负债合计		
无形资产			所有者权益（或股东权益）:		
开发支出			实收资本（或股本）		
商誉			资本公积		
长期待摊费用			减：库存股		
递延所得税资产			其他综合收益		
其他非流动资产			盈余公积		
非流动资产合计			未分配利润		
			所有者权益（或股东权益）合计		
资产总计			负债和所有者权益（或股东权益）总计		

单位负责人: 会计主管: 复核: 制表:

资产负债表

会企01表

编制单位: 年 月 日 单位:

资产	期末余额	年初余额	负责和所有者权益（或股东权益）	期末余额	年初余额
流动资产:			流动负债:		
货币资金			短期借款		
以公允价值计量且其变动计入当期损益的金融资产			以公允价值计量且其变动计入当期损益的金融负债		
应收票据			应付票据		
应收账款			应付账款		
预付款项			预收款项		
应收利息			应付职工薪酬		
应收股利			应交税费		
其他应收款			应付利息		
存货			应付股利		
一年内到期的非流动资产			其他应付款		
其他流动资产			一年内到期的非流动负债		
流动资产合计			其他流动负债		
非流动资产:			流动负债合计		
可供出售金融资产			非流动负债:		
持有至到期投资			长期借款		
长期应收款			应付债券		
长期股权投资			长期应付款		
投资性房地产			专项应付款		
固定资产			预计负债		
在建工程			递延收益		
工程物资			递延所得税负债		
固定资产清理			其他非流动负债		
生产性生物资产			非流动负债合计		
油气资产			负债合计		
无形资产			所有者权益（或股东权益）:		
开发支出			实收资本（或股本）		
商誉			资本公积		
长期待摊费用			减：库存股		
递延所得税资产			其他综合收益		
其他非流动资产			盈余公积		
非流动资产合计			未分配利润		
			所有者权益（或股东权益）合计		
资产总计			负债和所有者权益（或股东权益）总计		

单位负责人: 会计主管: 复核: 制表:

利润表

会企02表

编制单位: 年 月 单位:

项目	本期金额	上期金额
一、营业收入		
减：营业成本		
营业税金及附加		
销售费用		
管理费用		
财务费用		
资产减值损失		
加：公允价值变动收益（损失以“-”号填列）		
投资收益（损失以“-”号填列）		
其中：对联营企业和合营企业的投资收益		
二、营业利润（亏损以“-”号填列）		
加：营业外收入		
其中：非流动资产处置利得		
减：营业外支出		
其中：非流动资产处置损失		
三、利润总额（亏损总额以“-”号填列）		
减：所得税费用		
四、净利润（净亏损以“-”号填列）		
五、其他综合收益的税后净额		
（一）以后不能重分类进损益的其他综合收益		
1、重新计量设定受益计划净负债或净资产的变动		
2、权益法下在被投资单位不能重分类进损益的其他综合收益中享有的份额		
（二）以后将重分类进损益的其他综合收益		
1、权益法下在被投资单位以后将重分类进损益的其他综合收益中享有的份额		
2、可供出售金融资产公允价值变动损益		
3、持有至到期投资重分类为可供出售金融资产损益		
4、现金流量套期损益的有效部分		
5、外币财务报表折算差额		
六、综合收益总额		
七、每股收益:		
（一）基本每股收益		
（二）稀释每股收益		

单位负责人: 会计主管: 复核: 制表:

利润表

会企02表

编制单位:　　　　年　月　　　　单位:

项目	本期金额	上期金额
一、营业收入		
减：营业成本		
营业税金及附加		
销售费用		
管理费用		
财务费用		
资产减值损失		
加：公允价值变动收益（损失以"-"号填列）		
投资收益（损失以"-"号填列）		
其中：对联营企业和合营企业的投资收益		
二、营业利润（亏损以"-"号填列）		
加：营业外收入		
其中：非流动资产处置利得		
减：营业外支出		
其中：非流动资产处置损失		
三、利润总额（亏损总额以"-"号填列）		
减：所得税费用		
四、净利润（净亏损以"-"号填列）		
五、其他综合收益的税后净额		
（一）以后不能重分类进损益的其他综合收益		
1、重新计量设定受益计划净负债或净资产的变动		
2、权益法下在被投资单位不能重分类进损益的其他综合收益中享有的份额		
（二）以后将重分类进损益的其他综合收益		
1、权益法下在被投资单位以后将重分类进损益的其他综合收益中享有的份额		
2、可供出售金融资产公允价值变动损益		
3、持有至到期投资重分类为可供出售金融资产损益		
4、现金流量套期损益的有效部分		
5、外币财务报表折算差额		
六、综合收益总额		
七、每股收益：		
（一）基本每股收益		
（二）稀释每股收益		

单位负责人:　　会计主管:　　复核:　　制表:

现金流量表

会企03表

编制单位:　　　　　　　　　　年　　月　　　　　　　　　　单位:

项　目	本期金额
一、经营活动产生的现金流量:	
销售商品、提供劳务收到的现金	
收到的税费返还	
收到其他与经营活动有关的现金	
经营活动现金流入小计	
购买商品、接受劳务支付的现金	
支付给职工以及为职工支付的现金	
支付的各项税费	
支付的其他与经营活动有关的现金	
经营活动现金流出小计	
经营活动产生的现金流量净额	
二、投资活动产生的现金流量:	
收回投资所收到的现金	
取得投资收益所收到的资金	
处置固定资产、无形资产和其他长期资产所收到的现金净额	
处置子公司及其他营业单位收到的现金净额	
收到的其他与投资活动有关的现金	
投资活动现金流入小计	
购建固定资产、无形资产和其他长期资产所支付的现金	
投资所支付的现金	
取得子公司及其他营业单位支付的现金净额	
支付的其他与投资活动有关的现金	
投资活动现金流出小计	
投资活动产生的现金流量净额	
三、筹资活动产生的现金流量:	
吸收投资所收到的现金	
借款所收到的现金	
收到的其他与筹资活动有关的现金	
筹资活动现金流入小计	
偿还债务所支付的现金	
分配股利、利润或偿付利息所支付的现金	
支付的其他与筹资活动有关的现金	
筹资活动现金流出小计	
筹资活动产生的现金流量净额	
四、汇率变动对现金的影响额	
五、现金及现金等价物净增加额	
加:期初现金及现金等价物余额	
六、期末现金及现金等价物余额	

单位负责人:　　　　　会计主管:　　　　　复核:　　　　　制表:

现金流量表

会企03表

编制单位:　　　　　　　　　　年　　月　　　　　　　　　　单位:

项　目	本期金额
一、经营活动产生的现金流量:	
销售商品、提供劳务收到的现金	
收到的税费返还	
收到其他与经营活动有关的现金	
经营活动现金流入小计	
购买商品、接受劳务支付的现金	
支付给职工以及为职工支付的现金	
支付的各项税费	
支付的其他与经营活动有关的现金	
经营活动现金流出小计	
经营活动产生的现金流量净额	
二、投资活动产生的现金流量:	
收回投资所收到的现金	
取得投资收益所收到的资金	
处置固定资产、无形资产和其他长期资产所收到的现金净额	
处置子公司及其他营业单位收到的现金净额	
收到的其他与投资活动有关的现金	
投资活动现金流入小计	
购建固定资产、无形资产和其他长期资产所支付的现金	
投资所支付的现金	
取得子公司及其他营业单位支付的现金净额	
支付的其他与投资活动有关的现金	
投资活动现金流出小计	
投资活动产生的现金流量净额	
三、筹资活动产生的现金流量:	
吸收投资所收到的现金	
借款所收到的现金	
收到的其他与筹资活动有关的现金	
筹资活动现金流入小计	
偿还债务所支付的现金	
分配股利、利润或偿付利息所支付的现金	
支付的其他与筹资活动有关的现金	
筹资活动现金流出小计	
筹资活动产生的现金流量净额	
四、汇率变动对现金的影响额	
五、现金及现金等价物净增加额	
加：期初现金及现金等价物余额	
六、期末现金及现金等价物余额	

单位负责人:　　　　　　会计主管:　　　　　　复核:　　　　　　制表: